高等教育公共基础课精品系列规划教材

文苑撷英：新时代大学语文读本

主　编　薛　颖
副主编　金　云　兰佳丽
参　编　（以姓氏笔画为序）
　　　　叶修成　李玉坤　张胜珍
　　　　何玉国　徐　寅　高　红

北京理工大学出版社
BEIJING INSTITUTE OF TECHNOLOGY PRESS

内容提要

本书共五部分。前四部分为诗歌、散文、小说、戏剧四大模块,每个模块中作品的选择以古、今、外为序,每个模块都设计了相应的创意写作实践。本书在选篇上关注自我、崇尚个性、富于批判精神,大胆选择后现代作品甚至当代新作品。本书第五部分为人文知识拓展,包括汉语发展历程、影视发展历程和新媒体发展历程。本书主要特色表现为理念之新、体例之新、形式之新、手段之新、考试之新。

本书可作为大学本科阶段学生提升人文素养的读本,也可作为文学爱好者的读本。

版权专有 侵权必究

图书在版编目(CIP)数据

文苑撷英:新时代大学语文读本 / 薛颖主编.—北京:北京理工大学出版社,2018.8
ISBN 978-7-5682-6213-2

Ⅰ.①文… Ⅱ.①薛… Ⅲ.①大学语文课—高等学校—教材 Ⅳ.①H193.9

中国版本图书馆CIP数据核字(2018)第194296号

出版发行 /	北京理工大学出版社有限责任公司
社　　址 /	北京市海淀区中关村南大街5号
邮　　编 /	100081
电　　话 /	(010)68914775(总编室)
	(010)82562903(教材售后服务热线)
	(010)68948351(其他图书服务热线)
网　　址 /	http://www.bitpress.com.cn
经　　销 /	全国各地新华书店
印　　刷 /	北京紫瑞利印刷有限公司
开　　本 /	787毫米×1092毫米 1/16
印　　张 /	14
字　　数 /	288千字
版　　次 /	2018年8月第1版 2018年8月第1次印刷
定　　价 /	43.00元

责任编辑 / 高　芳
文案编辑 / 赵　轩
责任校对 / 周瑞红
责任印制 / 李志强

图书出现印装质量问题,请拨打售后服务热线,本社负责调换

前 言
PREFACE

《文苑撷英：新时代大学语文读本》（以下简称《新读本》）的编写，是在原有教材增删、修改基础上的重新编撰。由尹世玮教授主编、天津财经大学基础课部大学语文教研室全体教师参编的《大学语文》（南开大学出版社2005年版），是该教材的第一个前身，当时的副主编是金云、高红和薛颖；由崔际银教授主编、全体中文系教师参编的《大学语文》（南开大学出版社2007年版），是该教材的第二个前身，副主编是张立环和高红；2014年，崔际银教授又带领团队对《大学语文》进行了修订，这是该教材的第三个前身。《新读本》在保留原有成果基础上继续完善，是天津财经大学中文系尤其是汉语言文学教研室和大学语文教研室全体教师集体智慧的结晶，其主编是薛颖，副主编是金云和兰佳丽。

岁月流转，主编、副主编在不断更换，而不变的是我们对人文素养教育的满腔热情和奉献情怀，不变的是我们日渐加深的知识积淀和经验积累。此次编撰的《新读本》所具有的特点如下：

第一，理念之新。 本书称之为读本，很大程度上体现了其以学生阅读体验为本的思考。因此，我们此次编撰是与时俱进的，本书从内容到形式，都考虑了新时代背景下学生的求知特点和审美需求。内容的选择是在近年来长期调研的基础上进行的，一方面对古今中外新老经典的传播阅读情况进行了深入的了解，另一方面对学生的阅读兴趣和爱好进行了广泛的调查，两者形成了有效的对接、沟通与交集。因而在选篇上出现了与传统不同的趋向，表现为关注自我、崇尚个性、富于批判精神和大胆选择后现代甚至新作品等。我们的团队成员，从古代文学、现当代文学、外国文学、文艺理论到语言学等，齐集了各个专业方向的教授、副教授、讲师，他们具有博士、硕士学位。我们的团队成员，既有二三十年如一日默默奉献的老教师，他们的大学语文教学经验极为丰富；也有刚刚入职的年轻教师，他们有着朝阳般的热情，为《新读本》的编撰注入了新鲜的气息与活力。因此，《新读本》的优势在于体现了全体汉语言文学专业教师的集体智慧，汲取了他们讲授大学语文的经验，迎合了学生的审美趣味与阅读需求。

第二，体例之新。 本书在编写体例上参考了比较文学、文学理论和文学创意写作等的理论观点，并进行了人文知识的拓展，如语言学知识、影视学知识和新媒体知识等。前四部分为诗歌、散文、小说、戏剧四大模块，每个模块中的作品选择都以古、今、外为序，并融入了中外比较和各个文体的创意写作。这样，学生学习同一类文体的时候，就有了中外比较参照；同时进行创意写作实践，能够很好地加深学生对某一类文体的整体认识与理解。在世界文坛，以欧美为代表的西方文学占主流，因此，我们的比较重点是立足于中西比较，让学生在中西文学的比较中认识中国文化传统、认识自我。这也是《新读本》区别于其他传统大学语文教材的最主要之点。在同一类文体的中外比较中，在实践创作的参与中，让学生加深对中外经典作品的理解与认识，从而更好地理解和认识我们的文化特质，真正理解"我们是谁"，这是《新读本》的目标。正如习总书记说："中华优秀传统文化是中华民族的精神命脉，是涵养社会主义核心价值观的重要源泉，也是我们在世界文化激荡中站稳脚跟的坚实根基。""传承中华文化，绝不是简单复古，也不是盲目排外，而是古为今用、洋为中用、辩证取舍、推陈出新，摒弃消极因素，继承积极思想，'以古人之规矩，开自己之生面'，实现中华文化的创造性转化和创新性发展。"[《习近平在文艺工作座谈会上的讲话》（2014年10月15日）]我们的《新读本》正是对习总书记文化理念的准确贯彻。

另外，大学语文课堂承担了大学人文素养教育的重任，除了经典文学作品的鉴赏外，中华民族博大精深的语言学知识也应该给学生普及一下；随着时代的推移，影视作品大受学生欢迎，并且诸多影视剧都改编自文学作品，因而影视学作为一个知识体系，也应该让学生有一种理性的认识；新媒体，学生们须臾不可离之，从学理上加以认识，可以对学生进行有效引导，从而消除其弊端和消极影响。

第三，形式之新。《新读本》加入了一些颇能说明问题的图片，包括作者像、书法作品和绘画作品等。这些图片的选择力求有代表性，并且大多是名家的绘画和书法作品。这样能让学生在阅读文学作品的同时，看到作者的形象样貌，也能欣赏到高水平的绘画和书法艺术，激发他们对中华民族传统艺术的热爱。同时，这也是照顾学生审美趣味的一种选择，因为他们是伴随着声、光、电、色、多媒体成长起来的一代，纯文字阅读容易让他们感到疲倦和乏味。

第四，手段之新。《新读本》除了拥有纸质图书外，还搭建了互联网平台，教学手段和模式更趋多样化。《新读本》选篇再多，也只是一些代表性作品的选读，不可能涵盖浩如烟海的古今中外的所有经典作品。有效搭建互联网平台，可以弥补这方面的缺陷。让《新读本》选篇抛砖引玉，使平台变为一个掌上图书馆，可给学生提供大量的阅读选择，同时，也能丰富教学手段，改善教学模式，让课堂不再是一支粉笔、一块黑板，也不再是教师的一言堂。此外，新的教学模式还能改变单一的课堂评价模式，加强互动参与，彰显"功夫在平时"的教学理念。

第五，考试之新。考试内容和形式向开放式转变，大学语文是用来提升人文素养的，其教学目的是让学生在经典作品的阅读与鉴赏中，丰富他们的心灵，激发他们的热情，点燃他们的梦想。因而考试不是目的，只是督促学习的一种手段而已。因此，结合《新读本》的特点，我们的考试模式也会发生相应的改变，由考查知识记忆型向考查能力型转变，考查的能力包括阅读鉴赏能力、文化认知能力和创意写作能力等。为适应考试形式的转变，课后练习的设计也向提升能力方向发展。

屈原说："路漫漫其修远兮，吾将上下而求索。"苏轼说："人生到处知何似，应似飞鸿踏雪泥。"人生苦短，追求无限。我们的团队始终与国家的教育事业一起成长腾飞。立足传统，走向现代，关注他人，认识自我，是我们的使命。

编　者

目 录
CONTENTS

第一部分　中外诗歌（含中国特有的词赋） 1
　　《诗经》两首 3
　　九歌·湘夫人 .... 屈原　5
　　《咏怀》其一 .... 阮籍　8
　　《杂诗》其二 .... 陶渊明　10
　　梁甫吟 .... 李白　12
　　《秋兴八首》其一 .... 杜甫　15
　　金铜仙人辞汉歌 .... 李贺　17
　　秋声赋 .... 欧阳修　19
　　和子由渑池怀旧 .... 苏轼　21
　　踏莎行·郴州旅舍 .... 秦观　23
　　贺新郎·别茂嘉十二弟 .... 辛弃疾　25
　　虞美人·听雨 .... 蒋捷　27
　　金缕曲·赠梁汾 .... 纳兰性德　28
　　青草 .... 骆一禾　30
　　镜中 .... 张枣　32
　　在风中飘荡 .... 鲍勃·迪伦　34

第二部分　中外散文 37
　　左传·晋公子重耳之亡 .... 左丘明　39
　　诸子语录（节选） 43
　　答李翊书 .... 韩愈　53
　　童心说 .... 李贽　56
　　论睁了眼看 .... 鲁迅　59
　　读书的艺术 .... 林语堂　63
　　勤靡余劳，心有常闲 .... 朱光潜　69
　　时间 .... 沈从文　72

坐在人生边上（节选）	杨绛 75
我为什么要写作	王小波 79
讲故事的人（节选）	莫言 83
我的世界观	爱因斯坦 87
失败的额外收益与想象力的重要性	J·K·罗琳 91

第三部分 中外小说 ... 95

《世说新语》《搜神记》（选篇）	97
聂隐娘	裴铏 100
红楼梦（节选）	曹雪芹 103
倾城之恋（节选）	张爱玲 109
永远的尹雪艳	白先勇 115
小二黑结婚（节选）	赵树理 124
平凡的世界（节选）	路遥 130
活着（节选）	余华 137
月亮与六便士（节选）	威廉·萨默塞特·毛姆 143
百年孤独（节选）	加夫列尔·加西亚·马尔克斯 150
挪威的森林（节选）	村上春树 156
追风筝的人（节选）	卡勒德·胡赛尼 162

第四部分 中外戏剧 ... 171

《西厢记·崔莺莺夜听琴杂剧》第四折（节选）	王实甫 173
牡丹亭·惊梦（节选）	汤显祖 177
高加索灰阑记（节选）	贝托尔特·布莱希特 180
等待戈多（节选）	塞缪尔·贝克特 190

第五部分 人文知识拓展 ... 203

汉语发展历程	204
影视发展历程	208
新媒体发展历程	212

参考文献 ... 216

后记 ... 217

第一部分

中外诗歌

(含中国特有的词赋)

◈ 中外诗歌文体扫描 ◈

中国以外的世界文学的舞台非常广大，因而要进行中外诗歌、散文、小说和戏剧等文体扫描的话，难度是很大的。但是，在世界文坛居于主流地位的还是以欧美为代表的西方文学。因此，这里的中外诗歌、散文、小说和戏剧等文体扫描，主要进行的是中西文体扫描。然而中西文体扫描也是一个无比宏大的工程，从知识的复杂程度和容量上来说，也许是几本、十几本、几十本专著都涵盖不了的。《新读本》只作线索勾勒，意在引起学生关于中外文学比较的注意，起到抛砖引玉的作用。

诗歌是一种语词凝练、结构跳跃、富有节奏和韵律、高度集中地反映生活和表达思想感情的文学体裁，可以分为抒情诗、叙事诗、格律诗和自由诗等。诗歌的基本特征是：凝练性、跳跃性和节奏韵律性。

在西方的文体划分传统中，自亚里士多德以来只提出史诗和戏剧两个文体。诗歌，尤其是抒情诗，并没有成为西方文化传统中与史诗和戏剧地位平等而独立的文体。西方古代诗歌最初以史诗的面貌叙说人间英雄和天上英雄，讲述各种冒险故事，这种文学传统从中世纪欧洲各国的史诗到19世纪英国诗人雪莱的戏剧中都有体现。而中国文学中，却没有出现史诗这样的文体。

在中国，诗歌传统上以抒情为主，主要功能在于言志和抒情。《诗经》的现实主义和《楚辞》的浪漫主义，像两条河流一样孕育了中国的抒情诗。这种抒情传统一直持续出现在汉赋、唐诗、宋词和元曲等文学样式中。赋体文学是中国文学中独有的文体门类，在西方的文类传统中是没有的。

中西诗歌在情趣上的追求也不同。西方涉及人伦、人情的诗歌多半以恋爱为中心，中国的诗歌以诗言说爱情的固然不少，但朋友之情和君臣之义更被看重。西方诗人爱好大海日出、狂风暴雨，中国诗人爱好微风细雨、湖光山色；西诗偏于刚，中诗偏于柔。西诗以直率胜，中诗以委婉胜；西诗以深刻胜，中诗以微妙胜；西诗以铺陈胜，中诗以简隽胜。

《诗经》两首

【作者简介】

《诗经》是我国最早的一部诗歌总集,收集了自西周初年至春秋中叶(前11世纪至前6世纪)的诗歌,共305篇,另外还有6篇为笙诗,只有标题,没有内容。《诗经》反映了周初至周晚期约500年间的社会面貌:劳动与爱情、战争与徭役、压迫与反抗、风俗与婚姻、祭祀与宴饮,天象与地貌、动物与植物等。《诗经》的作者绝大部分已经无法考证,传为尹吉甫采集、孔子编订。《诗经》在先秦时期称为《诗》,或取其整数称《诗三百》,西汉时被尊为儒家经典,始称《诗经》,并沿用至今。诗经在内容上分为风、雅和颂三个部分:风是周代各地的歌谣;雅是周人的正声雅乐,又分为《小雅》和《大雅》;颂是周王廷和贵族宗庙祭祀的乐歌,又分为《周颂》《鲁颂》和《商颂》。

【原文】

国风·邶①风·柏舟

汎②彼柏舟,亦汎其流③。耿耿④不寐,如有隐忧。微我无酒,以敖以游。
我心匪鉴⑤,不可以茹⑥。亦有兄弟,不可以据。薄言往愬⑦,逢彼之怒。
我心匪石,不可转也。我心匪席,不可卷也。威仪棣棣⑧,不可选⑨也。
忧心悄悄,愠于群小。觏闵⑩既多,受侮不少。静言思之,寤辟有摽⑪。
日居月诸⑫,胡迭而微⑬?心之忧矣,如匪澣衣⑭。静言思之,不能奋飞。

(选自程俊英译注《诗经译注》,上海古籍出版社1985年版)

---

①邶(bèi):古国名。周武王封殷纣王儿子武庚于邶,邶在殷都朝歌(今河南省淇县)以北,后来并入卫国。
②汎:同"泛",漂浮流动的样子。下文的"汎"是动词,漂浮之意。
③亦:语助词,无义。流:水流之中。这两句用水中漂浮的孤舟比喻妇人被弃而无所依托。
④耿耿:心中焦灼不安的样子。
⑤鉴:镜子。
⑥茹:容纳。意为我的心不像镜子,不是随便什么都可以容纳的。比喻不能把忧愁闷在心中不说出来。
⑦薄言:动词词头,此处含有勉强的意思。愬:通"诉",诉说。
⑧威仪:指合乎礼节的仪容、态度和容貌。棣棣:安和的样子。
⑨选:通"巽",退让。
⑩觏(gòu):通"遘",遇见。闵:通"愍",指中伤陷害的事。
⑪寤:睡醒;辟:通"擘",用手抚摸;摽(biāo):用手锤击。夜不成寐,常常用手来抚心捶胸。
⑫居、诸:都是语助词,带有感叹的语气。
⑬迭:更替、轮流。微:昏暗。
⑭匪澣衣:没有洗过的脏衣服。

【阅读指要】

　　这是一首倾吐自己不幸遭遇的自诉诗，主人公具体的身份与境况不明确，多数学者认为女主人公是贵族妇人，为众妾所侮、为丈夫所不喜而沦为了弃妇。诗歌的情感由闷而怨、而苦、而恨、而痛，层层推进，步步深入，一个孤苦无助的形象淋漓尽致地展现了出来。诗歌连用"我心匪鉴""我心匪石""我心匪席""如匪澣衣"四个生动的比喻，将抽象的情感具象化。俞平伯《读诗札记》认为："通篇措词委婉幽抑，取喻起兴巧密工细，在朴素的《诗经》中是不易多得之作。"

【原文】

国风·郑风·褰裳①

　　子惠思我②，褰裳涉溱③。子不我思，岂无他人。狂童之狂也且④！
　　子惠思我，褰裳涉洧⑤。子不我思，岂无他士⑥。狂童之狂也且！

（选自程俊英译注《诗经译注》，上海古籍出版社1985年版）

【阅读指要】

　　这是一首以女子的口吻所吟唱的爱情诗，刻画出了女子爽朗、泼辣和大胆的性格，可以看出婚恋在当时的民间还保持着一定的自由度，且还是"女追男"的模式，这尤为可贵。诗中流露出女子对得到男子爱情的强烈渴望，"激将法"的使用，恰恰表明女子对自己是否能得到爱情的忐忑。大胆中有犹疑，泼辣中见烦忧，调侃中蕴真情。

【课后练习】

　　1. 分析《邶风·柏舟》和《郑风·褰裳》两首诗中的女性在对待自身情感问题上所持的态度，谈谈你的看法。
　　2. 分析《邶风·柏舟》中比喻手法的使用。

---

①褰裳：褰，通"搴"，提起；裳，下裙。
②惠：爱。
③溱：水名，发源于今河南省密县东北的圣水峪。
④狂童之狂也且："狂"，傻或无能；童，愚昧无知。陈奂《诗毛诗传疏》："童即狂也，童昏即狂性之状。……单言狂，累言狂童，无二义也。……以童为幼童解之者，皆延其误。"且，读作[jū]，助词，无意。
⑤洧：水名，发源于河南省登封县东的阳城山。
⑥士：青年男子。朱熹《诗集传》："士，未娶者之称。"

九歌·湘夫人

屈原

【作者简介】

屈原(约前340—前278)(见图1-1),名平,字原,战国时期楚国贵族出身,初受楚怀王信任,任左徒,兼管内政外交大事,后遭谗言被疏远乃至流放。公元前278年,秦将白起攻破楚国首都郢,屈原悲愤交加怀石自投汨罗江。屈原一生写下许多不朽诗篇,他创造的"楚辞"文体在中国文学史上独树一帜,与《诗经》并称为"风骚",对后世的诗歌创作产生了积极影响,成为中国古代浪漫主义诗歌的奠基者。其传世作品有《离骚》《九歌》《九章》《天问》和《招魂》等。

图1-1 屈原画像

【原文】

帝子①降兮北渚,目眇眇兮愁予②。
袅袅兮秋风,洞庭波兮木叶下。
白薠兮骋望③,与佳期兮夕张④。
鸟萃兮蘋中,罾何为兮木上?⑤
沅有茝兮澧有兰⑥,思公子⑦兮未敢言。
荒忽兮远望,观流水兮潺湲。
麋何食兮庭中?蛟何为兮水裔⑧?
朝驰余马兮江皋,夕济兮西澨。⑨

---

①帝子:指湘夫人。舜妃为帝尧之女,故称帝子。
②眇眇(miǎo):极目远望的样子。愁予:使我忧愁。
③薠(fán):水草名,生湖泽间。王夫之通释"白薠上有一登字,非是。"
④佳:佳人,指湘夫人。期:期约。张:陈设。
⑤罾(zēng):渔网。这两句是指鸟集于水草中;罾却设在木上,比喻所愿不得,失其应处之所。一本"萃"前有"何"字,亦通。
⑥沅:沅水。澧:澧水,或作"醴"(lǐ)。二者都在今湖南省境内。
⑦公子:指湘夫人。古代贵族子女不分性别,都可称公子。
⑧水裔:水边。
⑨皋:水边高地。澨(shì):水边。

闻佳人兮召予,将腾驾兮偕逝①。
筑室兮水中,葺之兮荷盖。
荪壁兮紫坛②,播芳椒兮成堂。
桂栋兮兰橑,辛夷楣兮药房。③
罔薜荔兮为帷④,擗蕙櫋兮既张。⑤
白玉兮为镇,疏石兰兮为芳。⑥
芷葺兮荷屋,缭⑦之兮杜衡。
合百草兮实庭,建芳馨兮庑⑧门。
九疑缤兮并迎⑨,灵⑩之来兮如云。
捐余袂兮江中,遗余褋兮澧浦。⑪
搴汀洲兮杜若,将以遗兮远者⑫。
时不可兮骤得,聊逍遥兮容与!⑬

(选自王夫之《楚辞通释》,上海人民出版社1975年版)

【阅读指要】

《九歌》是屈原11篇作品的总称。王逸《楚辞章句》认为:"昔楚国南郢之邑,沅、湘之间,其俗信鬼而好祠。其祠,必作歌乐鼓舞以乐诸神。屈原放逐,窜伏其域,怀忧苦毒,愁思沸郁。出见俗人祭祀之礼,歌舞之乐,其词鄙陋,因作《九歌》之曲。"《湘夫人》(见图1-2)为《九歌》的第四首,是祭湘水女神时用的乐歌,和《湘君》可相配合。此诗写湘君期待湘夫人而不至而产生的思慕哀怨之情。诗歌是以湘君思念湘夫人的语调去写的,描绘出神驰遥望、祈之不来、盼而不见的惆怅心情。全诗写男子的相思,所抒情意缠绵悱恻。加之作品对民间情歌直白抒情方式的吸取和对传统比兴手法的运用,更增强了它的艺术感染力。

---

①偕逝:同往。
②荪(sūn):一种香草。紫:紫贝。坛:中庭。
③栋:屋栋。橑(lǎo):屋椽。辛夷:木名,初春开花。楣:门上横梁。药:白芷。
④罔:通"网",作结解。薜荔:一种香草,缘木而生。帷:帷帐。
⑤擗(pǐ):析开。蕙:一种香草。櫋(mián):作"幔"讲,帐顶。
⑥镇:镇压坐席之物。疏:分陈。石兰:一种香草。
⑦缭:缠绕。
⑧庑(wǔ):廊。
⑨九疑:即九嶷(yí),山名,传说中舜的葬地,在湘水南。这里指九嶷山神。缤:盛多的样子。
⑩灵:神。
⑪袂(mèi):衣袖。褋(dié):外衣。
⑫远者:指湘夫人。
⑬骤得:数得,屡得。逍遥:游玩。容与:悠闲的样子。

图 1-2 明·文徵明《湘君湘夫人图》

纸本、淡设色,纵 100.80 cm,横 35.60 cm。现藏北京故宫博物院

【课后练习】

1. 该诗歌是写等美人而不来的相思之情,你如何理解这种相思之情?
2. 分析诗歌的艺术表现手法。

《咏怀》其一

阮籍

【作者简介】

阮籍(210—263),三国时魏国人,字嗣宗,陈留(今属河南)尉氏人,竹林七贤(嵇康、阮籍、山涛、向秀、刘伶、王戎、阮咸)(见图1-3)之一,曾任步兵校尉,世称阮步兵。由于当时司马氏父子掌权,阮籍不满司马氏的统治,故以酣饮和故作旷达来逃避迫害,最后郁郁而终。其代表作是《咏怀》八十二首,开创了中国文学史上政治抒情诗的先河,对后世影响很大。其作品除了诗歌外,还有赋、书、论、传等,后人辑有《阮籍集》。

图1-3 张大千《竹林七贤图》
纵51.00 cm,横29.00 cm

【原文】

夜中不能寐，起坐弹鸣琴。①
薄帷鉴明月②，清风吹我衿。
孤鸿号外野③，翔鸟鸣北林④。
徘徊将何见？忧思独伤心。

（选自陈伯君校注《阮籍集校注》，中华书局 2014 年版）

【阅读指要】

《夜中不能寐》是《咏怀》八十二首的第一首，诗歌用"明月""清风""孤鸿""翔鸟"等意象，映衬了抒情主人公不寐而弹琴的孤影，写出了诗人在长夜未央时的"徘徊"与"忧思"。尽管诗人发出"忧思独伤心"的长叹，却始终未把"忧思"说破，而是"直举情形色相以示人"。冷月清风、旷野孤鸿、深夜不眠的弹琴者，将无形的"忧思"化为直观的形象，表达了幽寂孤愤的心境。"言在耳目之内，情寄八荒之表"，是该诗的主要特点。诗歌动静相形，言近旨远，寄托幽深，耐人寻味。

【课后练习】

1. 结合本诗谈谈阮籍诗歌"寄托遥深"的特点。
2. 结合诗人的时代、生平，试分析抒情主人公为何会如此忧思。

---

①夜中不能寐，起坐弹鸣琴：此二句化用王粲《七哀诗》中的"独夜不能寐，摄衣起抚琴"，因为忧伤，到了半夜还不能入睡，就起来弹琴。夜中：中夜、半夜。
②薄帷鉴明月：明亮的月光透过薄薄的帐幔照了进来。薄帷：薄薄的帐幔。鉴：照。
③孤鸿：失群的大雁。号：哀号、鸣叫。
④翔鸟：飞翔盘旋着的鸟。北林：《诗经·秦风·晨风》中有"鴥(yù)彼晨风，郁彼北林。未见君子，忧心钦钦。如何如何，忘我实多！"后人往往用"北林"一词表示忧伤。

《杂诗》其二

陶渊明

【作者简介】

陶渊明(365？—427)(见图1-4)，又名潜，字元亮，号五柳先生，私谥靖节，世称靖节先生，东晋寻阳柴桑(今江西九江市)人。其曾祖父陶侃是东晋开国元勋，官至大司马，祖父陶茂、父亲陶逸都做过太守，外祖父孟嘉是当代名士。其父早亡，陶渊明从少年时代就处于贫困之中。他先后出任祭酒、参军一类的小官，其间多次辞官归隐，最后一次出任彭泽县令，到任81天即解印去职，并赋《归去来兮辞》以明弃绝官场之志。辞官回乡后，他一直过着"躬耕自资"的生活。在创作上，陶渊明田园诗数量最多、成就最高，但散文和辞赋也很有成就，如《五柳先生传》《桃花源记》和《归去来兮辞》等。有《陶渊明集》传世。

图1-4　陶渊明画像

【原文】

　　　　白日沦西阿①，素月出东岭。
　　　　遥遥万里辉，荡荡空中景②。
　　　　风来入房户，夜中枕席冷。
　　　　气变悟时易③，不眠知夕永④。
　　　　欲言无予和，挥杯劝孤影⑤。
　　　　日月掷⑥人去，有志不获骋⑦。
　　　　念此怀悲凄，终晓⑧不能静。

(选自《陶渊明集》，人民文学出版社1956年版)

---

①白日沦西阿：太阳落山。沦：落下。阿：山丘。
②遥遥万里辉，荡荡空中景：月亮遥遥万里，放射着清辉，浩荡的夜空被照耀得十分明亮。荡荡：广大。景：通"影"，月光。
③时易：时节变化。
④夕永：夜长。
⑤欲言无予和(hè)，挥杯劝孤影：我要倾吐心中的愁思，却无人应和，只好一个人举杯和自己的影子对酌。无予和：没有应和我的人。挥杯：举杯。
⑥掷：抛弃。
⑦不获骋：不能遂愿，引申为大展宏图。骋：驰骋。
⑧终晓：直到天亮，即彻夜。

【阅读指要】

这首诗写一个不眠的秋夜,环境的清冷衬托出作者内心的孤独,又以时光的流逝引出有志未骋的悲凄,是陶渊明咏怀诗的代表作。此诗境界极高,将素月辉景、荡荡万里之奇境与日月掷人、有志未骋之悲慨交融在一起。情与景融,灵与境融,浑然天成。

【课后练习】

1. 这首诗歌反映了作者怎样的心态?
2. 分析这首诗歌的艺术特点。

梁甫吟

李白

【作者简介】

李白(701—762)(见图1-5)，字太白，号青莲居士，唐代诗人。其祖籍为陇西成纪(今甘肃秦安)，隋末其先人流寓碎叶(今吉尔吉斯斯坦北部托克马克附近)，他幼时随父迁居绵州昌隆县(今四川江油市)青莲乡。李白25岁时"辞亲远游"，出蜀游历天下。天宝元年(公元742年)，唐玄宗征召李白入朝供奉翰林，天宝三年又赐金放还。安史之乱中，李白曾为永王李璘幕僚，因李璘败亡而下浔阳狱，被流放夜郎。肃宗乾元二年(公元759年)，李白行至巫山，遇大赦，旋即东还。上元二年(公元761年)，李光弼率百万军镇临淮，抵抗史朝义，李白曾请缨从戎，途中因病返回金陵，此后生活无着，投奔族叔当涂县令李阳冰，次年病重而卒。李白有"诗仙"之称，与杜甫并称"李杜"，现存诗作900余首，有《李太白文集》三十卷行世(见图1-6)。

图1-5 李白画像

【原文】

长啸梁甫吟①，何时见阳春②？君不见，朝歌屠叟辞棘津，八十西来钓渭滨③。宁羞白发照清水，逢时壮气思经纶④。广张三千六百钓，风期暗与文王亲⑤。大贤虎变愚不测⑥，

---

①长啸：大声吟唱。《梁甫吟》：亦作《梁父吟》，汉乐府楚调曲名，声调悲凉。

②阳春：阳光温暖的春天，这里比喻光明，也可喻指人生理想的实现。

③朝歌屠叟：指吕望(即姜太公)，佐武王灭殷，封于齐。《韩诗外传》卷七云："吕望行年五十，卖食棘津，年七十，屠于朝歌，九十乃为天子师，则遇文王也。"《韩诗外传》卷八云："太公望少为人婿，老而见去，屠牛朝歌，赁于棘津，钓于磻(pán)溪(今陕西宝鸡市东南，北流入渭河)，文王举而用之，封于齐。"朝歌：殷商之京城，在今河南汤阴县。棘津：今河南延津县北。

④经纶：本义指治丝，此处借喻为经营国事。《易经·屯卦》曰："君子以经纶。"

⑤三千六百钓：钓，一作钧。吕望八十岁钓于磻溪，九十岁得遇文王，十年共计三千六百日。风期：风度、气度、襟怀。这两句是说：吕尚垂钓十年，终得周文王重用，是因为他与周文王的治国理念相一致。

⑥大贤虎变，语出《周易·革卦》："大人虎变。"虎变，虎的皮毛更新，文采炳焕，用以比喻政治上的得志。这句是说："大贤"不会永远贫贱，终有得志的一天，愚人是不能预测的。

当年颇似寻常人。君不见,高阳酒徒起草中①,长揖山东隆准公②。入门不拜骋雄辩,两女辍洗来趋风③。东下齐城七十二,指挥楚汉如旋蓬④。狂客⑤落魄尚如此,何况壮士当群雄⑥!我欲攀龙⑦见明主,雷公砰訇震天鼓⑧,帝旁投壶⑨多玉女。三时大笑开电光⑩,倏烁晦冥起风雨⑪。阊阖九门不可通,以额扣关阍者怒⑫。白日不照吾精诚,杞国无事忧天倾⑬。猰貐磨牙竞人肉⑭,驺虞⑮不折生草茎。手接飞猱搏雕虎⑯,侧足焦原⑰未言苦。智者可卷愚者豪,世人见我轻鸿毛⑱。力排南山三壮士,齐相杀之费二桃⑲。吴楚弄兵无剧

---

①高阳酒徒:指郦食其(lì yì jī),陈留高阳人,自称高阳酒徒。起草中:出身平民。
②长揖:拱手高举继而落下的一种古代见面礼节,较跪拜为轻。山东:秦汉时泛指华山以东广大地区。隆准公:指刘邦。《史记·高祖本纪》:"高祖为人,隆准(高鼻骨)而龙颜。"
③趋风:疾行如风前来迎接。据《史记·郦生陆贾列传》记载:刘邦起兵经过陈留,郦食其前去谒见,刘却"倨床使两女子洗足",郦食其长揖不拜,责备他说:"必聚徒合义兵诛无道秦,不宜倨见长者。"于是刘邦立刻停止洗脚,认真接待。
④旋蓬:随风飘旋的蓬草,比喻轻易。据《史记·郦生陆贾列传》记载:楚汉军队在荥阳、成皋一带相持时,郦食其建议刘邦联合齐王孤立项羽,并受命前往游说。经郦食其劝说,齐王田广表示愿以所辖七十余城归汉。
⑤狂客:指郦食其。
⑥当群雄:正当人才辈出、群雄并起之时。
⑦攀龙:比喻依附皇帝建立功业。语本《后汉书·光武帝纪》耿纯向刘秀进言:"天下士大夫捐亲戚,弃土壤,从大王于矢石之间者,其计固望其攀龙鳞,附凤翼,以成其所志耳。"
⑧雷公:即雷神。砰訇(hōng):巨大的碰撞声。震天鼓:打雷。
⑨投壶:古代的一种游戏,各人依次把箭投入壶中,胜者罚负者喝酒。《神异经·东荒经》记载:东王公和玉女投壶,投不中的,天就发笑。
⑩三时:早晨、中午和晚上,亦指春、夏、秋三季农作之时,此指经常、不时地。大笑开电光:古代称不下雨时的闪电为"天笑"。
⑪倏(shū)烁:电光迅疾,极快地闪烁。晦冥:昏暗。
⑫阊阖(chāng hé):神话中的天门。阍者:守门的人。
⑬精诚:真心诚意。杞国无事忧天倾:出自《列子·天瑞篇》:"杞国有人忧天地崩坠,身亡所寄,废寝食者。"这两句是说,他自己对国事的担忧,不被统治者所理解,反被认作"杞人忧天"。
⑭猰貐(yà yǔ):古代神话中一种吃人的神兽,这里比喻阴险凶恶的人物。竞:争抢。
⑮驺(zōu)虞:古代神话中一种仁兽,白质黑纹,不伤人畜,不践踏生草。这里比喻李白自己,表示不与奸人同流合污。
⑯猱(náo):一种身体便捷、善于攀缘的猴子。雕虎:皮毛斑驳的老虎。
⑰焦原:春秋时莒(jǔ)国境内的一块险石。《尸子》载:"莒国有石焦原者,广寻,长五十步,临百仞之谿,莒国莫敢近也。"此处借指极其险恶的处境。
⑱卷:收敛,隐藏,引申为退隐不仕。此二句意为:才智之士退居收敛,庸碌之辈趾高气扬,自己因而被世人轻视。
⑲三壮士:指春秋时齐国勇士公孙接、田开疆、古冶子。据《晏子春秋·谏下》载:齐景公手下有公孙接、田开疆、古冶子三勇士,皆力能搏虎,却不知礼义。相国晏婴便向景公建议除掉他们。齐景公用两只桃子赏给有功之人,于是三勇士争功,然后又各自羞愧自杀。这两句以历史作喻,说明有才能者易受猜疑迫害。

孟,亚夫哈尔为徒劳①。梁甫吟,声正悲。张公两龙剑,神物合有时②。风云感会起屠钓③,大人岷屼当安之④。

(选自《李太白全集》,中华书局1977年版)

图1-6 苏轼行书书法《李太白仙诗卷》

该帖书李白诗二首,自署书于元祐八年(公元1093年)。纸本。

凡20行,计205字。横106 cm,纵34.4 cm。现藏日本大阪市立美术馆

【阅读指要】

《梁甫吟》约作于天宝三年(公元744年)李白离开长安之时。全诗通过吕尚、郦食其等历史人物故事和神话传说,表达了作者人生理想遭遇挫折后的愤懑以及对实现理想的期待。此诗通篇用典,先以吕望和郦食其两个故事作引,接着借助于种种神话故事,寄寓诗人自己不公平遭遇的苦痛;后段又把一些不相连属的典故连缀在一起,用以表达诗人强烈而又复杂的情感。全诗以诗人情感发展为线索,节奏起伏多变,意境奇幻,错落有致。

【课后练习】

1. 简述本诗的抒情层次,体会诗歌的情感脉络,并指出诗中抒情主人公是如何面对人生挫折的。

2. 分析本诗的艺术特点。

---

① 吴楚反兵:汉景帝三年(公元前154年),吴王刘濞联合楚、赵、胶东、胶西、济南、淄川六国,以"清君侧"为名发动叛乱。剧孟:汉景帝时著名侠士。亚夫:周亚夫,时任太尉。哈(hāi):嘲笑。《史记·游侠列传》载:"吴、楚反时,条侯(周亚夫)为太尉,乘传(zhuàn,驿站)车,将至河南,得剧孟,喜曰:'吴、楚举大事而不求剧孟,吾知其无能为已。'"二句意在说明人才对于统治者的重要。

② 张公:指西晋张华。两龙剑,据《晋书·张华传》载:西晋时丰城令雷焕从地中掘得一对宝剑,把一支送给张华,张写信给雷说:"详观剑文,乃干将也,莫邪何复不至?虽然,天生神物,终当合耳。"后来张华被杀,他的剑就不知所在。雷焕死后,他的儿子雷华带着另一支宝剑经过延平津(今福建南平市东),剑忽然从腰间跃入水中。雷华派人下水去取,只见水中有两条龙,各长数丈,而不见宝剑。雷华叹道:"张公曾说神物终当复合,现在确是应验了。"这两句是说,有才能的人是不会永远落魄的,一旦时机成熟,他就可以施展其抱负了。

③ 风云感会:本义是同类事物相互感应,语出《易·乾》"云从龙,风从虎,圣人作而万物睹",此处比喻君臣遇合。屠钓:指吕尚。

④ 大人:指有抱负、有才能的人。岷(nǐ)屼(wù):山势高险,坎坷困厄。

《秋兴八首》其一

杜甫

【作者简介】

杜甫(712—770)(见图1-7),字子美,唐代京兆杜陵(今陕西西安市西南)人,生于巩县(今河南巩义市),晋朝名将杜预的后人,初唐著名诗人杜审言的孙子。他20岁起漫游吴越、齐赵。唐玄宗天宝六年(公元747年),杜甫赴京应试,落第后旅居长安。天宝十四年(公元755年)"安史之乱"爆发后,杜甫赴凤翔投奔唐肃宗,拜为左拾遗,故世又称杜拾遗,后因疏救房琯而得罪唐肃宗,被贬为华州司功参军。乾元二年(公元759年),他弃官西行,经天水、同谷入蜀,于成都西郊浣花溪畔筑茅屋而居。在蜀期间,杜甫曾任检校工部员外郎,故世称"杜工部"。代宗永泰元年(公元765年)杜甫携家经水路出蜀,至夔州又滞留两年,出三峡后漂泊于荆、湘,以舟为家。大历五年(公元770年),杜甫病逝于湘江舟中,卒年59岁。杜甫被尊为"诗圣",杜诗有"诗史"之称。有《杜工部集》传世。

图1-7 杜甫画像

【原文】

玉露凋伤枫树林①,巫山巫峡气萧森②。

江间波浪兼天涌③,塞上风云接地阴④。

丛菊两开他日泪⑤,孤舟一系故园心⑥。

寒衣处处催刀尺⑦,白帝城高急暮砧⑧。

(选自仇兆鳌注《杜诗详注》,中华书局1979年版)

---

①玉露:秋天的霜露,因其白,故以玉喻之。凋伤:使草木凋落衰败。

②巫山巫峡:即指夔州(今奉节)一带的长江和峡谷。《水经注·江水注》:"江水历峡,东径新崩滩,其下十余里有大巫山,其间首尾百六十里谓之巫峡,盖因山为名也。自山峡七百里中,两岸连山,略无缺处,重岩叠嶂,隐天蔽日,自非亭午夜分,不见曦月。"萧森:萧瑟阴森。首二句点出所在地点,开门见山。

③江间:即巫峡。兼天涌:波浪滔天。

④塞上:指巫山。接地阴:风云匝地。这两句极写景物萧森隐晦之状,自含勃郁不平之气。

⑤两开:杜甫前一年秋天在云安,今年秋天又在夔州,从离开成都算起,已历两秋,故云"两开"。开字双关,菊开泪亦随之而开。他日:往日,指多年来的艰难岁月。

⑥故园:此处当指长安。此二句落到自身,感叹身世之萧条。

⑦催刀尺:指赶裁冬衣。处处催,见得家家如此,言外便有客子无依之感。

⑧白帝城:即今奉节城,在瞿塘峡上口北岸的山上,与夔门隔岸相对。急暮砧:黄昏时急促的捣衣声。砧:捣衣石。

【阅读指要】

　　《秋兴八首》是公元766年秋杜甫在夔州时期所作的一组七言律诗。清人王嗣奭在《杜臆》中说："秋兴八首，以第一首起兴，而后七首俱发中怀；或承上，或起下，或互相发，或遥相应，总是一篇文字。"八首诗，章法严密，脉络分明，不宜拆开，亦不可颠倒。该诗作为全诗的序曲，通过对巫山巫峡秋色秋声的形象描绘，烘托出阴沉萧森、动荡不安的环境气氛，令人感到秋色秋声扑面惊心，抒发了诗人忧国之情和孤独抑郁之感。该诗开门见山，抒情写景，波澜壮阔，感情强烈。诗意落实在"丛菊两开他日泪，孤舟一系故园心"两句上，下启第二、三首。本诗运用了循环往复的抒情方式以及借景抒情的写作方式，实属杜甫律诗之佳作。起笔两句，最称警挺，已摄秋景之神。前两联极写绝塞萧森秋景，有笼盖八章之势。江间塞上，状其悲壮；丛菊孤舟，写其凄紧。后两联从眼前丛菊的开放，联系到故园；追忆故园的沉思，又被白帝城黄昏的砧声打断。这中间有从夔府到长安，又从长安到夔府的往复。全诗沉郁顿挫，诗律精严。

【课后练习】

1. 试析诗人为何要悲秋？
2. 杜甫诗歌以七律见长，分析本诗的艺术特点。

金铜仙人辞汉歌①

李贺

【作者简介】

李贺(790—816)(见图 1-8),字长吉,唐代福昌昌谷(今河南宜阳)人,是没落的唐宗室后裔,父亲晋肃,曾当过县令。仅因"晋肃"之"晋"与"进士"之"进"同音,"肃"与"士"音近,李贺便以有讳父名而被人议论攻击,不得参加进士考试。后荫举做了个从九品的奉礼郎,不久即托疾辞归,卒于故里,年仅27岁。李贺诗歌想象丰富,经常用神话传说来托古寓今,风格幽僻怪诞、凄艳诡激。人称"诗鬼"。有《昌谷集》存世。

图 1-8 李贺画像

【原文】

茂陵刘郎秋风客②,夜闻马嘶③晓无迹。
画栏桂树悬秋香④,三十六宫土花碧⑤。
魏官牵车指千里⑥,东关酸风射眸子⑦。
空将汉月出宫门⑧,忆君清泪如铅水⑨。
衰兰送客咸阳道⑩,天若有情天亦老⑪。
携盘独出⑫月荒凉,渭城已远波声小⑬。

(选自《三家评注李长吉歌诗》,上海古籍出版社 1998 年版)

---

①魏明帝青龙元年(公元 233 年)八月,诏宫官牵车西取汉武帝捧露盘仙人,欲立置前殿。宫官既拆盘,仙人临载,乃潸然泪下。李贺遂作此诗。
②茂陵:汉武帝刘彻的陵墓,在今陕西省兴平市东北。刘郎:指汉武帝。秋风客:言悲秋之人。汉武帝曾作《秋风辞》,有句云:"欢乐极兮哀情多,少壮几时兮奈老何?"
③夜闻马嘶:传说汉武帝的魂魄出入汉宫,有人曾在夜中听到他坐骑的嘶鸣。
④桂树悬秋香:指八月景象。秋香:桂花的芳香。
⑤三十六宫:张衡《西京赋》:"离宫别馆三十六所。"土花:苔藓。
⑥千里:指长安汉宫到洛阳魏宫路途遥远。
⑦东关:车出长安东门,故云东关。酸风:令人心酸落泪之风。
⑧将:与,伴随。汉月:汉朝时的明月。
⑨君:指汉家君主,特指汉武帝刘彻。铅水:比喻铜人所落的眼泪,含有心情沉重的意思。
⑩衰兰:秋兰已老,故称衰兰。客:指铜人。咸阳:秦都城名,汉时改为渭城县,离长安不远,故代指长安。咸阳道:此处指长安城外的道路。
⑪天若有情天亦老:意为面对如此兴亡盛衰的变化,天如果有人的情感,也会因为常常伤感而衰老。
⑫独出:一说应作"独去"。
⑬渭城:秦都咸阳,代指长安。波声:指渭水的波涛声。渭城在渭水北岸。

【阅读指要】

　　这首诗大约是唐元和八年(公元813年)李贺因病辞去奉礼郎职务由京赴洛途中所作。诗人"百感交并，故作非非想，寄其悲于金铜仙人耳"。借金铜仙人辞汉的史事，来抒发兴亡之感、家国之痛和身世之悲。全诗分为三部分，前四句慨叹韶华易逝，人生难久；中间四句用拟人化的手法写金铜仙人初离汉宫时的凄婉情态；末四句写出城后途中的情景。全诗想象奇特，深沉感人，形象鲜明，变幻多姿，充满了浪漫主义色彩。

【课后练习】

1. 分析本诗的艺术特色。
2. "天若有情天亦老"为何会成为千古名句？

秋 声 赋

欧阳修

【作者简介】

欧阳修(1007—1072)(见图 1-9),字永叔,号醉翁,晚号六一居士,北宋吉州永丰(今属江西)人,官至翰林学士、枢密副使、参知政事、户部侍郎。宋神宗熙宁四年(公元 1071 年)以太子少师致仕,谥文忠。欧阳修早年参加庆历新政,以天下为己任,屡遭贬谪,历经宦海沉浮。他是北宋古文运动的倡导者和领袖,是唐宋八大家之一,散文说理畅达,抒情委婉,有《欧阳文忠公集》传世。词承《花间》,亦有清新之作,有《六一词》传世。

图 1-9　欧阳修画像

【原文】

欧阳子方夜读书,闻有声自西南来者,悚然而听之曰:"异哉!"初淅沥以萧飒,忽奔腾而砰湃;如波涛夜惊,风雨骤至。其触于物也,鏦鏦铮铮①,金铁皆鸣;又如赴敌之兵,衔枚疾走,不闻号令,但闻人马之行声。

予谓童子:"此何声也?汝出视之。"童子曰:"星月皎洁,明河在天,四无人声,声在树间。"

予曰:"噫嘻悲哉!此秋声也,胡为而来哉?盖夫秋之为状也:其色惨淡,烟霏云敛;其容清明,天高日晶;其气慄冽,砭人肌骨;其意萧条,山川寂寥。故其为声也,凄凄切切,呼号愤发。丰草绿缛而争茂,佳木葱茏而可悦;草拂之而色变,木遭之而叶脱。其所以摧败零落者,乃其一气之余烈②。夫秋,刑官③也,于时为阴④;又兵象⑤也,于行为金⑥。是谓天地之义气,常以肃杀而心。天之于物,春生秋实。故其在乐也,商声主西

---

① 鏦鏦(cōng)铮铮:金属相击的声音。
② 一气,指秋气。烈,威力。
③ 刑官:执掌刑狱的官。《周礼》把官职与天、地、春、夏、秋、冬相配,称为六官(六卿)。秋天肃杀万物,所以司寇为秋官,执掌刑法,称刑官。
④ 于时为阴:古以阴阳配合四时,春夏属阳,秋冬属阴。《汉书·律历志上》:"春为阳中,万物以生。秋为阴中,万物以成。"
⑤ 兵象:古代秋季征伐或练兵。《礼记·月令》记孟秋之月:"天子乃命将帅,选士厉兵,简练杰俊,专任有功,以征不义。诘诛暴慢,以明好恶,顺彼远方。"
⑥ 于行为金:古以木、火、金、水分配春、夏、秋、冬,秋属金。行,指五行,古称构成各种特质的五种元素,即金、木、水、火、土。

方之音①，夷则为七月之律②。商，伤也，物既老而悲伤；夷，戮也，物过盛而当杀。嗟呼！草木无情，有时飘零。人为动物，惟物之灵。百忧感其心，万事劳其形，有动于中，必摇其精。而况思其力之所不及，忧其智之所不能；宜其渥然丹者为槁木，黟③然黑者为星星。奈何以非金石之质，欲与草木而争荣？念谁为之戕贼，亦何恨乎秋声！"

童子莫对，垂头而睡。但闻四壁虫声唧唧，如助余之叹息。

（选自袁行霈主编《中国文学作品选注》第三卷，中华书局2007年版）

【阅读指要】

此赋作于宋仁宗嘉祐四年（公元1059年），写抽象之秋声似见若闻，写悲秋之感慨饱满充分。由大自然的秋写到了刑官、音乐再到人生的秋，天人合一。主客问答，通篇用韵，而结构与句式进一步散文化和自由化，是宋代文赋的出色代表。清人吴楚材、吴调侯在《古文观止》卷十中评价说："秋声，无形者也，却写得形色宛然，变态百出。末归于人之忧劳，自少至老，犹物之受变，自春而秋。凛乎悲秋之意。溢于言表。结尾虫声唧唧，亦是从声上发挥，绝妙点缀。"

【课后练习】

1.《秋声赋》是怎样写秋声的？你对秋是如何理解的？

2.作者与童子对"秋声"的审美感受有何不同？为何不同？

---

①商声主西方之音：古以角、徵、商、羽配春、夏、秋、冬，秋属商（见《礼记·月令》）。商：五声（古代五声音阶的五个音级）之一。古又以东、南、西、北分配春、夏、秋、冬，秋属西方（见《汉书·五行志第七中之上》）。

②夷则为七月之律：古以十二乐律（依《周礼·春官宗伯》），为黄钟、太簇、姑洗、蕤宾、夷则、无射、大吕、应钟、南吕、函钟、小吕、夹钟分配十二月，七月为夷则。夷则：在《史记·律书》中说："言阴气之贼万物也。"唐张守节《正义》引《白虎通》："夷，伤也。则，法也。言万物始伤，被刑法也。"

③黟(yī)：同黝，黑。

和子由渑池怀旧[①]

苏轼

【作者简介】

苏轼（1037—1101）（见图 1-10），字子瞻，号东坡居士，眉山（今四川眉山）人，北宋著名文学家，在散文、诗、词各方面均有极高的成就，书法、绘画方面也有很深的造诣。散文为唐宋八大家之一，与欧阳修并称"欧苏"；诗与黄庭坚并称"苏黄"，首开宋代诗歌新风气；词与辛弃疾并称"苏辛"，一扫当时词坛绮艳柔靡的风尚，为豪放词派创始人。其作品风格豪迈，视野广阔，个性鲜明，意趣横生（见图 1-11）。其诗文表现出来的极为丰富、绚丽多彩的思想内容与独特的艺术风格，标志着北宋文学创作的最高成就。有《东坡全集》《东坡乐府》等作品传世。

图 1-10　苏轼画像

图 1-11　苏轼撰《黄州寒食帖》墨迹素笺本

横 34.2 cm，纵 18.9 cm，行书 17 行，计 129 字。现藏台北"故宫博物院"

---

①子由：苏轼弟弟苏辙，字子由。渑(miǎn)池：地名，今属河南。嘉祐六年（公元 1061 年），苏轼赴任陕西路过渑池。苏辙送他至郑州，然后返回京城开封，写了《怀渑池寄子瞻兄》寄赠："相携话别郑原上，共道长途怕雪泥。归骑还寻大梁陌，行人已度古崤西。曾为县吏民知否？旧宿僧房壁共题。遥想独游佳味少，无方骓马但鸣嘶。"苏轼遂作《和子由渑池怀旧》与之相和。

【原文】

人生到处知何似？应似飞鸿踏雪泥：
泥上偶然留指爪，鸿飞那复计东西①！
老僧已死成新塔，坏壁无由见旧题②。
往日崎岖还记否？路长人困蹇驴嘶③。

(选自钱钟书《宋诗选注》，人民文学出版社 1982 年版)

【阅读指要】

钱钟书评价苏轼诗在风格上的最大特色是"比喻的丰富、新鲜和贴切"。此诗首联以"飞鸿踏雪泥"比喻人生；颔联运用顶真修辞手法，一气贯注，将人生的偶然性与人生踪迹易于磨灭的道理以形象化的方式巧妙地揭示出来；颈联以渑池所遇的"僧死""壁坏"进一步印证世事无常乃为人生常态，故而不必为过往纠结；尾联回顾昔日应举时的道途艰辛照应诗题中的"怀旧"，同时暗含今昔对比之意。

【课后练习】

1. 宋诗富于理趣，请结合诗句分析苏轼这首诗是怎样说理的。
2. 苏轼以"雪泥鸿爪"比喻人生的无常和偶然性，对此你有何想法？

---

①苏辙原唱《怀渑池寄子瞻兄》中有"共道长途怕雪泥"句，苏轼由此引发，以"飞鸿踏雪泥"比喻人生。
②老僧：即指奉闲。新塔：古代僧人死后，以塔葬其骨灰。旧题：苏辙原唱《怀渑池寄子瞻兄》中有"旧宿僧房壁共题"句，此句自注："昔与子瞻应举，过宿县中寺舍，题其老僧奉闲之壁。"
③蹇(jiǎn)驴：腿脚不灵便的驴子。蹇，跛脚。苏轼自注："往岁，马死于二陵(按即崤山，在渑池西)，骑驴至渑池。"

踏莎行·郴州①旅舍

秦观

【作者简介】

秦观(1049—1100)(见图 1-12),字少游,一字太虚,号淮海居士,北宋高邮(今江苏高邮)人。其文辞为苏轼所欣赏,是苏门四学士(黄庭坚、秦观、张耒、晁补之)之一,词风属婉约一派,内容亦多写柔情,间有身世之感。其词遣词精密,善于刻画,但常流于纤巧无力。亦长诗文,但没有词的成就高。有《淮海集》传世。

图 1-12 秦观画像

【原文】

雾失楼台,月迷津渡②,桃源望断无寻处③。可堪④孤馆闭春寒,杜鹃声里⑤斜阳暮。驿寄梅花⑥,鱼传尺素⑦,砌成此恨无重数。郴江幸自⑧绕郴山,为谁流下潇湘去?

(选自中国社会科学院文学研究所《唐宋词选》,人民文学出版社 1982 年版)

【阅读指要】

此词作于宋哲宗绍圣四年(公元 1097 年),是作者因元祐党籍牵连遭受贬谪于郴州时所写,是秦观婉约词的代表作之一。词的上片写景,以凄婉的笔调描绘了谪居地的荒凉景象,衬托出词人孤独羁旅、身陷穷途的幻灭心境;词的下片抒情,亲友的书信与安慰反而更加重了词人内心的痛苦;结尾的无理之问流露出作者对现实政治的不满。王士禛《花草蒙拾》说:"'郴江幸自绕郴山,为谁流下潇湘去?'千古绝唱。秦殁后坡公常书此于扇云:'少游已矣,虽万人何赎!'高山流水之悲,千载而下,令人悲痛!"

---

①郴(chēn)州:今湖南郴县。
②津渡:渡口。
③桃源:即桃花源,是晋代陶渊明在《桃花源记》中虚构的世外乐园,其地在武陵(今湖南常德),离郴州不远。望断:极目远眺。
④可堪:怎堪,哪堪。
⑤杜鹃:鸟名,相传其鸣叫声像人言"不如归去",容易勾起人的思乡之情。
⑥驿寄梅花:南朝宋陆凯与范晔交善,自江南寄梅花一枝,给在长安的范晔,并赠诗说:"折梅逢驿使,寄与陇头人。江南无所有,聊寄一枝春。"这里用来指亲友的寄赠和安慰。
⑦鱼传尺素:尺素,古人书写常用素绢为材料,长一尺,故称尺素。古乐府《饮马长城窟行》中有句"客从远方来,遗我双鲤鱼。呼儿烹鲤鱼,中有尺素书。"这里指亲友的书信。
⑧幸自:本自,本来是。

【课后练习】
1. 词的上片传达出怎样的抒情氛围？词人是怎样营造这种抒情氛围的？
2. 词的下片运用了哪些典故？运用这些典故有何作用？

贺新郎·别茂嘉十二弟

辛弃疾

【作者简介】

辛弃疾(1140—1207)(见图1-13),字幼安,号稼轩,山东历城(今济南)人。少年抗金归南宋,曾任江西安抚使、福建安抚使等职。著有《美芹十论》《九议》等,条陈战守之策。由于与当政的主和派政见不合,后被弹劾落职,退隐山居。宋宁宗嘉泰四年(公元1204年)知镇江府。现存词600多首,是宋代存词最多的词人。其词作内容空前丰富,以抒发爱国情怀者最为突出,风格激昂奋厉,慷慨沉雄;手法不主故常,以文为词,极大地拓展了词体艺术。辛弃疾与苏轼并称"苏辛",有词集《稼轩长短句》传世。

图1-13 辛弃疾画像

【原文】

绿树听鹈鴂①,更那堪、鹧鸪声住②,杜鹃声切。啼到春归无寻处,苦恨芳菲都歇。算未抵、人间离别。马上琵琶关塞黑③,更长门④、翠辇辞金阙。看燕燕,送归妾⑤。

---

①鹈鴂(tíjué):鸟名,即杜鹃。《楚辞·离骚》:"恐鹈鴂之先鸣兮,使夫百草为之不芳。"《汉书·扬雄传》"顾先百草为不芳"句颜师古注,谓鹈鴂"常以立夏鸣,鸣则众芳皆歇"。一说鹈鴂与杜鹃为两种鸟。杜鹃,又名杜宇、子规,相传为古蜀王杜宇之魂所化,春末夏初,常昼夜啼鸣,其声哀切。

②鹧鸪:鸟名,形似雌雉,头如鹑,胸前有白圆点,如珍珠,背毛有紫赤浪纹,足黄褐色。其以谷粒、豆类和其他植物种子为主食,兼食昆虫。鹧鸪为中国南方留鸟。古人谐其鸣声为"行不得也哥哥",诗文中常用以表示思念故乡。

③马上琵琶:用汉代王昭君出塞事。据称王昭君北行途中,边关日暮,漆黑一片,借弹奏琵琶以寄离思。又石崇《王昭君辞序》有云:"昔公主嫁乌孙,令琵琶马上作乐,以慰其道路之思,其送明君亦必尔也。"

④长门:汉宫名。汉司马相如《长门赋》序:"孝武皇帝陈皇后时得幸,颇妒,别在长门宫,愁闷悲思。闻蜀郡成都司马相如天下工为文,奉黄金百斤,为相如、文君取酒,因于解悲愁之辞。而相如为文以悟主上,陈皇后复得亲幸。"后以"长门"借指失宠女子居住的寂寥凄清的宫院。

⑤燕燕:燕子。《诗经·邶风·燕燕》:"燕燕于飞,差池其羽。之子于归,远送于野。瞻望弗及,泣涕如雨。"《毛诗注疏》:《燕燕》,卫庄姜送归妾也。庄姜无子,陈女戴妫生子名完,庄姜以为己子。庄公薨,完立,而州吁杀之。戴妫于是大归,庄姜远送之于野,作诗见己志。

将军百战身名裂①。向河梁②、回头万里,故人长绝。易水萧萧西风冷③,满座衣冠似雪,正壮士、悲歌未彻。啼鸟还知如许恨,料不啼清泪长啼血。谁共我,醉明月!

(选自辛弃疾著、邓广铭注《稼轩词编年笺注》,上海古籍出版社 1978 年版)

【阅读指要】

本词约作于宋宁宗嘉泰三年(公元 1203 年),词人假借送别被贬官桂林的族弟辛茂嘉(排行十二)之机,抒发自己长期遭受贬抑、收复中原及重返故乡无望的悲愤之情。词中连用三男(李陵、苏武、荆轲)、三女(王昭君、陈阿娇、戴妫)六个人送别的典故,来表达自己内心的沉痛感。全词气韵浑成,词旨悲愤,风格苍凉沉郁。清代陈廷焯《白雨斋词话》卷一:"稼轩词,自以《贺新郎·别茂嘉十二弟》一篇为冠。沉郁苍凉,跳跃动荡,古今无此笔力。"王国维《人间词话》卷下说:"章法绝妙,且语语有境界,此能品而几于神者。然非有意为之,故后人不能学也。"

【课后练习】

1. 本词运用了哪些典故?谈谈你对辛词用典的看法。
2. 本词着眼于"别离",表现出"摧刚为柔,沉郁悲凉"的特点,请结合辛弃疾的生平思想情况予以分析。

---

①将军:指李陵,李广孙。天汉二年,贰师将军李广利将三万骑出酒泉击匈奴,使陵为之辎重。陵请自当一队。遂率步卒五千人出居延,数败匈奴。然匈奴骑多,陵矢尽力竭而降。单于以为右校王,以女妻之。传陵教匈奴用兵,武帝信之,族灭其家。昭帝立,霍光遣使招之,不还。居匈奴二十余年,病死。

②河梁:旧题汉李陵《与苏武》诗之三:"携手上河梁,游子暮何之?……行人难久留,各言长相思。"后因以"河梁"借指送别之地。

③易水:水名,在河北省西部,源出易县境。荆轲入秦行刺秦王,燕太子丹饯别于此。《战国策·燕策三》:"太子及宾客知其事者,皆白衣冠以送之。""风萧萧兮易水寒,壮士一去兮不复还。"

虞美人·听雨

蒋捷

【作者简介】

蒋捷,生卒年不详,字胜欲,号竹山,阳羡(今江苏宜兴)人,南宋末进士出身。宋亡,隐居竹山,后人称竹山先生。其词风格多样,而以悲凉清俊、萧寥疏爽为主。尤以造语奇巧之作,在宋末词坛上独标一格。蒋捷一生正处于时代急剧变动之际,他的词虽没有正面描写现实社会的重大矛盾,但仍曲折地表现出了他在国破家亡之后的精神痛苦,具有感人的力量。其有《竹山词》传世。

【原文】

少年听雨歌楼上,红烛昏罗帐①。壮年听雨客舟中,江阔云低、断雁②叫西风。

而今听雨僧庐③下,鬓已星星④也。悲欢离合总无情,一任⑤阶前,点滴到天明。

(选自中国社会科学院文学研究所《唐宋词选》,人民文学出版社1982年版)

【阅读指要】

此词以听雨为线索,依次展开了三幅不同人生阶段中的生活画面,并由这三个不同的生活画面暗示词人一生的生活与心境发生的巨大改变:从少年时的追欢逐笑、尽情享受到中年时的历经离乱、触景伤怀,再到老年时的痛定思痛、心如止水,而这种心境的转变恰好照应着词人所处时代发生的巨变。词人以极精简的笔触描绘出极具概括性的生活画面,三幅画面前后衔接又相互比照,既有词人个性发展的轨迹,又有时代巨变的折光,这正是此词的思想深刻、艺术独到之处(见图1-14)。

图1-14 听雨图

【课后练习】

1. 这首词在表达情感方面有怎样的特点?这样做的好处是什么?
2. 这首词以"悲欢离合总无情,一任阶前,点滴到天明"结尾,"无情"作何解释?

---

① 昏:昏暗。罗帐,轻薄丝绸做的床帐。
② 断雁:孤雁。
③ 僧庐:僧寺,僧舍。
④ 星星:形容头发斑白。
⑤ 一任:听凭,任由。

金缕曲·赠梁汾[①]

纳兰性德

【作者简介】

纳兰性德(1655—1685)(见图1-15),原名成德,后避太子名改为性德,字容若,号楞伽山人,满洲正黄旗人,为康熙宠臣大学士明珠长子,康熙十五年进士,后一直为康熙侍卫。他酷爱文学,才华照人,是清初负有盛名的一位满族大词人。其作品风格清新婉丽,抒情真挚动人,描写生动自然,唯情调过于伤感。他亦工诗文,有《饮水词》《通志堂集》等传世。

图1-15 纳兰性德画像

【原文】

德也狂生耳[②]!偶然间、缁尘京国,乌衣门第[③]。有酒惟浇赵州土,谁会成生此意[④]?不信道[⑤]、遂成知己。青眼[⑥]高歌俱未老,向尊[⑦]前、拭尽英雄泪。君不见,月如水。

共君此夜须沉醉。且由他、蛾眉谣诼[⑧],古今同忌。身世悠悠何足问,冷笑置之而已!寻思起、从头翻悔。一日心期千劫在,后身缘恐结他生里[⑨]。然诺[⑩]重,君须记!

(选自夏承焘、张璋编选《金元明清词选》,人民文学出版社1983年版)

---

①金缕曲:词牌名。梁汾:顾贞观(1637—1714),字华峰,号梁汾。江苏无锡人,明末东林学派领袖顾宪成之曾孙,清康熙五年(公元1666年)顺天举人,一生郁郁不得志。清康熙十五年(公元1676年)与纳兰性德相识,从此交契,直至纳兰性德病殁。

②德也狂生耳:我本是个狂放不羁的人。德,作者原名成德,后避太子讳改性德。

③缁尘:黑尘,喻污垢,此处作动词用,指奔走供职。缁,黑色。京国:京城。乌衣:金陵城乌衣巷,东晋王导、谢安等大族多居此地,其弟子皆乌衣,故名。乌衣门第:指出身贵族家庭。

④有酒惟浇赵州土:用李贺《浩歌》诗中"买丝绣作平原君,有酒惟浇赵州土"句意,希望自己能像战国时赵国平原君那样善待天下贤德才士。浇,浇酒祭祀。赵州土,平原君墓土。谁会成生此意:谁会理解我的这片心意。会,理解。成生,作者自称。

⑤不信道:表示惊怪之意,没有想到。

⑥青眼:青,黑色。《晋书·阮籍传》:"籍大悦,乃见青眼。"人正视时黑色的眼珠在中间,后以青眼表示喜爱或看重。

⑦尊:同"樽"。

⑧蛾眉:美人,此处喻才能。谣诼,造谣毁谤。此句化用屈原《离骚》:"众女疾余之蛾眉兮,谣诼谓余以善淫"。

⑨心期:两心深交,相互期许。劫:佛教名词,"劫波"的略称,意为极久远的时间。古印度传说世界经历若干万年毁灭一次,然后重新开始,这样一个周期叫作"劫"。后身缘:身后因缘。因缘:佛教根本理论之一,指构成一切现象的原因。因指主因,缘指助缘,佛教以此说明事物赖以存在的各种因果关系。

⑩然诺:允诺,承诺。

【阅读指要】

　　此词在纳兰性德以清新婉丽为主调的众词作中风格独树一帜。它不借景语，少假故事，而是采用直抒胸臆的方式向友人倾诉内心真挚激昂的情感。上片词人自表心迹，不以富贵自矜，愿同平原君一般广纳贤才，同时也为获得一份珍贵的友情而欣慰；下片则从与友人相似的被人嫉恨的遭遇入手，劝慰友人，并立下与友人生生世世共续友情的誓言。全词情感表达既深沉厚重，又酣畅淋漓，充分体现了纳兰性德词情感率真、直抒性灵、不事雕饰和天籁自鸣的特点。

【课后练习】

　　1. 通过对纳兰性德《金缕曲·赠梁汾》创作背景的分析和对词的文本的理解，你认为他与顾贞观的友情基础是什么？你认为人与人之间真正的友情应该是怎样的？

　　2. 纳兰性德词作中那些清新婉丽、描写男女爱情的作品很流行，相比课文所选作品你更喜欢哪一类？为什么？

青　草

骆一禾

【作者简介】

骆一禾(1961—1989)(见图1-16),祖籍浙江杭州,生于北京,1979年进入北京大学中文系,1983年开始发表诗作,与海子、西川并称"北大三才子",是20世纪80年代中国诗坛上的重要代表人物之一。他曾任《十月》文学杂志栏目编辑,推出了一大批诗坛新人新作,海子便是其中之一。其创作善于从文化和哲理层面拷问生命的终极意义,提出了"修远"的诗歌创作命题,致力于语言的行动性,即多用动词。他创作的诗体有短诗、百行诗、组诗和长诗四种,有诗集《世界的血》等。

图1-16　骆一禾

【原文】

那诱发我的
是青草
是新生时候的香味

那些又名山板栗和山白果的草木
那些榛实可以入药的草木
那抱茎而生的游冬
那可以通血的药材
明目益精的贞蔚草
年轻的红
那些济贫救饥的老苦菜
夏天的时候金黄的花朵飘洒了一地

我们完全是旧人
我们每年的冬末都要死去一次
渐渐地变红
听季节在泥土中鸣叫

而我们年复一年领略女子的美

花萼四裂

花冠像漏斗一样四裂

开裂的花片反卷

白色微黄

有着漆黑的种子

子房和花柱遍布着年轻的茸毛

因为青草

我们当中的人得以不被饿死

妻子在茉苜的筐子里渡过了难产

她们的胶质

使丝织品泛映光泽

你该爱这青草

你该看望这大地

当我在山冈上眺望她时

她正穿上新布衣裳

（选自张玞编《骆一禾诗全编》，上海三联书店1997年版）

【阅读指要】

《青草》是骆一禾的早期代表作，"青草"也是骆一禾早期作品中的代表性意象。诗人通过对生机勃勃的青草的赞美，传达出对美好生命的向往。诗中的"青草"意象包含"草"与"木"，它有着丰富变幻的形态与色彩，又以各种方式滋养着人类，是华实兼备的完美形象，是博大、奉献、宽厚的化身。诗歌的基调平稳而坚定，语言朴实而深沉，由"青草"意象的描绘代入对人性的哲理思考，呼唤与"青草"一样燃烧自己，点亮灵魂，体现了诗人对人类命运的总体思考与关怀。

【课后练习】

1. 你如何理解《青草》一诗的思想内涵？
2. 《青草》一诗使用了哪几种人称？这样使用的效果是什么？

镜　　中

张枣

【作者简介】

张枣(1962—2010)(见图1-17),湖南长沙人,先后就读于湖南师范大学、四川外语学院。1986年赴德留学,后长期寓居西方,获德国特里尔大学文哲博士,曾任教于德国图宾根大学。2010年因肺癌去世。出版有诗集《春秋来信》,学术著作《中国文化现代性研究》(德文),主编有《德汉双语词典》《黄珂》等书。出版译作有《史蒂文斯诗文集》(与陈东飚合译)、童话绘本《月之花》《暗夜》等。

图1-17　张枣

【原文】

只要想起一生中后悔的事
梅花便落了下来
比如看她游泳到河的另一岸
比如登上一株松木梯子
危险的事固然美丽
不如看她骑马归来
面颊温暖,
羞惭。低下头,回答着皇帝
一面镜子永远等候她
让她坐到镜中常坐的地方
望着窗外,只要想起一生中后悔的事
梅花便落满了南山

(选自张枣诗集《春秋来信》,文化艺术出版社1998年版)

【阅读指要】

张枣既写诗也译诗,他精通英语、德语,又倾心于古诗。几种言说方式、字词句法交汇融合,使他的诗五色迷离,异常精美,却使人陷于迷思。《镜中》就是这样一首如水流动无定型的诗,首尾二句大致相同,悔与梅音形俱似。"比如""比如""不如"引起的句子,造成了诗歌的空幻效果。诗中处处设置陷阱、迷宫,字词变换组合方式,产生新的含义。不写"她"照镜,而写"她"坐在镜中。最后梅花落满了南山,带来梅花飘坠的姿态与落花满地的双重画面,更因为这一过程的悠长衬托出悔意的绵延不绝。

【课后练习】

1. 为什么"危险的事固然美丽"?
2. 诗中的"她"、皇帝以及诗人有何关联?

在风中飘荡

鲍勃·迪伦

【作者简介】

鲍勃·迪伦(Bob Dylan，1941—)(见图1-18)，美国民谣歌手、音乐家、诗人，对美国当代流行文化影响深远，获得2016年诺贝尔文学奖和美国普利策文学奖。获诺奖的理由是："他在伟大的美国民谣传统中创造了新的诗性表达。"在20世纪60年代，鲍勃·迪伦以抗议歌手身份成名，被当时一代青年视为民权和反战的代言人。后凭借包含深刻寓意的歌词与突破性的音乐创作，影响力横跨半个世纪一直延续至今。他那些脍炙人口的名曲，如《像一块滚石》《在风中飘荡》《手鼓先生》等，至今仍在广为传唱。在西方国家，鲍勃·迪伦已经成为一种文化符号。一些大学甚至出现了名为"迪伦学"(Dylanology)的学科，而鲍勃·迪伦的歌词也被作为诗歌入选许多美国大学的文科教材。著有自传《编年史》。

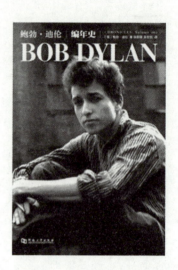

图1-18　鲍勃·迪伦自传《编年史》的封面

【原文】

一个男人要走过多少条路
才能被称为一个男人
一只白鸽子要越过多少海水
才能在沙滩上长眠
炮弹在天上要飞多少次
才能被永远禁止
答案，我的朋友，在风中飘荡
答案在风中飘荡

是啊，一座山要存在多少年
才会被冲向大海
是啊，一些人要生存多少年
才能够获得自由
是啊，一个人能转头多少次

假装他只是没看见
答案，我的朋友，在风中飘荡
答案在风中飘荡

是啊，一个人要抬头多少次
才能够看见天空
是啊，一个人要有多少耳朵
才能听见人们哭泣
是啊，到底要花费多少生命
他才知道太多人死亡
答案，我的朋友，在风中飘荡
答案在风中飘荡

（译者李晖，选自《世界文学》2017年第2期）

【阅读指要】

鲍勃·迪伦首次将诗歌同民谣相结合，成为美国现代民谣的鼻祖。鲍勃·迪伦个人的最大成就是以诗歌的笔法挥洒出时而讽喻世事、时而表达个人喜悦的通俗音乐的全新语言。鲍勃·迪伦最主要的诗歌成就在于将布莱克、华兹华斯似的浪漫主义意境重新引入战后的美国社会。《在风中飘荡》用平民化的语言和朴实的叙事反对战争、追求自由，具有深切的人文关怀。鲍勃·迪伦用他内心的真实接通了个人生命与时代命运的脉搏。诗歌在朴素、平淡、安静、从容的民谣节奏中，蕴含着直击人心的语言魔力和强悍的叛逆意志，使这首诗成为争取民权和反战运动中的"爱与和平的圣歌"。

【课后练习】

1. 这首诗的思想内涵是什么？
2. 聆听鲍勃·迪伦《Blowing In The Wind》，感受从容平淡的民谣节奏中蕴含的批判性，并谈谈自己的看法。

◆ 创意写作一　诗歌 ◆

创意写作的理论部分，只是对诗歌、散文、小说、戏剧和电影剧本等的创作方法做一个简要的说明，《新读本》限于篇幅，只算是抛砖引玉，目的是引起大家对创意写作的注意。因为，写作从来都是一件实践性特别强的工作，只有多读多写多练，才能最终把握写作的精髓，也才能写出成功的作品，此外绝对没有什么捷径可走。因此，以下模块中关于诗歌、散文、小说、戏剧和电影剧本等的创意写作，也都是略作简要说明。最终目的只有一个——希望大家都能拿起笔来，从现在做起。

作诗有法，但无定法。诗歌创作的过程大致可以分为发现—构思—表达三个步骤。具体操作方法如下：

第一，要善于及时敏锐地捕捉瞬间感受和体验。 诗人必须对生活有真切的体验与细致的观察，才能触发其创作灵感，才会有艺术发现。同时诗人必须用敏锐的眼光及时捕捉独特的生命感受和体验，并且及时将其记录下来，否则，过期不候。因为，在诗歌创作上，只有把握了瞬间才能把握永恒。

第二，要注重灵感的培育和意象的提炼。 对于诗歌创作来说，灵感的意义是非凡的，灵感的作用也是巨大的，但它又是突如其来、不由自主的，是长期积累、偶然得之的。所以，在日常生活中要有意进行灵感的培育，留心观察，锤炼诗思，积聚生活感受和生命体验，只有这样，灵感才会不期而至。同时还要重视对诗歌意象的采撷与提炼。因为诗情表达必须借助典型的意象，而典型意象的获得必须依靠我们平时对生活的观察与积累。

第三，要以超常化的语言构造来呈现意象。 诗歌意象的呈现常常需要借助超常化的语言，如隐喻、象征、通感、反讽、错觉、幻觉和变形等。诗歌中的隐喻是指在词句搭配上突破词句之间的习惯联系，把一些似乎毫无关联的事物联系到一起，或者相互之间似乎缺乏联系的词句结合在一起，如用一只停摆的钟表来写死亡；诗歌中的象征是指借助于某一具体的事物或意象，以其外在特征来暗示出诗人的某种深层思想，或者表现某些特殊意义和抽象意义，如艾略特把现代欧洲社会描绘成寂灭的荒原；诗歌中的通感是指用此感觉来表达彼感觉，让视觉、触觉、嗅觉和听觉等各种生理感觉相通，如"酸风"；诗歌中的反讽是指一种魔幻情感方式，以自我为中心，造成对他人鄙视的否定力量，如蒲柏《夺发记》："粉扑、香粉、饰颜片、《圣经》、情书"，将圣经与风花雪月的事物放在一起，表达对生活的嘲讽；诗歌中的错觉、幻觉和变形这些超现实的手法，把事物之间约定俗成的逻辑打乱，进入一种内在的无理性王国，表现心灵的幻象，如牛汉《夜》："在不安的灯光下我写诗/诗不颤抖"。

◆ 单元知识升华 ◆

诗歌创作：

题材不限，形式不限，字数不限，有感而发即可。

第二部分
中外散文

◆ 中外散文文体扫描 ◆

散文有广义与狭义之分。广义散文既包括诗歌以外的一切文学作品,也包括一般科学著作、论文和应用文章。狭义散文即文学意义上的散文,是指与诗歌、小说、戏剧等并列的一种文学样式与体裁,包括抒情散文、叙事散文、杂文、游记等。《新读本》取狭义文学散文之义。文学散文是一种题材广泛、结构灵活、注重抒写真实感受与境遇的文学样式。它的基本特征是题材广泛多样,结构自由灵活,抒写真实感受。

中西文学都有着较为悠久的散文传统,却又有着很大的不同。

第一,西方散文的关注点是历史命运、社会沧桑、人类意义,涉及的内容多为战争与和平、环境保护、人口爆炸、经济改革、人生哲学以及人类生存等全球性问题;中国散文的关注点是自然景物、身边琐事、个人情怀,涉及的内容多为家国意识、人伦之爱、师生之谊、童年生活、乡思乡愁、风土人情、文物古迹以及春花秋月等。

第二,西方散文力图做到笔墨轻松,幽默谐趣,文章贯穿着诸如心理学、哲学、医学、历史、地理和考古学等丰富的知识,在优美的文笔之下是丰富的智慧、渊博的学问和独特的经验。而中国散文重人情,写人性,重情轻理,在对生活琐事的娓娓道来中,常常将禅道禅学的达观带到对生活的看法中,充满禅学气息,显得气定神闲。

第三,西方散文有前瞻性的特点,中国散文则以回忆为主;西方散文长于思辨,精于分析,更多形而上的抽象;中国散文则讲究言志抒情,求真求实,更多形而下的具象;在语言表述上,西方散文多表现为细腻雍容,中国散文则十分简练儒雅。

左传·晋公子重耳之亡

左丘明

【作者简介】

左丘明，生卒年不详，春秋末期人，相传为鲁国（今苍山县）史学家。《左传》是《春秋左氏传》的简称，又名《左氏春秋》，是配合《春秋》的编年史，与《春秋公羊传》《春秋穀梁传》合称"春秋三传"。《左传》比较详细地记述了春秋时期各国的政治、经济、军事、外交和文化等方面的重要事件，在一定程度上反映了那个时代的真实面貌，是研究中国古代社会颇具价值的历史文献。《左传》同时又是一部出色的文学作品，叙事结构、人物刻画和言语辞令都呈现出较为突出的文学特色。

【原文】

晋公子重耳之及于难也，晋人伐诸蒲城。蒲城人欲战，重耳不可，曰："保①君父之命而享其生禄，于是乎得人。有人而校②，罪莫大焉。吾其奔也。"遂奔狄。从者狐偃、赵衰、颠颉、魏武子、司空季子③。狄人伐廧咎如④，获其二女，叔隗、季隗，纳诸公子。公子取季隗，生伯儵、叔刘，以叔隗妻赵衰，生盾。将适⑤齐，谓季隗曰："待我二十五年，不来而后嫁。"对曰："我二十五年矣，又如是而嫁，则就木焉。请待子。"处狄十二年而行。

过卫，卫文公不礼焉。出于五鹿⑥，乞食于野人⑦，野人与之块。公子怒，欲鞭之。子犯曰："天赐也！"稽首⑧受而载之。

及齐，齐桓公妻之，有马二十乘⑨。公子安之。从者以为不可。将行，谋于桑下。蚕妾在其上，以告姜氏。姜氏杀之，而谓公子曰："子有四方之志，其闻之者，吾杀之矣。"公子曰："无之。"姜曰："行也！怀与安，实败名。"公子不可。姜与子犯谋，醉而遣之。醒，以戈逐子犯。

---

①保：依仗，依靠。
②校（jiào）：通"较"，较量。
③狐偃：重耳的舅父，又称子犯。赵衰（cuī）：字子余，重耳的主要谋士。魏武子：名犨（chōu）。司空季子：名胥臣。从者应该不止这几人，这五人应该是当时有名望者。
④廧咎（qiánggāo）如：部族名，隗姓。
⑤适：去，往。
⑥五鹿：卫国地名，在今河南濮阳县南。
⑦野人：指农夫。
⑧稽首：古时一种跪拜礼，叩头至地，是九拜中最恭敬者，为古人最重的礼节。这里拜天赐，故用此礼。
⑨乘：古时用四匹马驾一乘车。

及曹，曹共公闻其骈胁①，欲观其裸。浴，薄②而观之。僖负羁之妻曰："吾观晋公子之从者，皆足以相国。若以相，夫子必反其国。反其国，必得志于诸侯。得志于诸侯，而诛无礼，曹其首也。子盍蚤自贰焉③！"乃馈盘飧，置璧焉。公子受飧反璧。

及宋，宋襄公赠之以马二十乘。

及郑，郑文公亦不礼焉。叔詹谏曰："臣闻天之所启④，人弗及也。晋公子有三焉，天其或者将建诸⑤，君其礼焉！男女同姓，其生不蕃。晋公子，姬出也，而至于今，一也。离⑥外之患，而天不靖⑦晋国，殆将启之，二也。有三士，足以上人，而从之，三也。晋、郑同侪⑧，其过子弟固将礼焉，况天之所启乎！"弗听。

及楚，楚子飨之，曰："公子若反晋国，则何以报不穀⑨？"对曰："子、女、玉、帛，则君有之；羽、毛、齿、革，则君地生焉。其波及晋国者，君之余也；其何以报君？"曰："虽然，何以报我？"对曰："若以君之灵，得反晋国。晋、楚治兵，遇于中原，其辟君三舍⑩。若不获命，其左执鞭、弭⑪，右属櫜、鞬⑫，以与君周旋。"子玉请杀之。楚子曰："晋公子广而俭，文而有礼⑬。其从者肃而宽，忠而能力。晋侯无亲⑭，外内恶之。吾闻姬姓唐叔之后，其后衰者也，其将由晋公子乎！天将兴之，谁能废之？违天，必有大咎。"乃送诸秦。

秦伯⑮纳女五人，怀嬴⑯与焉。奉匜沃盥⑰，既而挥之⑱。怒，曰："秦、晋，匹也，何以卑我？"公子惧，降服而囚。

他日，公享之。子犯曰："吾不如衰之文也，请使衰从。"公子赋《河水》，公赋《六

---

①骈胁：肋骨排列仿佛连在一起的样子。
②薄，一说帷薄，今之帘也；一说迫近，靠近。
③蚤：同"早"。贰：不一致。
④启：开，引申为赞助。
⑤建诸：建，建立为君。诸，"之乎"合音，此中"之"指重耳。
⑥离：同"罹"（lí），遭受。
⑦靖：使……安定，使动用法。
⑧同侪(chái)：侪，等也，同侪即同辈。
⑨楚子：指楚成王。不穀：谦称。
⑩辟：同"避"。舍：古时行军走三十里为一舍。
⑪弭(mǐ)：末端饰以角、骨的弓。
⑫右属(zhǔ)櫜(gāo)鞬(jiān)：右边挂着弓箭的袋子。属：佩带。櫜：箭袋。鞬：弓袋。
⑬广而俭，文而有礼：志向远大而行为检点，有才华而不违礼法。俭：约束，节制。
⑭晋侯：指晋惠公夷吾。
⑮秦伯：指秦穆公。
⑯怀嬴：晋怀公之妻嬴氏。
⑰奉(pěng)：通"捧"。匜(yí)：古人洗手用的盛水器。沃：浇水。盥(guàn)：洗手。
⑱挥之：挥去手中余水使干。依《礼记·内则》，重耳此时不等怀嬴授巾而挥去余水，不合礼仪，故怀嬴怒。

月》①。赵衰曰:"重耳拜赐!"公子降,拜,稽首。公降一级而辞焉。衰曰:"君称所以佐天子者命重耳,重耳敢不拜?"

二十四年春,王正月,秦伯纳②之。不书,不告入也。③

及河,子犯以璧授公子,曰:"臣负羁绁从君巡于天下,臣之罪甚多矣,臣犹知之,而况君乎?请由此亡。"公子曰:"所不与舅氏同心者,有如白水!"投其璧于河。

济河,围令狐,入桑泉,取臼衰。二月甲午④,晋师军于庐柳。秦伯使公子絷如⑤晋师。师退,军于郇。辛丑,狐偃及秦、晋之大夫盟于郇。壬寅,公子入于晋师。丙午,入于曲沃。丁未,朝于武宫⑥。戊申,使杀怀公于高梁。不书,亦不告也。

吕、郤⑦畏偪,将焚公宫而弑晋侯。寺人披请见。公使让⑧之,且辞焉,曰:"蒲城之役,君命一宿,女⑨即至。其后余从狄君以田渭滨,女为惠公来求杀余,命女三宿,女中宿至。虽有君命,何其速也?夫袪⑩犹在。女其行乎!"对曰:"臣谓君之入也,其知之矣。若犹未也,又将及难。君命无二,古之制也。除君之恶,唯力是视。蒲人、狄人,余何有焉?今君即位,其无蒲、狄乎⑪!齐桓公置射钩,而使管仲相。君若易之,何辱命焉?行者甚众,岂唯刑臣?"公见之,以难告。三月,晋侯潜会秦伯于王城。己丑晦,公宫火。瑕甥、郤芮不获公,乃如河上,秦伯诱而杀之。晋侯逆夫人嬴氏以归。秦伯送卫于晋三千人,实纪纲之仆。

……

晋侯赏从亡者,介之推不言禄,禄亦弗及。推曰:"献公之子九人,唯君在矣。惠、怀无亲,外内弃之。天未绝晋,必将有主。主晋祀者,非君而谁?天实置之,而二三子以为己力,不亦诬⑫乎?窃人之财,犹谓之盗,况贪天功以为己力乎?下义其罪,上赏其奸,上下相蒙,难与处矣。"其母曰:"盍亦求之?以死,谁怼⑬?"对曰:"尤而效之⑭,罪又甚

---

①《河水》:据《国语》韦昭注,"河"为"沔"字之误,《河水》即《诗经·小雅》中的《沔水》。其首章有"沔彼流水,朝宗于海……嗟我兄弟,邦人诸友,莫肯念乱,谁无父母"之句。前两句以河水朝宗大海,表示对秦穆公的尊敬;后四句表达企盼得人之助平定动乱、回归祖国之意,借以感动秦穆公。《六月》:《诗经·小雅》篇名。诗中歌颂尹吉甫佐周宣王北伐获胜、重振周室之功。这里秦穆公用来比喻重耳定能归国,并勉励他辅佐周天子建功立业。
②纳:使进入。
③不书,不告入也:晋文不告入,故鲁史不书。《春秋》没有载录这件事,因为秦、晋两国未向鲁国通报。
④甲午:四日。下文中辛丑:十一日;壬寅:十二日;丙午:十六日;丁未:十七日;戊申:十八日。以上均为干支纪日。
⑤如:到,往。
⑥武宫:曲沃武公之庙,历任晋侯即位必朝拜。
⑦吕、郤:吕甥、郤芮,二人皆为晋惠公旧臣。
⑧让:责备。
⑨女:同"汝"。
⑩袪:衣袖。
⑪其无蒲、狄乎:难道没有像蒲城、狄国(这样不服从晋国)的对头吗?
⑫诬:欺骗。
⑬怼:心里抵触,怨也。
⑭尤而效之:当时常用语。意思是明知道是错误的言行却仿效,更是罪加一等。

焉。且出怨言，不食其食。"其母曰："亦使知之，若何？"对曰："言，身之文也。身将隐，焉用文之？是求显也。"其母曰："能如是乎？与女偕隐。"遂隐而死。晋侯求之不获。以绵上为之田，曰："以志吾过，且旌善人。"

（选自杨伯峻《春秋左传注》，中华书局 1990 年版）

【阅读指要】

晋文公（见图 2-1），姓姬名重耳（chóngěr），春秋时期著名的政治家，春秋五霸之一。《晋公子重耳之亡》节选自《左传》僖公二十三年和二十四年，叙写了重耳被迫出亡及返国为君的经过。从故事发展过程来看，重耳从不谙世事、只图享乐的贵族公子，经历了人生一系列的磨难，逐渐锻炼成为有志气、有胆识、有智谋、有度量的英雄人物。此外，篇中还塑造了狐偃、赵衰、季隗、齐姜、怀嬴、僖负羁之妻、楚子、寺人披和介之推等个性鲜明的人物形象。

图 2-1　北宋·李唐作品《晋文公复国图》

【课后练习】

1. 简述课文中重耳的人生经历，谈谈对你的启示。
2. 试分析"晋侯赏从亡者……遂隐而死"一段中介之推的性格特点。
3. 参考历史地图，试着绘出重耳流亡路线图。

诸子语录(节选)

【作者简介】

春秋时期,分封制解体,导致了上层贵族地位的下降和下层庶民地位的上升。在贵族和庶人之间逐渐兴起了一个士阶层,且士的人数迅速增加,社会作用日益重要,社会地位也空前提高,同时推动了学术文化的发展。当时诸子并起,代表不同阶级、集团的利益,他们议论时政,阐述哲理,说理散文也因此得到了长足的发展。代表人物及著作有老子的《老子》(又名《道德经》)、记载孔子言行的《论语》、墨子的《墨子》。

老子(前571?—前471?)(见图2-2),姓李(但多有疑问),名耳,字伯阳,谥号老聃,楚苦县厉乡曲仁里(今河南鹿邑县)人,曾经做过周朝守藏室之史(或称柱下史),是中国古代春秋末期伟大的思想家、哲学家,后世与庄子并称"老庄"。道教尊称老子为太上老君。《史记》说:"盖老子百有六十余岁,或曰二百余岁,以其修道而养寿也。"《道德经》为老子口述,由其弟子整理成书,构筑了以"道"为核心的博大精深的思想体系。老子又见于社会的混乱和罪恶,提出了"无为而治"的社会政治理想,表达对现实的反省和批判。全书分上下两部分,共81章,书中纯为语录的5 000左右文字散韵相间,自然变化,不拘一格。

图2-2 老子画像

孔子(前551—前479)(见图2-3),名丘,字仲尼,生于鲁国陬邑(今山东曲阜)。他是春秋晚期渊博的学问家和笃实的道德实践者。《论语》由孔门弟子编撰,记载孔子及其弟子的言行,集中表现了孔子的哲学、政治、美学、教育等思想,是先秦礼乐德治思想最集中的体现,表达了孔子对现实热切的关怀,其思想核心是仁。礼,作为社会道德的行为规范和准则,是仁在一定社会条件下的外在表现;中庸,则是立身行事的最高准则;君子人格是其追求的人生典范。西汉之后儒家思想成为中国传统文化的基石。全书为语录体,共有20篇,492章,文约旨博,言简意赅,极有韵味。

图2-3 明代佚名《孔子燕居像》
绢本。纵126.5 cm,横102.5 cm

墨翟(前480?—前390?)(见图2-4),战国初期鲁国人。年轻时做过木匠,自称奉行大禹遗教,生活清苦,一生周游列国,聚徒讲学,弟子满天下。主张"兼爱""非攻""节用"等,是先秦诸子中唯一反映下层利益、反对贵族化的学说。墨子站在小生产者的立场,倡导一种平等、俭朴、和平的生活方式。《墨子》不重文采而重实用，其中有不少关于力学、光学、几何学、逻辑学等的论述，是研究我国古代思想史、科技史和逻辑学的珍贵资料。

战国时期是我国历史上又一次重大的社会变革时期，随着周天子地位的衰微，西周、春秋时代的礼乐制度颓然崩溃，各个学派的代表人物，出于对社会的责任感和对人生的关怀，著书立说，批评时弊，阐述政见，互相论辩，形成了儒、墨、道、法、名、阴阳、纵横、杂、小说等"百家争鸣"的局面。就其各方面的影响而言，以道家的庄周、儒家的孟轲和荀卿、法家的韩非最为重要。他们突破了春秋时温文尔雅的风尚，时常表现出强烈的个性和激情。

图 2-4　墨子画像

孟子（前 372?—前 289?）（见图 2-5），名轲，字子舆，战国中期邹（今山东邹城）人。他将孔子的德治思想发展为仁政学说，反对不义战争和横征暴敛，希望统治者实行"仁政""王道"。他一方面区分了统治与被统治的地位关系，认为"劳心者治人，劳力者治于人"；同时又具有鲜明的民本思想，提出"民为贵，社稷次之，君为轻"。孟子强调道德修养是政治的根本，制定了"仁、义、礼、智"的道德规范。为论证这些道德规范的起源，又提出"性善"之说。《孟子》由孟子与其弟子合著而成，多载孟子的言行。全书共 7 篇，每篇分为上、下，共 269 章。其体式虽仍属语录体，但结构趋于复杂，某些片段已具议论文特征。书中善用比喻及浅显事实说明道理，感情浓厚，气势充沛，语言简洁流利，富于感染力。

图 2-5　孟子画像

庄子（前 369?—前 286?）（见图 2-6），名周，战国中期宋国蒙邑（今河南商丘）人。曾任漆园吏，楚威王欲聘他为相，遭到拒绝，终身未仕，聚徒讲学。《庄子》33 篇，内篇 7 篇为自作，外篇 15 篇和杂篇 11 篇，多为其后学所作。其"学"上承老子，以"道"为万物之根本，认为道无为无形、无始无终而又无所不在。由此引申，主张万物齐一，虚静无为，逍遥自得，崇尚自然，追求个性和精神自由，富于批判精神。全书十之八九都是寓言故事，想象丰富、描绘逼真、语言灵动、汪洋恣肆、恢诡谲怪，具有浓郁的浪漫主义色彩和强烈的艺术感染力。

图 2-6　庄子画像

荀子（前 313?—前 238?）（见图 2-7），名况，亦称荀卿，战国后期赵国人。他继承孔子创立的儒家思想，吸收各家之长加以发展，提出以"性恶"为基础、以"礼法"为核心、以"化性"为手段的伦理学说。荀子政治思想的突出特征是以礼容法，特别强调"贵贱有等，长幼有序，贫富轻重皆有称"的道德规范。他反对迷信天命，表现出唯物主义的精神。对于人"性恶"的状况，认为只有经过后天教育、环境影响及本人刻苦努力，才可能得以改变。《荀子》32篇，多为荀子自作，少数出于弟子门人之手。其中不少篇目堪称合乎规制的说理文，且能围绕中心，逐层展开，比喻引证，反复说理，形成简朴浑厚的文风。

图 2-7　荀子画像

韩非（前280?—前233）（见图2-8），战国后期韩国人，贵族出身，与李斯同为荀子的学生。他推崇法家学说，曾多次上书韩王，希望修明法制以富国强兵，未被采纳。秦王嬴政对其著述大为叹赏，于是派兵攻韩，索其入秦。他入秦后受到李斯迫害，死于狱中。《韩非子》今存55篇，大部分为韩非自作，是先秦法家集大成之作。他宣扬"法"为中心，兼有"术""势""君权至上"等专制主义的政治主张，成为刑名法术之学的代表性人物。《韩非子》多为说理文，阐析深切、逻辑严密、笔锋犀利、言简意赅、多用寓言、形象生动。

图 2-8　韩非子画像

语录的选择首先以时代先后为序，具体为：《老子》《论语》《墨子》《孟子》《庄子》《荀子》和《韩非子》。其次，同一著作内的语录，以著作内部的体例编排先后为序。

【原文】

1. 天下皆知美之为美，斯恶已①；皆知善之为善，斯不善矣。有无相生②，难易相成，长短相形，高下相盈③，音声相和④，前后相随。是以圣人⑤处无为⑥之事，行不言之教⑦；

---

①天下皆知美之为美，斯恶已：天下都知道美之所以为美，丑的认识便产生了。恶，指丑。王安石说："夫善者，恶之对；善者，不善之反，此物理之常。""美""恶"的事端或概念乃对比而生。后面"有无相生"等六句，都在说明观念的对立形成，并且在对立关系中彰显出来。

②有无相生："有""无"，指现象界事物的显或隐而言。这里的"有""无"和第十一章"有之以为利，无之以为用"的"有""无"同义，而不同于第一章喻本体之道的"有""无"。

③盈：通行本都作"倾"。今根据帛书本改正。"盈"为"呈"的通假字，高下相呈，是说高与下在对立关系中才显现出来。

④音声相和：乐器的音响和人的声音互相调和。

⑤圣人：这是道家最高的理想人物，其人格形态不同于儒家。儒家的圣人是伦范化的道德人；道家的"圣人"则体任自然，拓展内在的生命世界，摒弃一切影响身心自由活动的束缚。道家的圣人与儒家的圣人，对政治、人生、宇宙的观点均不相同，两者不可混同对待。

⑥无为：不干扰，不妄为。

⑦不言：不发号施令，不用政令。不言之教，意指非形式条规的督教，而是潜移默化的引导。

万物作焉而不为始①；生而不有，为而不恃②，功成而弗居。夫唯弗居，是以不去。(《老子》第二章)

2. 知人者智，自知者明。胜人者有力，自胜者强③。知足者富，强行④者有志，不失其所者久，死而不亡者⑤寿。(《老子》第三十三章)

3. 为学日益⑥，为道日损⑦。损之又损，以至于无为。无为而无不为⑧。取⑨天下常以无事⑩，及其有事⑪，不足以取天下。(《老子》第四十八章)

4. 图难于其易，为大于其细；天下难事，必作于易，天下大事，必作于细。是以圣人终不为大，故能成其大。夫轻诺必寡信，多易必多难。是以圣人犹难之，故终无难矣。(《老子》第六十三章)

5. 天下莫柔弱于水，而攻坚强者莫之能胜，以其无以易⑫之。弱之胜强，柔之胜刚，天下莫不知，莫能行。是以圣人云：受国之垢⑬，是谓社稷主；受国不祥⑭，是谓天下王。正言若反。⑮(《老子》第七十八章)

(老子语录选自陈鼓应《老子今注今译》，商务印书馆2016年版)

6. 子曰："君子⑯食无求饱，居无求安，敏于事而慎于言，就有道而正⑰焉。可谓好学也已。"(《论语·学而篇第一》)

7. 子曰："吾十有⑱五而志于学，三十而立⑲，四十而不惑⑳，五十而知天命㉑，六十

---

① 万物作焉而不为始：有版本为"万物作焉而不辞"，万物兴起而不加干涉。
② 生而不有，为而不恃：生养万物而不据为己有，作育万物而不能自恃己能。
③ 强：含有果决的意思。
④ 强行：勉强力行。
⑤ 死而不亡：身殁而道犹存。
⑥ 为学日益：为学是指探求外物的知识活动，所得到的是知识的积累。
⑦ 为道日损：为道是通过冥想或体验以领悟事物未分化状态的"道"，所得到的是一种精神境界。一个有学问的人，他的精神境界却能回复到像小孩子一样天真烂漫的程度。
⑧ 无为而无不为：不妄为，就没有什么事情做不成的。
⑨ 取：治理。
⑩ 无事：无扰攘之事。
⑪ 有事：政举繁苛。
⑫ 易：替代。
⑬ 受国之垢：承担全国的屈辱。
⑭ 受国不祥：承担全国的祸难。
⑮ 正言若反：正道之言好像反话一样。
⑯ 君子：《论语》的君子有时指"有位之人"，有时指"有德之人"。很难分辨。这里指有德者。
⑰ 正：匡正或端正。
⑱ 有：同"又"。
⑲ 立：站得住。为求上下文流畅，意译为遇事"都有把握"。
⑳ 不惑：掌握了知识。
㉑ 天命：徐复观的解释如下，天命就是德命，即解脱一切生理(同于所谓经验界)束缚，一直沉潜到底(由实践而仅非由知解)时所显出的，不知其然而然的一颗不容自己之心。此时之心，因其解脱了一切生理的、后天的束缚，而只感觉其为一先天的存在，这种存在必然是片刻不停地对人发生作用的存在。

而耳顺①,七十而从心所欲,不逾矩②。"(《论语·为政篇第二》)

8. 子曰:"君子周而不比③,小人比而不周。"(《论语·为政篇第二》)

9. 子曰:"中庸④之为德也,其至矣乎!民鲜久矣⑤。"(《论语·雍也篇第六》)

10. 子贡⑥问:"师与商也孰贤⑦?"子曰:"师也过,商也不及"。曰:"然则师愈与⑧?"子曰:"过犹不及。"(《论语·先进篇第十一》)

11. 颜渊问仁,子曰:"克己复礼⑨为仁。一日克己复礼,天下归仁⑩焉。为仁由己,而由人乎哉?"颜渊曰:"请问其目⑪?"子曰:"非礼勿视,非礼勿听,非礼勿言,非礼勿动。"颜渊曰:"回虽不敏,请事斯语矣。"(《论语·颜渊篇第十二》)

12. 樊迟问仁。子曰:"爱人。"问知。子曰:"知人。"樊迟未达。子曰:"举直错诸枉,能使枉者直⑫。"樊迟退,见子夏曰:"乡⑬也吾见夫子而问知,子曰,'举直错诸枉,能使枉者直',何谓也?"子夏曰:"富哉言乎!舜有天下,选于众,举皋陶⑭,不仁者远⑮矣。汤⑯有天下,选于众,举伊尹⑰,不仁者远矣。"(《论语·颜渊篇第十二》)

13. 子夏为莒父宰⑱,问政。子曰:"无欲速,无见小利⑲。欲速,则不达;见小利,则大事不成。"(《论语·子路篇第十三》)

14. 子贡问曰:"乡人皆好之,何如?"子曰:"未可也⑳。""乡人皆恶之,何如?"子曰:"未可也;不如乡人之善者好之,其不善者恶之。"(《论语·子路篇第十三》)

---

①耳顺:一听别人的言语,便可以分辨真假。
②七十而从心所欲,不逾矩:从,为"纵",放纵。到了七十岁,便随心所欲,任何念头都不越出规矩。
③周、比(bì):周是以当时所谓道义来团结人,比是以暂时共同利益互相勾结。
④中庸:待人、处事不偏不倚,无过无不及。中:居正不偏。庸:常行不变。
⑤民鲜(xiǎn)久矣:民众缺少它(中庸)已经很久了。
⑥子贡:端木赐(前520—?),字子贡,亦作子赣,春秋时卫国人,孔子弟子。他能言善辩,长于经商,家累千金,为孔子弟子中最富有者。所到之处与王侯贵族分庭抗礼,据传曾任鲁、卫相。
⑦师与商也孰贤:颛孙师(子张)与卜商(子夏)相比,谁更贤德些? 商:卜商(前507—前425?),字子夏,春秋时卫国人,孔子弟子。他长于文学,相传在孔子死后曾讲学于西河(今河南内黄一带),序《诗》传《易》,为魏文侯之师。据称子张气度阔大,性情稍嫌浮夸虚饰、刻薄轻慢;子夏性情笃实,气度未免狭小。故下文有"过"与"不及"之评。孰:谁。
⑧愈:胜过、超过。
⑨克己复礼:抑制自己,使言语行动都合于礼。礼:周礼。
⑩归仁:称仁。
⑪目:行动的纲领。
⑫举直错诸枉,能使枉者直:直,正直;枉,邪恶;错,提拔。把正直的人提拔出来,位置在邪恶人之上,就能够使邪恶人正直。
⑬乡(xiàng):通"向",过去,曾经。
⑭皋陶(gāoyáo):舜的臣子。
⑮远:离开,遁逃。
⑯汤:商朝开国之君,伐夏桀而得天下。
⑰伊尹:汤的辅相。
⑱莒(jǔ)父宰:莒父的长官。莒父:春秋时邑名。原为莒国领地,后属鲁国、齐国。地在今山东莒县。
⑲无见小利:不要贪求小利。无:副词,表示禁止,相当于"不可""不要"。
⑳未可也:还不行。

15. 子贡方①人。子曰:"赐也贤乎哉?夫我则不暇。"(《论语·宪问篇第十四》)

16. 子贡问曰:"有一言而可以终身行之者乎?"子曰:"其恕②乎!己所不欲,勿施于人。"(《论语·卫灵公篇第十五》)

(孔子语录选自杨伯峻《论语译注》,中华书局2006年版)

17. 故虽有贤君,不爱无功之臣;虽有慈父,不爱无益之子。是故不胜其任而处其位,非此位之人也;不胜其爵而处其禄,非此禄之主也。良弓难张,然可以及高入深;良马难乘,然可以任重致远;良才难令③,然可以致君见尊。是故江河不恶④小谷之满己也,故能大。圣人者,事无辞也,物无违也,故能为天下器⑤。是故江河之水,非一源之水也;千镒⑥之裘,非一狐之白也。夫恶有同方取不取同而已者乎⑦?盖非兼王⑧之道也。是故天地不昭昭,大水不潦潦⑨,大火不燎燎,王德不尧尧⑩者,乃千人之长⑪也。(《墨子·亲士第一》)

18. 公输盘为楚造云梯之械成⑫,将以攻宋。子墨子闻之,起于鲁,行十日十夜而至于郢⑬,见公输盘。公输盘曰:"夫子何命焉为?"⑭子墨子曰:"北方有侮臣者,愿藉子⑮杀之。"公输盘不说。子墨子曰:"请献十金。"公输盘曰:"吾义固不杀人。"子墨子起,再拜曰:"请说之。吾从北方闻子为梯,将以攻宋。宋何罪之有?荆国有余于地⑯,而不足于民⑰,杀所不足,而争所有余,不可谓智。宋无罪而攻之,不可谓仁。知而不争⑱,不可谓忠。争而不得⑲,不可谓强。义不杀少而杀众,不可谓知类⑳。"公输盘服。(《墨子·公输第五十》)

(墨子语录选自毕沅校注、吴旭民校点《墨子》,上海古籍出版社2014年版)

①方:讥评。
②恕:宽容;推己及人,仁爱待物。
③令:驾驭,管理。
④恶:嫌弃。
⑤器:人才。
⑥镒:古代重量单位,合黄金二十两(一说二十四两)。
⑦恶:"乌",哪里。翻译为:哪里有同自己意见相同的就采纳,而与自己的意见不同的就不采纳的道理呢?
⑧兼王:在整个天下称王,即统一天下之意。
⑨潦潦:大雨。
⑩尧尧:至高之貌。
⑪千人之长:众人的领袖。
⑫公输盘:鲁国人,姓公输,名盘,即鲁班。他善于制造奇巧的器械。云梯:攻城时用来登城的器械。
⑬郢:楚国都城,在今湖北荆州西北。
⑭夫子何命焉为:先生有何见教?
⑮藉子:借您的手。
⑯荆国:楚国。有余于地:土地有余。
⑰不足于民:人口不足。
⑱争:据理争辩谏阻。
⑲不得:没有结果。
⑳知类:懂得事理。

19. 孟子曰："人皆有不忍人之心。先王有不忍人之心，斯有不忍人之政矣。以不忍人之心，行不忍人之政，治天下可运之掌上。所以谓人皆有不忍人之心者，今人乍①见孺子将入于井，皆有怵惕恻隐②之心——非所以内交③于孺子之父母也，非所以要④誉于乡党朋友也，非恶其声而然也。由是观之，无恻隐之心，非人也；无羞恶之心，非人也；无辞让之心，非人也；无是非之心，非人也。恻隐之心，仁之端也；羞恶之心，义之端也；辞让之心，礼之端⑤也；是非之心，智之端也。人之有是四端也，犹其有四体也。有是四端而自谓不能者，自贼者也；谓其君不能者，贼其君者也。凡有四端于我⑥者，知皆扩而充之矣，若火之始然⑦，泉之始达。苟能充之，足以保⑧四海；苟不充之，不足以事父母。"（《孟子·公孙丑上》）

20. 尊德乐义，则可以嚣嚣⑨矣。故士穷不失义，达不离道。穷不失义，故士得己焉⑩；达不离道，故民不失望焉。古之人，得志，泽加于民；不得志，修身见于世⑪。穷则独善其身，达则兼善天下。（《孟子·尽心上》）

（孟子语录选自杨伯峻译注《孟子译注》，中华书局1960年版）

21. 惠子相梁⑫，庄子往见之。或谓惠子曰："庄子来，欲代之相。"于是惠子恐，搜于国中，三日三夜。庄子往见之，曰："南方有鸟，其名为鹓𱁬⑬，子知之乎？夫鹓𱁬，发于南海而飞于北海，非梧桐不止，非练实⑭不食，非醴泉⑮不饮。于是鸱⑯得腐鼠，鹓𱁬过之，仰而视之曰：'吓'！今子欲以子之梁国而吓我邪？"（《庄子·秋水》）

22. 南海之帝为儵，北海之帝为忽，中央之帝为混沌⑰。儵与忽时相与遇于浑沌之地，混沌待之甚善。儵与忽谋报混沌之德，曰："人皆有七窍⑱，以视听食息，此独无有，尝试凿之。"日凿一窍，七日而混沌死。（《庄子·应帝王》）

---

①乍：忽然。
②怵惕恻隐：怵惕，惊惧；恻隐，哀痛。
③内交："内"同"纳"，结交。
④要(yāo)：求。
⑤端：萌芽。
⑥我：自己。
⑦然：同"燃"，烧。
⑧保：安定。
⑨嚣嚣(xiāo)：自得无欲、从容自在的样子。
⑩得己：保有本性、不失己志。
⑪见(xiàn)于世：呈现给世人。
⑫相梁：做梁惠王的宰相。梁：魏都大梁，在今河南开封。
⑬鹓𱁬(yuānchú)：属于凤凰一类的鸟。
⑭练实：竹食。
⑮醴泉：醴，甜酒。形容天然泉水的甜美。
⑯鸱(chī)：猫头鹰。
⑰南海之帝为儵，北海之帝为忽，中央之帝为混沌："儵""忽""混沌"都是寓言故事里的人物。儵忽取神速为名，混沌以合和为貌。
⑱七窍：指一口、两耳、两目、两鼻孔。

23. 吾生也有涯①，而知②也无涯。以有涯随无涯，殆已！已而为知者③，殆而已矣！为善无近名④，为恶无近刑⑤，缘督以为经⑥，可以保身，可以全生⑦，可以养亲⑧，可以尽年。(《庄子·养生主》)

（庄子语录选自陈鼓应注释《庄子今注今译》，中华书局1983年版）

24. 人生而有欲，欲而不得，则不能无求。求而无度量分界，则不能不争。争则乱，乱则穷。先王恶其乱也⑨，故制礼义以分之，以养人之欲⑩，给⑪人之求。使欲必不穷于物，物必不屈于欲⑫，两者相持而长⑬，是礼之所起也。(《荀子·礼论》)

25. 人之性恶，其善者伪也⑭。今人之性，生而有好利焉，顺是，故争夺生而辞让亡焉；生而有疾恶焉，顺是，故残贼⑮生而忠信亡焉；生而有耳目之欲，有好声色焉，顺是，故淫乱生而礼义文理⑯亡焉。然则从人之性，顺人之情，必出于争夺，合于犯分乱理⑰，而归于暴。故必将有师法之化，礼义之道，然后出于辞让，合于文理，而归于治。用此观之，人之性恶明矣，其善者伪也。(《荀子·性恶》)

（荀子语录选自《荀子集解》，中华书局1986年）

26. 圣王之立法也，其赏足以劝善⑱，其威足以胜暴，其备足以必完⑲。治世⑳之臣，功多者位尊，力极者赏厚，情尽者名立。善之生如春，恶之死如秋，故民劝极力而乐尽

---

①涯：边际、界限。
②知：愿望或心思。
③已而为知者：既然这样还要去从事求知活动。
④为善无近名：做好事不要求取声名。
⑤为恶无近刑：做世上所认为的恶事，不要遭受刑戮之害。
⑥缘督以为经：以适中为准则。缘：顺随、沿着。督：中央、中间。经：常道，指常行的义理、准则。
⑦生：读为性。
⑧亲：或为"身"的借字，养身。因为老庄从未论及养亲之事。
⑨先王：指上古贤明君王。恶(wù)：讨厌、不满。
⑩以养人之欲：用以调养人们的欲望。
⑪给(jǐ)：供给、供应、满足。
⑫使欲必不穷于物，物必不屈于欲：使人们的欲望一定不会因为物资的原因而得不到满足，物资也一定不会因欲望的因素而造成短缺。
⑬相持而长(zhǎng)：相互制约而增长。持：约束、挟制。
⑭人之性恶(è)，其善者伪也：人的本性是恶劣的，而善良则是人为而成。
⑮残贼：残害。
⑯文理：指礼仪及其式样条文。
⑰合于犯分(fèn)乱理：形成违犯等级名分、扰乱礼义法度行为的合流。
⑱劝善：勉励为善。
⑲必完：完善法律。
⑳治世：治天下、治国。

情①，此之谓上下相得②。上下相得，故能使用力者自极于权衡，而务至于任鄙③；战士出死，而愿为贲、育④；守道者皆怀金石之心，以死子胥之节⑤。用力者为任鄙，战如贲、育，中为金石，则君人者⑥高枕而守已完矣。(《韩非子·守道》)

27. 今有不才之子，父母怒之弗为改，乡人谯之弗为动⑦，师长教之弗为变。夫以父母之爱，乡人之行，师长之智，三美加焉，而终不动其胫毛⑧，不改；州部⑨之吏，操官兵、推公法而求索奸人⑩，然后恐惧，变其节，易其行矣。故父母之爱不足以教子，必待州部之严刑者，民固骄于爱、听于威矣⑪。(《韩非子·五蠹》)

(韩非子语录选自《韩非子集解》，中华书局 1986 年版)

【阅读指要】

《老子》节选语录，反映了老子朴素的辩证法思想，他认为事物是正与反、肯定与否定的对立统一，物极必反，互相转化。正是从这些辩证观点出发，老子崇尚以弱胜强，告诫人们奉行"水"的哲学，善利万物不争，却莫能与之争。一以贯之，在治国问题上，他崇尚"无为"，即不妄作为，顺势而为，才能无不为(见图 2-9)。

《论语》节选语录，主要围绕孔子的思想核心——仁与礼。在孔子看来，仁者，爱人；仁者，忠恕而已；仁者，克己复礼而已。为了达到仁和礼的目标，"中庸"是孔子非常看重的处事原则。凡事不能不及，但也不能过。在日常生活中，不必过分追求物质财富，谨言慎行，有自己独立的判断。孔子希望每个人都能成为有修养的君子，这样社会才能走向和谐。

《墨子》节选语录，墨子用江河之水和集腋之裘，阐释了君王只有包容万物、低调亲民，才能达到"兼王"之道。而批评鲁班造云梯攻宋是以义杀人，则反映了墨子"非攻"的理念。

《孟子》节选部分，反映了孟子"人性本善"的观点，每个人只要将善的萌芽发展开来，

---

①民劝极力而乐尽情：民众竭尽全力且乐于尽心。劝：勤勉、努力。
②相得：彼此投合。
③故能使用力者自极于权衡，务至于任(rén)鄙：因此可以让有才能的人自己确定最高标准，力求达到任鄙的程度。用力者：施展才能的人。权衡：标准、法度。任鄙：战国中期秦武王的力士，官至汉中郡守，秦昭王十九年(公元前 288 年)死。
④贲(bēn)、育：战国时期的著名勇士孟贲和夏育的并称。
⑤守道者皆怀金石之心，以死子胥之节：坚守道德的人都拥有珍贵美好的心灵，像伍子胥那样殉节而死。守道者：坚守某种道德规范的人。金石：比喻珍贵和美好。子胥：即伍子胥，名员。楚国人，伍奢之子。伍奢遭谗被楚平王拘捕杀害，子胥先逃至宋、郑，后至吴国。帮助吴王阖闾北威齐晋、南服越人、西破强楚，得报杀父之仇。阖闾之子夫差即位后，听信太宰嚭逸言，将伍子胥赐死。
⑥君人者：为人之君的人、统治人民的人，即国君。
⑦谯(qiào)：责备、谴责。
⑧胫(jìng)毛：小腿上的细毛。指物之细微者，犹言一丝一毫，多指个人得失。
⑨州部：此指基层的地方行政单位，亦指后世州一级的地方行政单位。
⑩操官兵、推公法而求索奸人：手持兵器、依照法律搜寻坏人。官兵：官府的兵器。公法：国法。
⑪民固骄于爱、听于威矣：老百姓本来就是骄纵于溺爱、听命于权威的。

就可以做到仁、义、礼、智、信。真正的有志之士，要做到穷则独善其身，达则兼善天下。

《庄子》节选部分，庄子以"鹓鶵"自比，而将惠子比作"鸱"，表达了对以官场为代表的功名利禄的厌弃；用"七窍成而混沌死"的故事来说明凡事都要保持自然状态，人为的伪饰只能带来伤害；庄子用寓言说理，言辞激烈，文采飞扬，富于表现力。此外庄子认为人的生命是有限度的，不能过分损伤精力去追求智慧和知识，体现了他对"养身"和"养性"的重视。

《荀子》节选部分，说明了法的起源，他认为"人性本恶"，人对物质欲望的无限度追求、人性里"恶"的成分导致了社会的混乱，必须用礼法加以约束。

《韩非子》节选部分，反映了立法的意义所在以及对待不肖子所有手段都无效的时候，法治就起了作用。社会只有拥有了完善的法律，君王才能高枕无忧，社会也才能走向安宁。

图 2-9　范增画作《老子出关图》

【课后练习】

1. 老子对于"水"是怎么认识的？你对此如何看待？
2. 老子"无为"的内涵是什么？你对此如何理解？
3. 结合所选语录，谈谈孔子的思想核心，并由此分析孔子为何会生不逢时。
4. 孔子认为"君子周而不比，小人比而不周"，结合实际谈谈你的看法。
5. "中庸"的内涵是什么？你是如何理解的？
6. 墨子所说的"兼王"是何意？君王应该如何达到"兼王"之道？
7. 孟子认为"人性本善"，荀子认为"人性本恶"，你是怎么理解"人性"的？
8. 庄子用"七窍成而混沌死"的寓言故事来阐释他的什么思想？你是如何看待这个故事中所蕴含的道理的？联系实际谈谈你的看法。
9. 庄子以鹓鶵自比，而将惠子比作鸱，表达了他的什么思想？你赞同庄子的说法吗？为什么？

答李翊书

韩愈

【作者简介】

韩愈(768—824)(见图2-10),字退之,唐代孟州河阳(今河南孟州)人,后人多称之为韩昌黎。唐德宗贞元八年(公元792年)中进士,先后在幕府中担任观察推官。贞元十九年(公元803年)升任监察御史,向唐德宗上疏请求减免赋税,被贬为阳山县令。元和十四年(公元819年)因上表反对佞佛,被贬为潮州刺史。后担任兵部侍郎、吏部侍郎等职。其诗豪健雄放,与孟郊齐名,并称"韩孟"。推尊儒学,提倡古文,与柳宗元并称"韩柳"。苏轼赞其:"文起八代之衰,道济天下之溺。"有《昌黎先生集》传世。

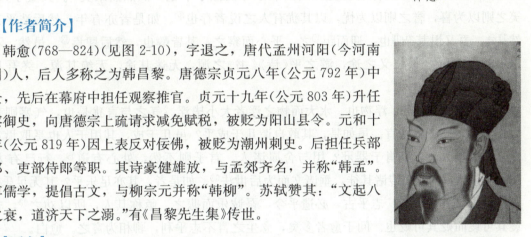

图2-10 韩愈画像

【原文】

六月二十六日,愈白李生足下①:

生之书辞甚高,而其问何下而恭也。能如是,谁不欲告生以其道②?道德之归也有日矣,况其外之文乎③?抑愈所谓望孔子之门墙而不入于其宫者,焉足以知是且非邪④?虽然,不可不为生言之。

生所谓"立言"者,是也;生所为者与所期者,甚似而几矣。抑不知生之志,蕲胜于人而取于人邪⑤?将蕲至于古之立言者邪?蕲胜于人而取于人,则固胜于人而可取于人矣!将蕲至于古之立言者,则无望其速成,无诱于势利,养其根而俟⑥其实,加其膏⑦而希其光。根之茂者其实遂⑧,膏之沃者其光晔⑨。仁义之人,其言蔼如⑩也。

---

①愈白李生足下:白,禀报,陈述。李生:即李翊,唐德宗贞元十八年(公元802年)进士。生:"先生"的省称,指有才学的人,亦为读书人的通称。足下:下称上或同辈相称的敬词。
②道:方式,途径,此处指"立言之道",如本文韩愈向李翊所讲的学习古文、练习写作的心得体会及实际经验。
③道德之归也有日矣,况其外之文乎:你具备高尚道德已为期不远,更何况作为道德外在表现形式的文章呢?有日:有期,不久。
④抑愈所谓望孔子之门墙而不入于其宫者,焉足以知是且非邪(yé):抑:不过,但是,转折连词。望孔子之门墙:语本《论语·子张》,"子贡曰:'譬之宫墙,赐之墙也及肩,窥见室家之好。夫子之墙数仞,不得其门而入,不见宗庙之美,百官之富。得其门者或寡矣。'"邪:同"耶",疑问助词。
⑤蕲(qí):通"祈",祈求,希望。取于人:为人所取。
⑥俟(sì):等待。
⑦膏:油脂,动物油。
⑧遂:生长,成熟,此处形容果实累累。
⑨沃:盛多貌。晔(yè):明亮,光辉灿烂,形容光盛。
⑩蔼如:和气可亲的样子。

抑又有难者。愈之所为，不自知其至犹未也；虽然，学之二十余年矣。始者，非三代两汉①之书不敢观，非圣人之志不敢存。处若忘，行若遗，俨乎其若思，茫乎其若迷②。当其取于心而注于手也，惟陈言之务去③，戛戛乎④其难哉！其观于人，不知其非笑之为非笑⑤也。如是者亦有年，犹不改。然后识古书之正伪⑥，与虽正而不至⑦焉者，昭昭然白黑分矣，而务去之，乃徐有得也。当其取于心而注于手也，汩汩然来矣⑧。其观于人也，笑之则以为喜，誉之则以为忧，以其犹有人之说者存也⑨。如是者亦有年，然后浩乎其沛然⑩矣。吾又惧其杂⑪也，迎而距⑫之，平心而察之，其皆醇也，然后肆焉⑬。虽然，不可以不养也，行之乎仁义之途，游之乎《诗》《书》之源，无迷其途，无绝其源，终吾身而已矣。

气，水也⑭；言，浮物也。水大而物之浮者大小毕浮。气之与言犹是也，气盛则言之短长与声之高下者皆宜。虽如是，其敢自谓几于成乎？虽几于成，其用于人也奚取焉？虽然，待用于人者，其肖于器邪？用与舍属诸人。君子则不然，处心有道⑮，行己有方⑯，用则施诸人⑰，舍则传诸其徒，垂诸文而为后世法⑱。如是者，其亦足乐乎？其无足乐也？

有志乎古者希矣！志乎古，必遗乎今，吾诚乐而悲之。亟称其人，所以劝之⑲，非敢褒其可褒而贬其可贬也。问于愈者多矣，念生之言不志乎利，聊相为言之。愈白。

(选自《昌黎先生集》，《四部备要》东雅堂本)

【阅读指要】

这篇书信体散文作于唐德宗贞元十七年(公元801年)，强调作文首先要学习儒家经

---

①三代：夏、商、周。两汉：西汉、东汉。
②处(chǔ)若忘，行若遗，俨(yǎn)乎其若思，茫乎其若迷：停息时好像忘记了什么，行走时好像丢失了什么，庄重的样子好像在思考着什么，茫茫然的样子好像迷惑于什么。俨乎：严肃庄重的样子。其：虚指代词，无义。茫乎：茫茫然。
③陈言：陈旧的言辞，此指堆砌典故，搬用现成语句，抄袭剽窃之风。务去：务必去掉。
④戛(jiá)戛乎：艰难的样子。
⑤非笑：责难讥笑。
⑥正伪：纯正或驳杂。伪：驳杂，不纯正。
⑦至：顶点，至善至美。
⑧汩(gǔ)汩然：指水流的样子，这里形容写作时文思如泉涌，源源不断，得心应手。
⑨以其犹有人之说(yuè)者存也：因为其中还有别人喜好的东西(陈言)存在着。说：同"悦"，高兴，喜悦。
⑩沛然：水充足的样子，此处比喻文思阔大充沛。
⑪杂：不纯。
⑫距：通"拒"，本指抵挡，引申为阻挡、清除。
⑬其皆醇(chún)也，然后肆焉：直到文章(意义、文辞、气韵、章法等)全都纯正了，然后才放手纵笔去写。醇：本指味道醇正浓厚的酒，此处同"纯"，纯正。肆：放纵，这里指纵情发挥，放手去写。
⑭气，水也：文章的气势，就像是水。
⑮处心有道：思想上有一定的原则。处心：居心，存心，心之所处，思想所系。
⑯行己有方：自己做事情有一定的规矩。行己：己身之所行，自己做事情。方：法度，规矩。
⑰用则施诸人：受到任用，就(将已所知)推行于众人。
⑱垂诸文而为后世法：写成文章流传下去，能够为后世所效法。
⑲所以劝之：用这篇文章勉励他。

典，加强思想修养，端正写作态度，按照循序渐进的步骤程序，方可创作出不同于流俗、足以垂法后世的经典文字。文中主要阐明了如下观点：第一，立行为人是立言为文的先决条件；第二，增进知识与提高写作能力需经过长期而艰苦的过程；第三，写作文章要以气为主，坚持独创；第四，树立写作之信心，正确体认自己的文章，勿为诱惑所动；第五，品行修养与知识的增加是终生之事。这些观点是韩愈20余年潜心学习探索的经验总结，流露出作者不随流俗的自信，体现了革新者的品格。文辞简练精赅，逻辑严整清晰。

【课后练习】
1. 作者介绍了自己做文章的几个阶段，请加以划分并谈谈你的体会。
2. "待用于人者，其肖于器邪？用与舍属诸人。君子则不然，处心有道，行己有方，用则施诸人，舍则传诸其徒，垂诸文而为后世法。"你是怎样理解这段文字的？

童 心 说

李贽

【作者简介】

李贽(1527—1602)(见图 2-11),号卓吾,又自号温陵居士,泉州晋江(今福建泉州市)人。明嘉靖三十一年(公元 1552年)举人,历国子监博士、南京刑部郎中、云南姚安知府等。后弃官,先后寄寓湖北黄安、麻城等书院著书讲学。公元 1602年被加上"惑乱人心""狂诞悖戾"的罪名被捕下狱,自刎而死。他是明代中叶的重要思想家、史学家和文学家,一生致力于对传统和历史的重新思考。他反对传统束缚,尊重个性,与统治者的"道"针锋相对。他的文章形象鲜明,构思奇巧,语言幽默含蓄,比喻、联想、夸张相融为一体,达到一个极具特色的新境界。著有《焚书》《续焚书》《藏书》《续藏书》和《李温陵集》等。

图 2-11 李贽画像

【原文】

龙洞山农叙《西厢》①,末语云:"知者勿谓我尚有童心可也。"夫童心者,真心也;若以童心为不可,是以真心为不可也。夫童心者,绝假②纯真,最初一念之本心也。若失却童心,便失却真心;失却真心,便失却真人。人而非真,全不复有初矣。

童子者,人之初也;童心者,心之初也。夫心之初,曷可失也?然童心胡然而遽③失也。盖方其始也,有闻见④从耳目而入,而以为主于其内⑤,而童心失。其长也,有道理⑥从闻见而入,而以为主于其内,而童心失。其久也,道理闻见,日以益多,则所知所觉,日以益广,于是焉又知美名之可好也,而务欲以扬之,而童心失。知不美之名之可丑也,而务欲以掩之,而童心失。夫道理闻见,皆自多读书识义理⑦而来也。古之圣人,曷尝不读书哉。然纵不读书,童心固自在也;纵多读书,亦以护此童心而使之勿失焉耳,非若学者反以多读书识义理而反障之也。夫学者既以多读书识义理障其童心矣,圣人又何用多著

---

①龙洞山农:焦竑。《西厢》:指元代王实甫的《西厢记》。
②绝假:毫无虚假。
③遽:急,突然。
④闻见:听到和看到社会现象。
⑤主于其内:(让闻见)主宰了内心。
⑥道理:指传统的道德伦理。
⑦义理:指发挥儒家经义和程朱理学。

书立言，以障学人为耶？童心既障，于是发而为言语，则言语不由衷；见而为政事，则政事无根柢；著而为文辞，则文辞不能达；非内含于章美①也，非笃实生辉光也，欲求一句有德之言，卒不可得，所以者何？以童心既障，而以从外入者闻见道理为之心也。

夫既以闻见道理为心矣，则所言者，皆闻见道理之言，非童心自出之言也，言虽工，于我何与！岂非以假人言假言，而事假事，文假文乎！盖其人既假，则无所不假矣。由是而以假言与假人言，则假人喜；以假事与假人道，则假人喜；以假文与假人谈，则假人喜；无所不假则无所不喜，满场是假，矮人何辩②也。虽有天下之至文，其湮灭于假人而不尽见于后世者，又岂少哉！何也？天下之至文，未有不出于童心焉者也。苟童心常存，则道理不行，闻见不立，无时不文，无人不文，无一样创制体格③文字而非文者。诗何必古选④，文何必先秦，降而为六朝⑤，变而为近体⑥，又变而为传奇⑦，变而为院本⑧，为杂剧⑨，为《西厢曲》，为《水浒传》，为今之举子业⑩，皆古今至文，不可得而时势先后论也，故吾因是而有感于童心者之自文也，更说什么六经⑪，更说什么《语》《孟》乎！

夫六经、《语》《孟》，非其史官过为褒崇之词，则其臣子极为赞美之语，又不然则其迂阔门徒，懵懂弟子，记忆师说，有头无尾，得后遗前，随其所见，笔之于书，后学不察，便为出自圣人之口也，决定目之为经矣，孰知其大半非圣人之言乎！纵出自圣人，要⑫亦有为而发，不过因病发药，随时处方，以救此一等懵懂弟子、迂阔门徒云耳。药医假病，方难定执，是岂可遽以为万世之至论乎！然则六经、《语》《孟》，乃道学之口实，假人之渊薮⑬也，断断乎其不可以语于童心之言明矣。呜呼！吾又安得真正大圣人童心未曾失者，而与之一言文⑭哉！

（选自李贽著、张建业译注《焚书、续焚书》，中华书局 2011 年版）

【阅读指要】

《童心说》收于《焚书》卷三。宗道、宗经、宗圣是明代文艺创作及活动的一个重要特色，此外明代还把复古作为文艺创作的原则。在这一文艺思潮背景下，李贽提出了"童心

---

①章美：美好。
②矮人何辩：矮人，指缺少主见，只会随声附和的人。辩，通"辨"。
③体格：体裁格式。
④古选：这里指被选编出来的唐代以前古体诗。
⑤六朝：一般指中国历史上吴、东晋、宋、齐、梁、陈，相继建都于建业（今江苏南京）。
⑥近体：指唐代形成的近体诗，包括律诗和绝句。
⑦传奇：指唐人的传奇小说。
⑧院本：宋称杂剧，金称院本。元夏庭芝《青楼集》："金则杂剧、院本合而为一，至我朝乃分院本、杂剧而为二。"
⑨杂剧：指元杂剧。
⑩举子业：指科举考试的文章，也就是八股文。
⑪六经：指儒家的经典《诗》《书》《礼》《乐》《易》《春秋》。
⑫要：总之。
⑬渊薮（sǒu）：原指鱼和兽类聚居的处所。比喻人或物聚集的地方。
⑭文：写文章。

说"的文学观念。他认为文学必须真实坦率地表露作者内心的情感和愿望,只要是发自内心的真情实感,就"无时不文,无人不文,无一样创制体格文字而非文者"。李贽的"童心说"在我国文艺思想发展史上占有重要地位,成为我国近代文学启蒙运动的前驱。

【课后练习】

1. 李贽的"童心"是什么?你对此如何理解?

2. 李贽认为:"然则六经、《语》、《孟》,乃道学之口实,假人之渊薮也",似有颠覆传统经典价值之嫌,你如何看待李贽的观点?你如何看待《论语》《孟子》等经典著作?

论睁了眼看

鲁迅

【作者简介】

鲁迅(1881—1936)(见图 2-12),原名周树人,字豫才,浙江绍兴人。少年入私塾,接受传统文化教育;青年时期受进化论、尼采超人哲学和托尔斯泰人道主义思想影响。著名文学家、思想家,五四新文化运动的重要参与者,中国现代文学的奠基人。毛泽东曾评价说:"鲁迅的方向,就是中华民族新文化的方向。"1918 年,他首次以鲁迅为笔名发表中国第一篇白话小说《狂人日记》。作品结集为小说集《呐喊》《彷徨》《故事新编》,散文集《野草》《朝花夕拾》,杂文集《华盖集》《且介亭杂文》等多部,学术专著有《中国小说史略》《汉文学史纲要》等,辑录有《嵇康集》《唐宋传奇录》《小说旧闻钞》等。

图 2-12 鲁迅

【原文】

虚生先生所做的时事短评中①,曾有一个这样的题目:"我们应该有正眼看各方面的勇气"(《猛进》十九期)。诚然,必须敢于正视,这才可望敢想,敢说,敢作[做]②,敢当。倘使并正视而不敢,此外还能成什么气候。然而,不幸这一种勇气,是我们中国人最所缺乏的。

但现在我所想到的是别一方面——

中国的文人,对于人生,——至少是对于社会现象,向来就多没有正视的勇气。我们的圣贤,本来早已教人"非礼勿视"的了;而这"礼"又非常之严,不但"正视",连"平视""斜视"也不许。现在青年的精神未可知,在体质,却大半还是弯腰曲背,低眉顺眼,表示着老牌的老成的子弟,驯良的百姓,——至于说对外却有大力量,乃是近一月来的新说,还不知道究竟是如何。

再回到"正视"问题去:先既不敢,后便不能,再后,就自然不视,不见了。一辆汽车坏了,停在马路上,一群人围着呆看,所得的结果是一团乌油油的东西。然而由本身的矛

---

①虚生先生所做的时事短评:"虚生"即徐炳昶,时为北大教授兼女师大讲师、进步期刊《猛进》主编。他在该刊第 19 期发表《我们应该有正眼看各方面的勇气》一文,又一次引发了鲁迅长久萦怀的关于"国民性"问题的思考,并写下了这篇著名的反对"瞒和骗"的思想与文艺、堪称鲁迅现实主义文学观之总纲的文章。

②[ ]中为规范字,由于作者所处时代不同,字的用法与现在有不一致。

盾或社会的缺陷所生的苦痛,虽不正视,却要身受的。文人究竟是敏感人物,从他们的作品上看来,有些人确也早已感到不满,可是一到快要显露缺陷的危机一发之际,他们总即刻连说"并无其事",同时便闭上了眼睛。这闭着的眼睛便看见一切圆满,当前的苦痛不过是"天之将降大任于是[斯]人也,必先苦其心志,劳其筋骨,饿其体肤,空乏其身,行拂乱其所为"。于是无问题,无缺陷,无不平,也就无解决,无改革,无反抗。因为凡事总要"团圆",正无须我们焦躁;放心喝茶,睡觉大吉。再说费[废]话,就有"不合时宜"之咎,免不了要受大学教授的纠正了。呸!

我并未实验过,但有时候想:倘将一位久蛰洞房的老太爷抛在夏天正午的烈日底下,或将不出闺门的千金小姐拖到旷野的黑夜里,大概只好闭了眼睛,暂续他们残存的旧梦,总算并没有遇到暗或光,虽然已经是绝不相同的现实。中国的文人也一样,万事闭眼睛,聊以自欺,而且欺人,那方法是:瞒和骗。

中国婚姻方法的缺陷,才子佳人小说作家早就感到了,他于是使一个才子在壁上题诗,一个佳人便来和,由倾慕——现在就得称恋爱——而至于有"终身之约"。但约定之后,也就有了难关。我们都知道,"私订终身"在诗和戏曲或小说上尚不失为美谈(自然只以与终于中状元的男人私订为限),实际却不容于天下的,仍然免不了要离异。明末的作家便闭上眼睛,并这一层也加以补救了,说是:才子及第,奉旨成婚。"父母之命媒妁之言"经这大帽子来一压,便成了半个铅钱也不值,问题也一点没有了。假使有之,也只在才子的能否中状元,而决不在婚姻制度的良否。

(近来有人以为新诗人的做[作]诗发表,是在出风头,引异性;且迁怒于报章杂志之滥登。殊不知即使无报,墙壁实"古已有之",早做过发表机关了;据《封神演义》,纣王已曾在女娲庙壁上题诗,那起源实在非常之早。报章可以不取白话,或排斥小诗,墙壁却拆不完,管不及的;倘一律刷成黑色,也还有破磁[瓷]可划,粉笔可书,真是穷于应付。做[作]诗不刻木板,去藏之名山,却要随时发表,虽然很有流弊,但大概是难以杜绝的罢[吧]。)

《红楼梦》中的小悲剧,是社会上常有的事,作者又是比较的[地]敢于实写的,而那结果也并不坏。无论贾氏家业再振,兰桂齐芳,即宝玉自己,也成了个披大红猩猩毡斗篷的和尚。和尚多矣,但披这样阔斗篷的能有几个,已经是"入圣超凡"无疑了。至于别的人们,则早在册子里一一注定,末路不过是一个归结:是问题的结束,不是问题的开头。读者即小有不安,也终于奈何不得。然而后或续或改,非借尸还魂,即冥中另配,必令"生旦当场团圆"才肯放手者,乃是自欺欺人的瘾太大,所以看了小小骗局,还不甘心,定须闭眼胡说一通而后快。赫克尔(E. Haeckel)说过:人和人之差,有时比类人猿和原人之差还远。我们将《红楼梦》的续作者和原作一比较,就会承认这话大概是确实的。

"作善降祥"的古训,六朝人本已有些怀疑了,他们作墓志,竟会说"积善不报,终自欺人"的话。但后来的昏人,却又瞒起来。元刘信将三岁痴儿抛入醮纸火盆,妄希福佑,是见于《元典章》的；剧本《小张屠焚儿救母》却道是为母延命，命得延，儿亦不死了。一女愿侍癞疾之夫，《醒世恒言》中还说终于一同自杀的；后来改作的却道是有蛇坠入药罐里，丈夫服后便全[痊]愈了。凡有缺陷，一经作者粉饰，后半便大抵改观，使读者落诬妄中，以为世间委实尽够光明，谁有不幸，便是自作，自受。

有时遇到彰明的史实，瞒不下，如关羽岳飞的被杀，便只好别设骗局了。一是前世已造夙因，如岳飞；一是死后使他成神，如关羽。定命不可逃，成神的善报更满人意，所以杀人者不足责，被杀者也不足悲，冥冥中自有安排，使他们各得其所，正不必别人来费力了。

中国人的不敢正视各方面，用瞒和骗，造出奇妙的逃路来，而自以为正路。在这路上，就证明着国民性的怯弱，懒惰，而又巧滑。一天一天的[地]满足着，即一天一天的[地]堕落着，但却又觉得日见其光荣。在事实上，亡国一次，即添加几个殉难的忠臣，后来每不想光复旧物，而只去赞美那几个忠臣；遭劫一次，即造成一群不辱的烈女，事过之后，也每每不思惩凶，自卫，却只顾歌咏那一群烈女。仿佛亡国遭劫的事，反而给中国人发挥"两间正气"的机会，增高价值，即在此一举，应该一任其至，不足忧悲似的。自然，此上也无可为，因为我们已经借死人获得最上的光荣了。沪汉烈士的追悼会中，活的人们在一块很可景仰的高大的木主下互相打骂，也就是和我们的先辈走着同一的路。

文艺是国民精神所发的火光，同时也是引导国民精神的前途的灯火。这是互为因果的，正如麻油从芝麻榨出，但以浸芝麻，就使它更油。倘以油为上，就不必说；否则，当参[掺]入别的东西，或水或碱去。中国人向来因为不敢正视人生，只好瞒和骗，由此也生出瞒和骗的文艺来，由这文艺，更令中国人更深地陷入瞒和骗的大泽中，甚而至于已经自己不觉得。世界日日改变，我们的作家取下假面，真诚地，深入地，大胆地看取人生并且写出他的血和肉来的时候早到了；早就应该有一片崭新的文场，早就应该有几个凶猛的闯将！

现在，气象似乎一变，到处听不见歌吟花月的声音了，代之而起的是铁和血的赞颂。然而倘以欺瞒的心，用欺瞒的嘴，则无论说A和O，或Y和Z，一样是虚假的；只可以吓哑了先前鄙薄花月的所谓批评家的嘴，满足地以为中国就要中兴。可怜他在"爱国"大帽子底下又闭上了眼睛了——或者本来就闭着。

没有冲破一切传统思想和手法的闯将，中国是不会有真的新文艺的。

一九二五年七月二十二日
（选自鲁迅《坟》，人民文学出版社1973年版）

【阅读指要】

鲁迅杂文长于见微知著、扪毛辨骨，把长期以来人们习焉不察的陋习、传统文化心理积淀而成的痼疾一一呈现于笔端。本文正是揭露了"瞒和骗"乃是古已有之、于今尤烈的事。究其根源，在于文人尊崇圣人之道，常用圣人之言掩饰太平，无法面对真实的危机和苦痛。表现在文学上，就是总想给彻底的悲剧加上大团圆的结局，欺人而且自欺。鲁迅写作此文，是忧虑五卅惨案烈士鲜血未干，铁和血的赞颂已遮蔽一切，这是另一种形式的"闭眼"，所以要"睁了眼看"，希望文坛出现"突破一切传统思想和手法的闯将"，引导国民精神觉醒。

【课后练习】

1. 作者引用了诸多古今事例意在阐明一个什么观点？你如何看待作者的观点？
2. 鲁迅对于《红楼梦》续作持什么看法？你的观点如何？
3. 怎样理解"文艺是国民精神所发的火光，同时也是引导国民精神的前途的灯火"？

读书的艺术

林语堂

【作者简介】

林语堂(1895—1976)(见图 2-13),福建龙溪(今漳州)人,原名和乐,后改玉堂,又改语堂,中国现代著名作家、学者、翻译家、语言学家,新道家代表人物。他早年留学美国、德国,获哈佛大学文学硕士、莱比锡大学语言学博士学位。回国后在清华大学、北京大学、厦门大学任教。1945年赴新加坡筹建南洋大学,任校长。曾任联合国教科文组织美术与文学主任、国际笔会副会长等职。曾创办《论语》《人间世》《宇宙风》等刊物,作品有小说《京华烟云》《啼笑皆非》,散文集《人生的盛宴》《生活的艺术》,译著《东坡诗文选》《浮生六记》等。1966 年定居台湾,1967 年受聘为香港中文大学研究教授,主持编撰《林语堂当代汉英词典》等。

图 2-13　林语堂

【原文】

　　读书或书籍的享受素来被视为有修养的生活上的一种雅事,而在一些不大有机会享受这种权利的人们看来,这是一种值得尊重和妒忌的事。当我们把一个不读书者和一个读书者的生活上的差异比较一下,这一点便很容易明白。那个没有养成读书习惯的人,以时间和空间而言,是受着他眼前的世界所禁锢的。他的生活是机械化的,刻板的;他只跟几个朋友和相识者接触谈话,他只看见他周遭所发生的事情。他在这个监狱里是逃不出去的。可是当他拿起一本书的时候,他立刻走进一个不同的世界;如果那是一本好书,他便立刻接触到世界上一个最健谈的人。这个谈话者引导他前进,带他到一个不同的国度或不同的时代,或者对他发泄一些私人的悔恨,或者跟他讨论一些他从来不知道的学问或生活问题。一个古代的作家使读者随一个久远的死者交通;当他读下去的时候,他开始想象那个古代的作家相貌如何,是哪一类的人。孟子和中国最伟大的历史家司马迁都表现过同样的观念。一个人在十二小时之中,能够在一个不同的世界里生活二小时,完全忘怀眼前的现实环境:这当然是那些禁锢在他们的身体监狱里的人所妒羡的权利。这么一种环境的改变,由心理上的影响说来,是和旅行一样的。

　　不但如此。读者往往被书籍带进一个思想和反省的境界里去。纵使那是一本关于现实事情的书,亲眼看见那些事情或亲历其境和在书中读到那些事情,其间也有不同的地方,因为在书本里所叙述的事情往往变成一片景象,而读者也变成一个冷眼旁观的人。所以,最好的读物是那种能够带我们到这种沉思的心境里去的读物,而不是那种仅在报告事情的始末的读物。我认为人们花费大量的时间去阅读报纸,并不是读书,因为一般阅报者大抵只注意到事件发生或经过的情形的报告,完全没有沉思默想的价值。

据我看来,关于读书的目的,宋代的诗人和苏东坡的朋友黄山谷所说的话最妙。他说:"三日不读,便觉语言无味,面目可憎。"他的意思当然是说,读书使人得到一种优雅和风味,这就是读书的整个目的,而只有抱着这种目的的读书才可以叫做[作]艺术。一人读书的目的并不是要"改进心智",因为当他开始想要改进心智的时候,一切读书的乐趣便丧失净尽了。他对自己说:"我非读莎士比亚的作品不可,我非读索福客俪(Sophoclee)的作品不可,我非读伊里奥特博士(Dr. Eliot)的《哈佛世界杰作集》不可,使我能够成为有教育的人。"我敢说那个人永远不能成为有教育的人。他有一天晚上会强迫自己去读莎士比亚的《哈姆雷特》(Hamlet),读毕好像由一个噩梦中醒转来,除了可以说他已经"读"过《哈姆雷特》之外,并没有得到什么益处。一个人如果抱着义务的意识去读书,便不了解读书的艺术。这种具有义务目的的读书法,和一个参议员在演讲之前阅读文件和报告是相同的。这不是读书,而是寻求业务上的报告和消息。

所以,依黄山谷氏的说话,那种以修养个人外表的优雅和谈吐的风味为目的的读书,才是唯一值得嘉许的读书法。这种外表的优雅显然不是指身体上之美。黄氏所说的"面目可憎",不是指身体上的丑陋。丑陋的脸孔有时也会有动人之美,而美丽的脸孔有时也会令人看来讨厌。我有一个中国朋友,头颅的形状像一颗炸弹,可是看到他却使人欢喜。据我在图画上所看见的西洋作家,脸孔最漂亮的当推吉斯透顿。他的髭须,眼镜,又粗又厚的眉毛和两眉间的皱纹,合组而成一个恶魔似的容貌。我们只觉得那个头额中有许许多多的思念在转动着,随时会由那对古怪而锐利的眼睛里迸发出来。那就是黄氏所谓美丽的脸孔,一个不是脂粉装扮起来的脸孔,而是纯然由思想的力量创造起来的脸孔。讲到谈吐的风味,那完全要看一个人读书的方法如何。一个人的谈吐有没有"味",完全要看他的读书方法。如果读者获得书中的"味",他便会在谈吐中把这种风味表现出来;如果他的谈吐中有风味,他在写作中也免不了会表现出风味来。

所以,我认为风味或嗜好是阅读一切书籍的关键。这种嗜好跟对食物的嗜好一样,必然是有选择性的,属于个人的。吃一个人所喜欢吃的东西终究是最合卫生的吃法,因为他知道吃这些东西在消化方面一定很顺利。读书跟吃东西一样,"在一人吃来是补品,在他人吃来是毒质。"教师不能以其所好强迫学生去读,父母也不能希望子女的嗜好和他们一样。如果读者对他所读的东西感不到趣味,那么所有的时间全都浪费了。袁中郎曰:"所不好之书,可让他人读之。"

所以,世间没有什么一个人必读之书。因为我们智能上的趣味像一棵树那样地生长着,或像河水那样地流着。只要有适当的树液,树便会生长起来,只要泉中有新鲜的泉水涌出来，水便会流着。当水流碰到一个花岗岩石时，它便由岩石的旁边绕过去；当水流涌到一片低洼的溪谷时，它便在那边曲曲折折地流着一会儿；当水流涌到一个深山的池塘时，它便恬然停驻在那边；当水流冲下急流时，它便赶快向前涌去。这么一来，虽则它没有费什么气力，也没有一定的目标，可是它终究有一天会到达大海。世上无人人必读的书，只有在某时某地，某种环境和生命中的某个时期必读的书。我认为读书和婚姻一样，是命运注定的或阴阳注定的。纵使某一本书，如《圣经》之类，是人人必读的，读这种书也有一定的时候。当一个人的思想和经验还没有达到阅读一本杰作的程度时，那本杰作只会留下不好的滋味。

孔子曰："五十以学《易》。"便是说，四十五岁时候尚不可读《易经》。孔子在《论语》中的训言的冲淡温和的味道，以及他的成熟的智慧，非到读者自己成熟的时候是不能欣赏的。

且同一本书，同一读者，一时可读出一时之味道来。其景况适如看一名人相片，或读名人文章，未见面时，是一种味道，见了面交谈之后，再看其相片，或读其文章，自有另外一层深切的理会。或是与其人绝交以后，看其照片，读其文章，亦另有一番味道。四十学《易》是一种味道，到五十岁看过更多的人世变故的时候再去学《易》，又是一种味道。所以，一切好书重读起来都可以获得益处和新乐趣。我在大学的时代被学校强迫去读《西行记》（"Westward Ho!"）和《亨利埃士蒙》（"Henry Esmond"），可是我在十余岁时候虽能欣赏《西行记》的好处，《亨利埃士蒙》的真滋味却完全体会不到，后来渐渐回想起来，才疑心该书中的风味一定比我当时所能欣赏还要丰富得多。

由是可知读书有二方面，一是作者，一是读者。对于所得的实益，读者由他自己的见识和经验所贡献的分量，是和作者自己一样多的。宋儒程伊川先生谈到孔子的《论语》时说："读《论语》，有读了全然无事者；有读了后，其中得一两句喜者；有读了后，知好之者；有读了后，直有不知手之舞之足之蹈之者。"

我认为一个人发现他最爱好的作家，乃是他的知识发展上最重要的事情。世间确有一些人的心灵是类似的，一个人必须在古今的作家中，寻找一个心灵和他相似的作家。他只有这样才能够获得读书的真益处。一个人必须独立自主去寻出他的老师来，没有人知道谁是你最爱好的作家，也许甚至你自己也不知道。这跟一见倾心一样。人家不能叫读者去爱这个作家或那个作家，可是当读者找到了他所爱好的作家时，他自己就本能地知道了。关于这种发现作家的事情，我们可以提出一些著名的例证。有许多学者似乎生活于不同的时代里，相距多年，然而他们思想的方法和他们的情感却那么相似，使人在一本书里读到他们的文字时，好像看见自己的肖像一样。以中国人的语法说来，我们说这些相似的心灵是同一条灵魂的化身，例如有人说苏东坡是庄子或陶渊明转世的，袁中郎是苏东坡转世的。苏东坡说，当他第一次读庄子的文章时，他觉得他自从幼年时代起似乎就一直在想着同样的事情，抱着同样的观念。当袁中郎有一晚在一本小诗集里，发见[现]一个名叫徐文长的同代无名作家时,他由床上跳起,向他的朋友呼叫起来,他的朋友开始拿那本诗集来读,也叫起来,于是两人叫复读,读复叫,弄得他们的仆人疑惑不解。伊里奥特(George Eliot)说她第一次读到卢骚的作品时,好像受了电流的震击一样。尼采(Nietzsche)对于叔本华(Schopenhauer)也有同样的感觉,可是叔本华是一个乖张易怒的老师,而尼采是一个脾气暴躁的弟子,所以这个弟子后来反叛老师,是很自然的事情。

苏东坡曾做过一件卓绝的事情:他步陶渊明诗集的韵,写出整篇的诗来。在这些《和陶诗》后,他说他自己是陶渊明转世的;这个作家是他一生最崇拜的人物。只有这种读书方法,只有这种发见[现]自己所爱好的作家的读书方法,才有益处可言。像一个男子和他的情人一见倾心一样,什么都没有问题了。她的高度,她的脸孔,她的头发的颜色,她的声调,和她的言笑,都是恰到好处的。一个青年认识这个作家,是不必经他的教师的指导的。这个作家是恰合他的心意的;他的风格,他的趣味,他的观念,他的思想方法,都是恰到好处的。于是读者开始把这个作家所写的东西全都拿来读了,因为他们之间有一种心灵上的联系,所以他把什么东西都吸收进去,毫不费力地消化了。这个作家自会有魔力吸引他,而他也乐自为所吸;过了相当的时候,他自己的声音相貌,一颦一笑,便渐与那个作家相似。这么一来,他真的浸润在他的文学情人的怀抱中,而由这些书籍中获得他的灵魂的食粮。过了几年之后,这种魔力消失了,他对这个情人有点感到厌倦,开始寻找一些新的文学情人;到他已经有过三四个情人,而把他们吃掉之后,他自己也成为一个作家了。有许多读者永不曾堕入情网,正如许多青年男女只会卖弄风情,而不能钟情于一个人。随便那[哪]个作家的作品,他们都可以读,一切作家的作品,他们都可以读,他们是不会有什么成就的。

这么一种读书艺术的观念,把那种视读书为责任或义务的见解完全打破了。在中国,常常有人鼓励学生"苦学"。有一个实行苦学的著名学者,有一次在夜间读书的时候打盹,便拿锥子在股上一刺。又有一个学者在夜间读书的时候,叫一个丫头站在他的旁边,看见他打盹便唤醒他。这真是荒谬的事情。如果一个人把书本排在面前,而在古代智慧的作家向他说话的时候打盹,那么,他应该干脆地上床去睡觉。把大针刺进小腿或叫丫头推醒他,对他都没有一点好处。这么一种人已经失掉一切读书的趣味了。有价值的学者不知道什么叫做[作]"磨练",也不知道什么叫做[作]"苦学"。他们只是爱好书籍,情不自禁地一直读下去。

这个问题解决之后,读书的时间和地点的问题也可以找到答案。读书没有合宜的时间和地点。一个人有读书的心境时,随便什么地方都可以读书。如果他知道读书的乐趣,他无论在学校内或学校外,都会读书,无论世界有没有学校,也都会读书。他甚至在最优良的学校里也可以读书。曾国藩在一封家书中,谈到他的四弟拟入京读较好的学校时说:"苟能发奋自立,则家塾可读书,即旷野之地,热闹之场,亦可读书,负薪牧豕,皆可读书。苟不能发奋自立,则家塾不宜读书,即清净之乡,神仙之境,皆不能读书。"有些人在要读书的时候,在书台前装腔作势,埋怨说他们读不下去,因为房间太冷,板凳太硬,或光线太强。也有些作家埋怨说他们写不出东西来,因为蚊子太多,稿纸发光,或马路上的声响太嘈杂。宋代大学者欧阳修说他的好文章都在"三上"得之,即枕上、马上和厕上。有一个清代的著名学者顾千里据说在夏天有"裸体读经"的习惯。在另一方面,一个人不好读书,那么,一年四季都有不读书的正当理由:

春天不是读书天;夏日炎炎最好眠;
等到秋来冬又至,不如等待到来年。

那么,什么是读书的真艺术呢?简单的答案就是有那种心情的时候便拿起书来读。一个人读书必须出其自然,才能够彻底享受读书的乐趣。他可以拿一本《离骚》或奥玛开俨(Omar Khayyam,波斯诗人)的作品,牵着他的爱人的手到河边去读。如果天上有可爱的白云,那么,让他们读白云而忘掉书本吧,或同时读书本和白云吧。在休憩的时候,吸一筒烟或喝一杯好茶则更妙不过。或许在一个雪夜,坐在炉前,炉上的水壶铿铿作响,身边放一盒淡巴菰,一个人拿了十数本哲学、经济学、诗歌、传记的书,堆在长椅上,然后闲逸地拿起几本来翻一翻,找到一本爱读的书时,便轻轻点起烟来吸着。金圣叹认为雪夜闭户读禁书,是人生最大的乐趣。陈继儒(眉公)描写读书的情调,最为美妙:"古人称书画为丛笺软卷,故读书开卷以闲适为尚。"在这种心境中,一个人对什么东西都能够容忍了。此位作家又曰:"真学士不以鲁鱼亥豕为意,好旅客登山不以路恶难行为意,看雪景者不以桥不固为意,卜居乡间者不以俗人为意,爱看花者不以酒劣为意。"

关于读书的乐趣,我在中国最伟大的女诗人李清照(易安,1081—1141年)①的自传里,找到一段最佳的描写。她的丈夫在太学作学生,每月领到生活费的时候,他们夫妻总立刻跑到相国寺去买碑文水果,回来夫妻相对展玩咀嚼,一面剥水果,一面赏碑帖,或者一面品佳茗,一面校勘各种不同的板〔版〕本。她在《金石录后序》这篇自传小记里写道:

余性偶强记,每饭罢,坐归来堂烹茶,指堆积书史,言某事在某书某卷第几页第几行,以中否角胜负,为饮茶先后。中即举杯大笑,至茶倾覆怀中,反不得饮而起。甘心老是乡矣!故虽处忧患困穷而志不屈。……于是几案罗列,枕席枕藉,意会心谋,目往神授,乐在声、色、狗、马之上……

这篇小记是她晚年丈夫已死的时候写的。当时她是个孤独的女人,因金兵侵入华北,只好避乱南方,到处漂泊。

(选自张立国编著《速读中国现当代文学大师与名家丛书·林语堂卷》,蓝天出版社2013年版)

【阅读指要】

林语堂先生对于读书有着精辟的理解与表达,他认为:一个不读书人的生活是机械刻板的;读书的目的是使人得到一种优雅和风味;读书是非常个人化的行为,世上没有人人

---

① 李清照(1084—1155),此处作者可能没有查证。

必读之书，主要在于个人的理解和欣赏，当一个人的思想和经验还没有达到阅读一本经典的程度时，经典是不会产生好效果的；最好的书是那种能够带人到沉思的心境里去的书，报纸不是好读物；只有发现自己所爱好的作家的读书方法，才有益处可言；一个人读书必须出其自然，才能够彻底享受读书的乐趣。林语堂先生提倡的是一种无功利的读书观，和我们今天为考试而读书、为学历而读书、为职称而读书、为各种目的而进行的读书都是不同的。当然，生活中必须存在有目标的读书，但一个人也要有没有任何功利目的的阅读，看似无为，实质才能无不为。也就是说，如果能将功利目的很强的读书转化为无功利的状态，才会获得更大的收获，也能收获更大的快乐。

【课后练习】

1. 你对林语堂先生关于读书的哪些看法最赞同？结合自己的读书体验谈谈看法。
2. 你对林语堂先生关于读书的哪些看法最不赞同？为什么？

勤靡余劳,心有常闲

朱光潜

【作者简介】

朱光潜(1897—1986)(见图2-14),字孟实,安徽桐城县(今为桐城市)人,现当代著名美学家、文艺理论家、教育家、翻译家,致力于文学、心理学与哲学的学习与研究,历任北京大学、四川大学、武汉大学教授。文艺美学著作有《悲剧心理学》《文艺心理学》《西方美学史》《谈美》《诗论》等;翻译著作有柏拉图《文艺对话集》、莱辛《拉奥孔》、爱克曼《歌德谈话录》、黑格尔《美学》、克罗齐《美学原理》等。此外,他的《谈修养》《谈文学》《谈美书简》等普及性读物,深入浅出,文笔流畅,对提高青年的写作能力与艺术鉴赏能力颇有启迪。

图2-14 朱光潜

【原文】

在现代社会中,不讲效率,就要落后。西方各国都把效率看做[作]一个迫切的问题,心理学家对这问题做了无数的实验,所得的结论是以同样时间去做同样工作,有休息的比没有休息的效率大得多。比如说,一长页的算学加法习题,继续不断地去做要费两点钟,如果先做五十分钟,继以二十分钟的休息,再做五十分钟。也还可以做完,时间上无损失而错误却较少。西方新式工厂大半都已应用这个原则去调节工作和休息的时间,结果工人的工作时间虽然少了,雇主的出品质量反而增加了。一般人以为休息是浪费时间,其实不休息的工作才真是浪费时间。此外还有精力的损耗更不经济。拿中国人与西方人相比,可工作的年龄至少有二十年的差别。我们到五六十岁就衰老无能为,他们那时还正年富力强,事业刚开始,这分别有多大!

休息不仅为工作蓄力,而且有时工作必须在休息中酝酿成熟。法国大数学家潘嘉贲研究数学上的难题,苦思不得其解,后来跑到街上闲逛,原来费尽气力不能解决的难题却于无意中就轻轻易易地解决了。据心理学家的解释,有意识作用的工作须得退到潜意识中酝酿一阵,才得着土生根。通常我们在放下一件工作之后,表面上似在休息,而实际上潜意识中那件工作还在进行。詹姆斯有"夏天学溜冰,冬天学泅水"的比喻。溜冰本来是前冬练习的,今夏无冰可溜,自然就想不到溜冰,算是在休息,但是溜冰的筋肉技巧却恰在此时凝固起来。泅水也是如此,一切学习都如此。比如我们学写字,用功甚勤,进步总是显得很慢,有时甚至越写越坏。但是如果停下一些时候再写,就猛然觉得字有进步。进步之后又停顿,停顿之后又进步,如此辗转多次,字才易写得好。习字需要停顿,也是因为要有时间让筋肉技巧在潜意识中酝酿凝固。习字如此,习其他技术也是如此。休息的工夫并不是白费的,它的成就往往比工作的成就更重要。

《佛说四十二章经》里有一段故事,戒[诫]人为学不宜操之过急,说得很好:"沙门夜诵迦叶佛教遗经,其声悲紧,思悔欲退。佛问之曰:'汝昔在家,曾为何业?'对曰:'爱弹琴。'佛言:'弦缓如何?'对曰:'不鸣矣。''弦急如何?'对曰:'声绝矣。''急缓得中如何?'对曰:'诸音普矣。'佛言:'沙门学道亦然。心若调适,道可得矣。于道若暴,暴即身疲;其身若疲,意即生恼,意若生恼,行即退矣。'"

我国先儒如程朱诸子教人为学,亦常力戒急迫,主张"优游涵泳"。这四个字含有妙理,它所指的工[功]夫是猛火煎后的慢火煨,紧张工作后的潜意识的酝酿。要"优游涵泳",非有充分休息不可。大抵治学和治事,第一件要事是清明在躬,从容而灵活,常做得自家的主宰,提得起放得下。急迫躁进最易误事。我有时写字或作文,在意兴不佳或微感倦怠时,手不应心,心里愈想好,而写出来的愈坏,在此时仍不肯丢下,带着几分气忿[愤]的念头勉强写下去,写成要不得就扯去,扯去重写仍是要不得,于是愈写愈烦躁,愈烦躁也就写得愈不像样。假如在发现神思不旺时立即丢开,在乡下散步,吸一口新鲜空气,看着蓝天绿水,陡然间心旷神怡,回头来再伏案做事,便觉精神百倍,本来做得很艰苦而不能成功的事,现在做起来却有手挥目送之乐,轻轻易易就做成了。不但做文写字如此,要想任何事做得好,做时必须精神饱满,工作成为乐事。一有倦怠或烦躁的意思,最好就把它搁下休息一会儿,让精神恢复后再来。

人须有生趣才能有生机。生趣是在生活中所领略得的快乐,生机是生活发扬所需要的力量。诸葛武侯所谓"宁静以致远"就包含生趣和生机两个要素在内,宁静才能有丰富的生趣和生机,而没有充分休息做优游涵泳的工[功]夫的人们决难宁静。世间有许多过于苦的人,满身是尘劳,满腔是杂念,时时刻刻都为环境的需要所驱遣,如机械一般流转不息,自己做不得自己的主宰,呆板枯燥,没有一点生人之趣。这种人是环境压迫的牺牲者,没有力量抬起头来驾驭环境或征服环境,在事业和学问上都难有真正的大成就。我认识许多穷苦的农人,孜孜不辍的老学究和一天在办公室坐八小时的公务员,都令我起这种感想。假如一个国家里都充满着这种人,我们很难想象出一个光明世界来。

基督教的圣经叙述上帝创造世界的经过,于每段工作完成之后都赘上一句说:"上帝看看他所做的事,看,每一件都很好!"到了第七天,上帝把他的工作都完成了,就停下来休息,并且加福于这第七天,因为在这一天他能够休息。这段简单的文字很可耐人寻味。我们不但需要时间工作,尤其需要时间对于我们所做的事回头看一看,看出它很好;并且工作完成了,我们需要一天休息来恢复疲劳的精神,领略成功的快慰。这一天休息的日子是值得"加福的""神圣化的"(圣经里所用的字是 Blessed and sanctified)。在现代紧张的生活中，我们"车如流水马如龙"地向前直滚，曾不留下一点时光做一番静观和回味，以至华严世相都在特别快车的窗子里滑了过去，而我们也只是轮回戏盘中的木人木马，有上帝的榜样在那里而我们不去学，岂不是浪费生命！

我生平最爱陶渊明在自祭文里所说的两句话："勤靡余劳①，心有常闲"，上句是尼采所说的达奥尼苏司②的精神，下句则是亚波罗③的精神。动中有静，常保存自我主宰。这是修养的极境。人事算尽了，而神仙福分也就在尽人事中享着。现代人的毛病是"勤有余劳，心无偶闲"。这毛病不仅使生活索然寡味，身心俱惫，于事劳而无功，而且使人心地驳杂，缺乏冲和弘毅的气象，日日困于名缰利锁，叫整个世界日趋于干枯黑暗。但丁描写魔鬼在地狱中受酷刑，常特别着重"不停留"或"无间断"的字样。"不停留""无间断"自身就是一种惩罚，甘受这种惩罚的人们是甘愿人间成为地狱。上帝的子孙们，让我们跟着他的榜样，加福于我们工作之后休息的时光啊！

（选自朱光潜《谈修养》，中华书局 2012 年版）

【阅读指要】

《谈修养》一书由朱光潜先生于 1942 年发表在《中央周刊》上的为青年人所撰的系列文章结集而成，本文节选自其中《谈休息》一文。本文从心理学、生活实践、历史名人、宗教经典等角度论证了工作与休息之间的辩证关系，思路清晰开阔，论述平实中肯，文字亲切晓畅。朱光潜先生在《自序》中说："我大体上喜欢冷静、沉着、稳重、刚毅，以出世精神做入世事业，尊崇理性和意志，却也不菲薄情感和想象。"从本文看，可谓文如其人。

【课后练习】

1. 作者对工作与休息的辩证关系有怎样的认识？你怎么看？

2. 作者在论证自己的观点时运用了哪些材料？这样做有什么好处？在写作方面给我们怎样的启示？

---

①勤靡余劳：不遗余力。靡：无。

②达奥尼苏司：今译狄奥尼索斯，为古希腊神话中的葡萄酒与狂欢之神，也是艺术之神，酒神祭祀游行带有狂欢性质。尼采的"酒神精神"指人们在酣醉狂放的状态下体现出来的对人生苦难所采取的超越姿态，是一种文化力量。

③亚波罗：今译阿波罗，为古希腊神话中的预言与光明之神。尼采的"日神精神"指使人沉浸于梦幻般的审美世界之中，从而忘却人生的悲剧本质。

时　　间

沈从文

【作者简介】

沈从文(1902—1988)(见图 2-15)，原名沈岳焕，湘西凤凰县人，现代作家，历史文物研究家。沈从文的作品以湘西为背景，抒写下层民众艰辛、凄凉的人生境遇，赞美他们"优美、健康、自然，而又不悖乎人性的人生形式"，试图以湘西原始、素朴的生命样式为参照，探求"民族品德的消失与重造"。沈从文的语言明净澄澈，多用曲折长句，婉曲自如，描摹情状，精细入微。小说有《边城》《长河》《萧萧》等，散文有《从文自传》《湘行散记》等，文论有《废邮存底》《烛虚》《云南看云集》等。

图 2-15　沈从文

【原文】

一切存在严格地说都需要"时间"。时间证实一切，因为它改变一切。气候寒暑，草木荣枯，人从生到死，都不能缺少时间，都从时间上发生作用。

常说到"生命的意义"或"生命的价值"。其实一个人活下去真正的意义和价值，不过占有几十年头的时间罢了。生前世界没有他，他无意义和价值可言的；活到不能再活死掉了，他没有生命，他自然更无意义和价值可言。

正仿佛多数人的愚昧与少数人的聪明，对生命下的结论差不多都以为是"生命的意义同价值是活个几十年"，因此都肯定生活，那么吃，喝，睡觉，吵架，恋爱……活下去等待死，死后让棺木来装殓他，黄土来掩埋他，蛆虫来收拾他。

生命的意义解释即如此单纯，"活下去，活着，倒下，死了"，未免太可怕了。因此次一等的聪明人，同次一等的愚人，对生命的意义同价值找出第二种结论，就是"怎么样来耗费这几十个年头"。虽更肯定生活，那么吃，喝，睡觉，吵架，恋爱……然而生活得失取舍之间，到底也就有了分歧。这分歧一看就明白的。大致言之，聪明人要理解生活，愚蠢人要习惯生活。聪明人以为目前并不完全好，一切应比目前更好，且竭力追求那个理想。愚蠢人对习惯完全满意，安于现状。保证习惯。（在世俗观察上，这两种人称呼常常相反，安于习惯的被呼为聪明人，怀抱理想的人却成愚蠢家伙。）

两种人即同样有个"怎么来耗费这几十个年头"的打算，要从人与人之间寻找生存的意义和价值，即或择业相同，成就却不相同。同样想征服颜色线条作［做］画家，同样想征服乐器声音作[做]音乐家，同样想征服木石铜牙及其他材料作[做]雕刻家，甚至于同样想征服人身行为作[做]帝王，同样想征服人心信仰作[做]思想家或教主，一切结果都不会相同。因此世界上有大诗人，同时也就有蹩脚诗人；有伟大革命家，同时也有虚伪革命家。至于两种人目的不同，择业不同，那就更容易一目了然了。

　　看出生命的意义同价值，原来如此如此，却想在生前死后使生命发生一点特殊意义和永久价值。心性绝顶聪明，为人却好像傻头傻脑，历史上的释迦，孔子，耶稣，就是这种人。这种人或出世，或入世，或革命，或复古，活下来都显得很愚蠢，死过后却显得很伟大。屈原算得这种人另外一格，历史上这样人可并不多。可是每一时代间或产生一个两个，就很像样子了。这种人自然也只能活个几十年，可是他的观念，他的意见，他的风度，他的文章，却可以活在人类的记忆中几千年。一切人生命都有时间的限制，这种人的生命又似乎不大受这种限制。

　　话说回来，事事物物要时间证明，可是时间本身却又像是个极其抽象的东西，从无一个人说得明白时间是个什么样子。时间并不单独存在。时间无形，无声，无色，无臭。要说明时间的存在，还得回头来从事事物物去取证。从日月来去从草木荣枯从生命存亡找证据。正因为事事物物都可为时间作注解，时间本身反而被人疏忽了。所以多数人提问到生命的意义同价值时，没有一个人敢说："生命意义同价值，只是一堆时间。"

　　"前不见古人，后不见来者"，这是一个真正明白生命意义同价值的人所说的话。老先生说这话时心中的寂寞可知！能说这话的是个伟人，能理解这话的也不是个凡人。目前的活人，大家都记得这两句话，却只有那些从日光下牵入牢狱，或从牢狱中牵上刑场的倾心理想的人，最了解这句话的意义。因为说这话的人生命的耗费，同懂这话的人生命的耗费，异途同归，完全是为事实皱眉，却胆敢对理想倾心。

　　他们的方法不同，他们的时代不同，他们的环境不同，他们遭遇也不相同；相同的是他们的心，同样为人类向上向前而跳跃。

（选自《沈从文文集》第十卷，中南出版传媒集团、湖南人民出版社2013年版）

【阅读指要】

　　沈从文的文章迂回婉转，需读者沉潜其中，仔细玩味。文中辨析时间就是生命，在有限的时间里，生命的意义和价值怎样体现，次一等的聪明人和次一等的愚人会给出不同的答案。在现实生活中，常见追寻理想被视为愚蠢，随波逐流被看作聪明。而心性最通透的人更是不能为世俗理解，因其完全放弃利益得失的考虑，一心追寻生命真正的存在，成就有益于世人，然而却无益于己。活着时被视作愚蠢，死后却能突破时间的限制，短暂的生命迸发出智慧光芒和人格力量。作者写作此文时已成名，但文学理想一时不被理解，陷于各种论争中，文中的聪明愚蠢之辨就在于此。最终作者引陈子昂的诗句认定，古今中外能完成伟大功业的人，必然经历孤独彷徨，仍能奋力前行。

【课后练习】
1. 如何理解"聪明人要理解生活,愚蠢人要习惯生活"?
2. 如何理解"心性绝顶聪明,为人却好像傻头傻脑"?请举例说明。

坐在人生边上（节选）

杨绛

【作者简介】

杨绛（1911—2016）（见图 2-16），本名杨季康，江苏无锡人，钱锺书夫人，文学翻译家和外国文学研究家。毕业于东吴大学、清华大学研究生院肄业。曾任上海震旦女子文理学院、清华大学外语系教授。1952 年调入北京大学文学研究所，后任中国社会科学院外国文学研究所研究员。杨绛通晓英语、法语、西班牙语，由她翻译的《唐·吉诃德》被公认为是最优秀的翻译佳作。主要作品有剧本《称心如意》《弄真成假》，长篇小

图 2-16　钱钟书和杨绛

说《洗澡》，散文及随笔《干校六记》《将饮茶》《杂忆与杂写》《我们仨》《走到人生边上——自问自答》等。杨绛于 2016 年逝世，享年 105 岁。生前和钱锺书达成共识，将部分稿酬捐给清华大学设立"好读书"奖学金，鼓励家庭经济困难的优秀大学生努力学习、成才报国。

【原文】

笔会：您从小进的启明、振华，长大后上的清华、牛津，都是好学校，也听说您父母家训就是：如果有钱，应该让孩子受好的教育。杨先生，您认为怎样的教育才算"好的教育"？

杨绛：教育是管教，受教育是被动的，孩子在父母身边最开心，爱怎么淘气就怎么淘气，一般总是父母的主张，说"这孩子该上学了"。孩子第一天上学，穿了新衣新鞋，拿了新书包，欣欣喜喜地："上学了！"但是上学回来，多半就不想再去受管教，除非老师哄得好。

我体会，"好的教育"首先是启发人的学习兴趣，学习的自觉性，培养人的上进心，引导人们好学，和不断完善自己。要让学生在不知不觉中受教育，让他们潜移默化。这方面榜样的作用很重要，言传不如身教。

我自己就是受父母师长的影响，由淘气转向好学的。爸爸说话入情入理，出口成章，《申报》评论一篇接一篇，浩气冲天，掷地有声。我佩服又好奇，请教秘诀，爸爸说："哪有什么秘诀？多读书，读好书罢了。"妈妈操劳一家大小衣食住用，得空总要翻翻古典文学、现代小说，读得津津有味。我学他们的样，找父亲藏书来读，果然有趣，从此好

(hào)读书,读好书入迷。

我们对女儿钱瑗,也从不训示。她见我和锺书嗜读,也猴儿学人,照模照样拿本书来读,居然渐渐入道。她学外文,有个很难的单词,翻了三部词典也未查着,跑来问爸爸,锺书不告诉,让她自己继续查,查到第五部辞典果然找着。

我对现代教育知道得不多。从报上读到过美术家韩美林作了一幅画,送给两三岁的小朋友,小孩子高高兴兴地回去了,又很快把画拿来要韩美林签名,问他签名干什么,小孩说:"您签了名,这画才值钱!"可惜呀,这么小的孩子已受到社会不良风气的影响,价值观的教育难道不应引起注意吗?

笔会:您是在开明家庭和教育中长大的"新女性",和钱锺书先生结婚后,进门却需对公婆行叩拜礼,学习做"媳妇",连老圃先生都心疼自己花这么多心血培养的宝贝女儿,在钱家做"不花钱的老妈子"。杨先生,这个转换的动力来自哪里?您可有什么良言贡献给备受困扰的现代婚姻?

杨绛:我由宽裕的娘家嫁到寒素的钱家做"媳妇",从旧俗,行旧礼,一点没有"下嫁"的感觉。叩拜不过跪一下,礼节而已,和鞠躬没多大分别。如果男女双方计较这类细节,那么,趁早打听清楚彼此的家庭状况,不合适不要结婚。

抗战时期在上海,生活艰难,从大小姐到老妈子,对我来说,角色变化而已,很自然,并不感觉委屈。为什么,因为爱,出于对丈夫的爱。我爱丈夫,胜过自己。我了解钱锺书的价值,我愿为他研究著述志业的成功,为充分发挥他的潜力、创造力而牺牲自己。这种爱不是盲目的,是理解,理解愈深,感情愈好。相互理解,才有自觉的相互支持。

我与钱锺书是志同道合的夫妻。我们当初正是因为两人都酷爱文学,痴迷读书而互相吸引走到一起的。锺书说他"没有大的志气,只想贡献一生,做做学问"。这点和我志趣相同。

我成名比钱锺书早,我写的几个剧本被搬上舞台后,他在文化圈里被人介绍为"杨绛的丈夫"。但我把钱锺书看得比自己重要,比自己有价值。我赖以成名的几出喜剧,能够和《围城》比吗?所以,他说想写一部长篇小说,我不仅赞成,还很高兴。我要他减少教课钟点,致力写作,为节省开销,我辞掉女佣,做"灶下婢"是心甘情愿的。握笔的手初干粗活免不了伤痕累累,一会儿劈柴木刺扎进了皮肉,一会儿又烫起了泡。不过吃苦中倒也学会了不少本领,使我很自豪。

钱锺书知我爱面子,大家闺秀第一次挎个菜篮子出门有点难为情,特陪我同去小菜场。两人有说有笑买了菜,也见识到社会一角的众生百相。他怕我太劳累,自己关上卫生间的门悄悄洗衣服,当然洗得一塌糊涂,统统得重洗,他的体己让我感动。

诗人辛笛说钱锺书有"誉妻癖",锺书的确欣赏我,不论是生活操劳或是翻译写作,对我的鼓励很大,也是爱情的基础。同样,我对钱锺书的作品也很关心、熟悉,1989年黄蜀芹要把他的《围城》搬上银幕,来我家讨论如何突出主题,我觉得应表达《围城》的主要内涵，立即写了两句话给她，那就是：

> 围在城里的人想逃出来，
> 城外的人想冲进去，
> 对婚姻也罢，职业也罢，
> 人生的愿望大都如此。

意思是"围城"的含义，不仅指方鸿渐的婚姻，更泛指人性中某些可悲的因素，就是对自己处境的不满。钱锺书很赞同我的概括和解析，觉得这个关键词"实获我心"。

我是一位老人，净说些老话。对于时代，我是落伍者，没有什么良言贡献给现代婚姻。只是在物质至上的时代潮流下，想提醒年轻的朋友，男女结合最最重要的是感情，双方互相理解的程度，理解深才能互相欣赏吸引、支持和鼓励，两情相悦。我以为，夫妻间最重要的是朋友关系，即使不能做知心的朋友，也该是能做得伴侣的朋友或互相尊重的伴侣。门当户对及其他，并不重要。

笔会：杨先生，您觉得什么是您在艰难忧患中，最能依恃的品质，最值得骄傲的品质，能让人不被摧毁、反而越来越好的品质？您觉得您身上的那种无怨无悔、向上之气来自哪里？

杨绛：我觉得在艰难忧患中最能依恃的品质，是肯吃苦。因为艰苦孕育智慧；没有经过艰难困苦，不知道人生的道路多么坎坷。有了亲身经验，才能变得聪明能干。

我的"向上之气"来自信仰，对文化的信仰，对人性的信赖。总之，有信念，就像老百姓说的：有念想。

抗战时期国难当头，生活困苦，我觉得是暂时的，坚信抗战必胜，中华民族不会灭亡，上海终将回到中国人手中。我写喜剧，以笑声来作倔强的抗议。

我们身陷上海孤岛，心向抗战前线、大后方。当时凡是爱国的知识分子，都抱成团。如我们夫妇、陈西禾、傅雷、宋淇等，经常在生活书店或傅雷家相会，谈论国际国内战争形势和前景。我们同自愿参加"大东亚共荣圈"的作家、文化人泾渭分明，不相往来。

有一天，我和钱锺书得到通知，去开一个不记得的什么会。到会后，邻座不远的陈西禾非常紧张地跑来说："到会的都得签名。"锺书说："不签，就是不签！"我说："签名得我们一笔一画写，我们不签，看他们怎么办。"我们三人约齐了一同出门，把手插在大衣口袋里扬长而去，谁也没把我们怎么样。

到"文化大革命"，支撑我驱散恐惧，度过忧患痛苦的，仍是对文化的信仰，使我得以面对焚书坑儒悲剧的不时发生，忍受抄家、批斗、羞辱、剃阴阳头……种种对精神和身体的折磨。我绝对不相信，我们传承几千年的宝贵文化会被暴力全部摧毁于一旦，我们这个曾创造如此灿烂文化的优秀民族，会泯灭人性，就此沉沦。

我从自己卑微屈辱的"牛鬼"境遇出发，对外小心观察，细细体味，一句小声的问候，一个善意的"鬼脸"，同情的眼神，宽松的管教，委婉的措辞，含蓄的批语，都是信号。我惊喜地发现：人性并未泯灭，乌云镶着金边。许多革命群众，甚至管教人员，虽然随着指挥棒也对我们这些"牛鬼蛇神"挥拳怒吼，实际不过是一群披着狼皮的羊。我于是更加确信，灾难性的"文革"时间再长，也必以失败告终，这个被颠倒了的世界定会重新颠倒过来。

（选自杨绛《杂忆与杂写：1992—2013》，生活·读书·新知三联书店 2015 年版）

【阅读指要】

杨绛先生百岁之际只接受过《文汇报》专访，有《坐在人生的边上——杨绛先生百岁答问》（刊于 2011 年 7 月 8 日文汇报笔会）。在这个"百岁答问"中，杨先生回答了与教育、婚姻、苦难等有关的问题，彰显了深沉的百岁生命体验。在杨绛看来，好的教育在于启发人的学习兴趣和学习的自觉性，培养人的上进心。与言传相比，她更重视身教。并重视价值观的引导，不能受不良社会风气污染；在婚姻问题上，杨绛认为男女结合最重要的是感情，理解深才能两情相悦，门当户对及其他并不重要；面对艰难忧患要肯吃苦，要充满向上之气，这种向上之气来源于对文化的信仰和美好人性的信赖。

【课后练习】

1. 杨绛认为"好的教育"是什么？你是怎么看的？
2. 杨绛认为男女结合最重要的是感情，门当户对及其他并不重要，你认为呢？
3. 杨绛是如何度过生活中的艰难忧患的？

我为什么要写作

王小波

【作者简介】

王小波(1952—1997)(见图 2-17),生于北京,先后当过知青、工人,1978 年考入中国人民大学,1984 年赴美求学,1988 年回国,先后任教于北京大学、中国人民大学。1992 年辞职为自由撰稿人,1997 年因心脏病突发去世。王小波始终以一个"观察家"的姿态关注社会普通民众面临的问题,在他的作品中经常可以看到普通人琐碎的故事,但故事背后却饱含了他对生活和生命的独特理解。语言朴实无华而不乏幽默感。王小波的代表作品有小说《黄金时代》《白银时代》《青铜时代》等,散文集《沉默的大多数》《我的精神家园》等和电影剧本《东宫西宫》等。

图 2-17 王小波

【原文】

有人问一位登山家为什么要去登山——谁都知道登山这件事既危险,又没什么实际的好处,他回答道:"因为那座山峰在那里。"我喜欢这个答案,因为里面包含着幽默感——明明是自己想要登山,偏说是山在那里使他心里痒痒。除此之外,我还喜欢这位登山家干的事,没来由地往悬崖上爬。它会导致肌肉疼痛,还要冒摔出脑子的危险,所以一般人尽量避免爬山。用热力学的角度来看,这是个反熵①的现象,所以趋害避利肯定反熵。

现在把登山和写作相提并论,势必要招致反对。这是因为最近十年来中国有过小说热、诗歌热、文化热,无论哪一种热都会导致大量的人投身写作,别人常把我看成此类人士中的一个,并且告诫我说,现在都是什么年月了,你还写小说(言下之意是眼下是经商热,我该下海去经商了)?但是我的情形不一样。前三种热发生时,我正在美国念书,丝毫没有受到感染。我们家的家训是不准孩子学文科,一律去学理工。因为这些缘故,立志写作在我身上是个不折不扣的反熵过程。我到现在也弄不明白自己为什么要干这件事,除了它是个反熵过程这一点。

有关我立志写作是个反熵过程,还有进一步解释的必要。写作是个笼统的字眼,还要看写什么东西。写畅销小说、爱情小诗等等热门东西,应该列入熵增过程之列。我写的东

---

①反熵:熵的概念是由德国物理学家克劳修斯于 1865 年提出的。反熵是热力学中的一个术语,这个词的意思简而言之就是说投入的多但释放出来的能量少。王小波不止一次地提起这个词,也就是"费力不讨好"的现象在物理学中表现的一种形式,王小波用反熵这个词来形容自己的写作行为。

西一点不热门,不但挣不了钱,有时还要倒贴一些。严肃作家的"严肃"二字,就该做如此理解。据我所知,这世界上有名的严肃作家,大多是凑合也算不上。这样说明了以后,大家都能明白我确实在一个反熵过程中。

我父亲不让我们学文科,理由显而易见。在我们成长的时代里,老舍跳了太平湖,胡风关了监狱,王实味被枪毙了。以前还有金圣叹砍脑壳等等实例。当然,他老人家也是屋内饮酒、门外劝水的人,自己也是个文科的教授,但是他坦白地承认自己择术不正,不足为训。我们兄弟姐妹五个就此全学了理工科,只我哥哥例外。考虑到我父母脾气暴躁、吼声如雷,你得说这种选择是个熵增过程。而我哥哥那个例外是这么发生的:七八年考大学时,我哥哥是北京木城涧煤矿最强壮的青年矿工,吼起来比我爸爸音量还要大。无论是动手揍他,还是朝他吼叫,我爸爸自己都挺不好意思,所以就任凭他去学了哲学:在逻辑学界的泰斗沈有鼎先生的门下当了研究生。考虑到符号逻辑是个极专门的学科(这是从外行人看不懂的逻辑文章来说),它和理工科差不太多的。从以上的叙述,你可以弄明白我父亲的意思。他希望我们每个人都学一种外行人弄不懂而又是有功世道的专业,平平安安地度过一生。我父亲一生坎坷,他又最爱我们,这样的安排在他看来最自然不过。

我自己的情形是这样的:从小到大,身体不算强壮,吼起来音量也不够大,所以一直本分为人。尽管如此,我身上总有一股要写小说的危险情绪。插队的时候,我遇上一个很坏的家伙(他还是我们的领导,属于在我国这个社会里少数坏干部之列),我就编了一个故事,描写他从尾骨开始一寸寸变成了一条驴,并且把它写出来,以泄心头之愤。后来读了一些书,我发现卡夫卡也写了个类似的故事,搞得我很不好意思。还有一个故事,女主人公长了蝙蝠的翅膀,并且头发是绿色的,生活在水下。这些二十岁前的作品我都烧掉了。在此一提是要说明这种危险倾向的由来。后来我一直抑制着这种倾向,念完了本科,到美国去留学。我哥哥也念完了硕士,也到美国去留学。我在那边又开始写小说,这种危险的倾向再也不能抑制了。

在美国时,我父亲去世了。回想他让我们读理科的事,觉得和美国发生的事不是一个逻辑。这让我想起了苏联元帅图哈切夫斯基对大音乐家萧斯塔科奇说的话来:"我小的时候,很有音乐天才。只可惜我父亲没钱给我买把小提琴!假如有了那把小提琴,我现在就坐在你的乐池里。"这段话乍看不明其意,需要我提示一句:这次对话发生在苏联的三十年代,说完了没多久,图元帅就一命呜呼。那年头专毙元帅将军,不大毙小提琴手。文化革命里跳楼上吊的却是文人居多。我父亲在世时,一心一意地要给我们每人都弄把小提琴。这把小提琴就是理工农医任一门,只有文科不在其内,这和美国发生的事不一样,但是结论还是同一个——我该去干点别的,不该写小说。

有关美国的一切,可以用一句话来描述:"Americans business is business",这句话的意思就是说,那个国家永远是在经商热中,而且永远是一千度的白热。所以你要是看了前文之后以为那里有某种气氛会有助于人立志写作就错了。连我哥哥到了那里都后悔了,觉得不该学逻辑，应当学商科或者计算机。虽然他依旧无限仰慕罗素先生的为人，并且竭其心力证明了一项几十年未证出的逻辑定理，但是看到有钱人豪华的住房，也免不了唠叨几句他对妻儿的责任。

在美国有很强大的力是促使人去挣钱，比方说洋房，有些只有一片小草坪，有的有几百亩草坪，有的有几千亩草坪，所以仅就住房一项，就能产生无穷无尽的挣钱的动力。再比方说汽车，有无穷的档次和价格。你要是真有钱，可以考虑把肯尼迪遇刺时坐的汽车买来坐。还有人买下了苏联的战斗机，驾着飞上天。在那个社会里，没有人受得了自己的孩子对同伴说：我爸爸穷。我要是有孩子，现在也准在那里挣钱。而写书在那里也不是个挣钱的行当，不信你到美国书店里看看，各种各样的书涨了架子，和超级市场里陈列的卫生纸一样多——假如有人出售苦心积虑一页页写出的卫生纸，肯定不是好行当。除此之外，还有好多人的书没有上架，窝在他自己的家里。我没有孩子，也不准备要。作为中国人，我是个极少见的现象。但是人有一张脸，树有一张皮，别人都有钱挣，自己却在干可疑的勾当，脸面上也过不去。

在美国时，有一次和一位华人教授聊天，他说他女儿很有出息，放着哈佛大学人类学系奖学金不要，自费去念一般的大学的 law school（编者注：法学院），如此反潮流，真不愧是书香门第。其实这是舍小利而趋大利，受小害而避大害。不信你去问问律师挣多少钱，人类学家又挣多少钱。和我聊天的这位教授是个大学问家，特立独行之辈。一谈到了儿女，好像也不大特立独行了。

说完了美国、苏联，就该谈谈自己。到现在为止，我写了八年小说，也出了几本书，但是大家没怎么看到。除此之外，我还常收到谩骂性的退稿信，这时我总善意地想：写信的人准是领导那里挨了骂，找我撒气。提起王小波，大家准会想到宋朝的四川拉杆子的那一位，想不起我身上。我还在反熵过程中。顺便说一句，人类的存在，文明的发展就是个反熵过程，但是这是说人类。具体说到自己，我的行为依旧无法解释。再顺便说一句，处于反熵过程中，绝不止是我一个人。在美国，我遇上过支起摊来卖托洛斯基、格瓦拉、毛主席等人的书的家伙，我要和他说话，他先问我怕不怕联邦调查局——别的例子还很多。在这些人身上，你就看不到水往低处流、苹果掉下地、狼把兔子吃掉的宏大的过程，看到的现象，相当于水往山上流，苹果飞上天，兔子吃掉狼。我还可以说，光有熵增现象不成。举例言之，大家都顺着一个自然的方向往下溜，最后准会在个低洼的地方汇齐，挤在一起像粪缸里的蛆。但是这也不能解释我的行为。我的行为是不能解释的，假如你把熵增现象看成金科玉律的话。

当然，如果硬要我用一句话直截了当地回答这个问题，那就是：我相信我自己有文学才能，我应该做这件事。但是这句话正如一个嫌疑犯说自己没杀人一样不可信。所以信不信由你吧。

(选自王小波著《时代三部曲·黄金时代(序言)》，花城出版社1997年版)

【阅读指要】

　　王小波被称为"文坛外高手"，因其作品天马行空、特立独行、自成一格。他耗尽心力完成的小说《时代三部曲》，荒诞不经，奇特无比，以致历尽艰辛才得以出版。本文即《时代三部曲》的序言，王小波用他一贯的插科打诨、讲故事的方式，讲他写作道路上的重重阻隔，讲父亲的决定、哥哥的反抗、自己的顺从，亲昵的语气、戏谑的文字掩饰了沉重的历史内容。全文写来举重若轻，开篇以山在那里比喻写作对他的强大吸引力，结尾宣示自信有才能完成这个沉迷的过程。文中多个故事侧写反衬，写作对于他，是无论如何也不能打消的热望，是知其不可为而为之的尝试，是他的本性、理想、天赋的共同体现。

【课后练习】

1. 作者想借登山家登山的故事说明什么？
2. 你认为作家会因什么理由而写作？
3. 作者认为自己的写作行为是反熵现象，对此你如何理解？

讲故事的人（节选）

莫言

【作者简介】

莫言（1955—）（见图 2-18），原名管谟业，出生于山东高密，是第一个获得诺贝尔文学奖的中国籍作家。他从 20 世纪 80 年代初开始发表作品，1984 年因《透明的红萝卜》而一举成名，1986 年发表的《红高粱》成为他最著名的代表作，入选"20 世纪中文小说 100 强"。莫言凭借《蛙》，2011 年荣获茅盾文学奖，2012 年荣获诺贝尔文学奖，获奖理由是："通过魔幻现实主义将民间故事、历史与当代社会融合在一起。"莫言以系列乡土作品崛起，其作品中充满着"怀乡"以及"怨乡"的复杂情感，构建了他的文学故乡——"高密东北乡"，因此，他被归类为"寻根文学"作家。在莫言的小说中，有着深刻的西方现代主义文学的影响，充满着与生俱来的叛逆精神和天马行空的想象

图 2-18　莫言

力，从民间撷取的粗鄙语言与独白式的高雅语言相混杂，风格独特。代表作还有《丰乳肥臀》《生死疲劳》等。

【原文】

我母亲生于一九二二年，卒于一九九四年。她的骨灰，埋葬在村庄东边的桃园里。去年，一条铁路要从那儿穿过，我们不得不将她的坟墓迁移到距离村子更远的地方。掘开坟墓后，我们看到，棺木已经腐朽，母亲的骨殖，已经与泥土混为一体。我们只好象征性地挖起一些泥土，移到新的墓穴里。也就是从那一时刻起，我感到，我的母亲是大地的一部分，我站在大地上的诉说，就是对母亲的诉说。

我母亲不识字，但对识字的人十分敬重。我们家生活困难，经常吃了上顿没下顿。但只要我对她提出买书买文具的要求，她总是会满足我。她是个勤劳的人，讨厌懒惰的孩子，但只要是我因为看书耽误了干活，她从来没批评过我。

有一段时间，集市上来了一个说书人。我偷偷地跑去听书，忘记了她分配给我的活儿。为此，母亲批评了我，晚上当她就着一盏小油灯为家人赶制棉衣时，我忍不住把白天从说书人听来的故事复述给她听，起初她有些不耐烦，因为在她心目中，说书人都是油嘴滑舌、不务正业的人，从他们嘴里冒不出好话来。但我复述的故事渐渐地吸引了她，以后每逢集日，她便不再给我排活，默许我去集上听书。为了报答母亲的恩情，也为了向她炫

耀我的记忆力，我会把白天听到的故事，绘声绘色地讲给她听。

很快地，我就不满足复述说书人讲的故事了，我在复述的过程中不断地添油加醋，我会投我母亲所好，编造一些情节，有时候甚至改变故事的结局。我的听众也不仅仅是我的母亲，连我的姊姊、我的婶婶、我的奶奶都成为我的听众。我母亲在听完我的故事后，有时会忧心忡忡地，像是对我说，又像是自言自语："儿啊，你长大后会成为一个什么人呢？难道要靠耍贫嘴吃饭吗？"

我理解母亲的担忧，因为在村子里，一个贫嘴的孩子，是招人厌烦的，有时候还会给自己和家庭带来麻烦。我在小说《牛》里所写的那个因为话多被村子里厌恶的孩子，就有我童年时的影子。我母亲经常提醒我少说话，她希望我能做一个沉默寡言、安稳大方的孩子。但在我身上，却显露出极强的说话能力和极大的说话欲望，这无疑是极大的危险，但我说故事的能力，又带给了她愉悦，这使她陷入深深的矛盾之中。

俗话说："江山易改、本性难移"，尽管我有父母亲的谆谆教导，但我并没有改掉喜欢说话的天性，这使得我的名字"莫言"，很像是对自己的讽刺。

我小学未毕业即辍学，因为年幼体弱，干不了重活，只好到荒草滩上去放牧牛羊。当我牵着牛羊从学校门前路过，看到昔日的同学在校园里打打闹闹，我心中充满悲凉，深深地体会到一个人，哪怕是一个孩子，离开群体后的痛苦。

有时候我会蹲在牛的身旁，看着湛蓝的牛眼和牛眼中的我的倒影。有时候我会模仿着鸟儿的叫声，试图与天上的鸟儿对话，有时候我会对一棵树诉说心声。但鸟儿不理我，树也不理我。许多年后，当我成为一个小说家，当年的许多幻想，都被我写进了小说。很多人夸我想象力丰富，有一些文学爱好者，希望我能告诉他们培养想象力的秘诀，对此，我只能报以苦笑。

就像中国的先贤老子所说的那样："福兮祸之所伏，祸兮福之所倚。"我童年辍学，饱受饥饿、孤独、无书可读之苦，但我因此也像我们的前辈作家沈从文那样，及早地开始阅读社会人生这本大书。前面所提到的到集市上去听说书人说书，仅仅是这本大书中的一页。

辍学之后，我混迹于成人之中，开始了"用耳朵阅读"的漫长生涯。两百多年前，我的故乡曾出了一个讲故事的伟大天才——蒲松龄，我们村里的许多人，包括我，都是他的传人。我在集体劳动的田间地头，在生产队的牛棚马厩，在我爷爷奶奶的热炕头上，甚至在摇摇晃晃地进行着的牛车上，聆听了许许多多神鬼故事、历史传奇、逸闻趣事，这些故事都与当地的自然环境、家庭历史紧密联系在一起，使我产生了强烈的现实感。

我做梦也想不到有朝一日这些东西会成为我的写作素材，我当时只是一个迷恋故事的孩子，醉心地聆听着人们的讲述。那时我是一个绝对的有神论者，我相信万物都有灵性，我见到一棵大树会肃然起敬。我看到一只鸟，会感到它随时会变化成人，遇到一个陌生人，也会怀疑他是一个动物变化而成。每当夜晚，我从生产队的记工房回家时，无边的恐惧便包围了我。为了壮胆，我一边奔跑一边大声歌唱。那时我正处在变声期，嗓音嘶哑，声调难听，我的歌唱，是对我的乡亲们的一种折磨。

我获得诺贝尔文学奖后，引发了一些争议。起初，我还以为大家争议的对象是我，渐渐地，我感到这个被争议的对象，是一个与我毫不相关的人。我如同一个看戏人，看着众人的表演。我看到那个得奖人身上落满了花朵，也被掷了石块、泼了污水。我生怕他被打垮，但他微笑着从花朵和石块中钻出来，擦干净身上的脏水，坦然地站在一边，对着众人说："对一个作家来说，最好的说话方式是写作。"我该说的话都写进了我的作品里。用嘴说出的话随风而散，用笔写出的话永不磨灭。我希望你们能耐心地读一下我的书，当然，我没有资格强迫你们读我的书。即便你们读了我的书，我也不期望你们能改变对我的看法，世界上还没有一个作家，能让所有的读者都喜欢他。在当今这样的时代里，更是如此。

我是一个讲故事的人，我还是要给你们讲故事。

二十世纪六十年代，学校里组织我们去参观一个苦难展览，我们在老师的引领下放声大哭，为了能让老师看到我的表现，我舍不得擦去脸上的泪水，我看到有几位同学悄悄地将唾沫抹到脸上冒充泪水，我还看到在一片真哭假哭的同学之间，有一位同学，脸上没有一滴泪，嘴巴里没有一点声音，也没有用手掩面，他睁着眼看着我们，眼睛里流露出惊讶或者是困惑的神情。事后，我向老师报告了这位同学的行为。为此，学校给了这位同学一个警告处分。多年之后，当我因自己的告密向老师忏悔时，老师说，那天来找他说这件事的，有十几个同学。这位同学十几年前就已去世，每当想起他，我就深感歉疚，这件事让我悟到一个道理，那就是：当众人都哭时，应该允许有的人不哭，当哭成为一种表演时，更应该允许有的人不哭。

我再讲一个故事：三十多年前，我还在部队工作，有一天晚上，我在办公室看书，有一位老长官推门进来，看了一眼我对面的位置，自言自语道："噢，没有人？"我随即站起来，高声说："难道说我不是人吗？"那位老长官被我顶得面红耳赤，尴尬而退，为此事，我扬扬得意了许久，以为自己是个英勇的斗士，但事过多年后，我却为此深感内疚。

请允许我讲最后一个故事，这是许多年前我爷爷讲给我听过的：有八个外出打工的泥瓦匠，为避一场暴风雨，躲进了一座破庙，外边的雷声一阵紧似一阵，一个个的火球，在庙门外滚来滚去，空中似乎还有吱吱的龙叫声，众人都胆战心惊，面如土色，有一个人说："我们八个人中，必定一个人干过伤天害理的坏事，谁干过坏事，就自己走出庙接受惩罚吧，免得让好人受到牵连。"自然没有人愿意出去，又有人提议道："既然大家都不想出去，那我们就将自己的草帽往外抛吧，谁的草帽被刮出庙门，就说明谁干了坏事，那就请他出去接受惩罚。"于是大家就将自己的草帽往庙门外抛，七个人的草帽被刮回了庙内，只有一个人的草帽被卷了出去，大家就催这个人出去受罚，他自然不愿出去，众人便将他抬起来扔出了庙门，故事的结局我估计大家都猜到了，那个人刚被扔出庙门，那座破庙轰然坍塌。

我是一个讲故事的人。

因为讲故事我获得了诺贝尔文学奖。

我获奖后发生了很多精彩的故事，这些故事，让我坚信真理和正义是存在的。

（选自刘莉娟编《震撼世界的声音：听诺贝尔奖得主演讲学英语》，中国纺织出版社2015年版）

【阅读指要】

《讲故事的人》是莫言在2012年瑞典学院诺贝尔文学颁奖典礼上的演讲词，有所删节。莫言的演讲主要讲述了他成长为一个作家的过程以及如何用作家的眼光来看待这个世界。他之所以能成为作家，首先得益于母爱的无私包容，得益于说书人给予的养分，得益于孤独苦难生活的锤炼。他认为一个作家，最好的说话方式就是写作，此外都是多余的。一个作家要坚信真理和正义的存在，坚持对社会的批判。结尾讲述了三个荒诞的故事，就是对于非理性的、不尊重人性的东西的批判。呼唤民主与自由，呼唤真理与正义，这是作家对使命的坚守。

【课后练习】

1. 你如何理解演讲中的"母亲"？
2. 作者在结尾用三个看似互相游离的故事形成了对某种观点的隐喻，这个观点是什么？你是如何理解的？

我的世界观

爱因斯坦

【作者简介】

阿尔伯特·爱因斯坦(1879—1955)(见图2-19),生于德国乌尔姆市,当代最伟大的物理学家之一。1900年毕业于苏黎世工业大学,加入瑞士籍。1913年返回德国,任柏林大学教授。1921年获得诺贝尔物理学奖。1933年希特勒上台后,他因其犹太人身份受到迫害,赴美任普林斯顿高级研究所教授。1940年加入美国籍。他所创立的相对论和所揭示的辐射的粒子性,随后被发展到微观客体的波粒二象性,奠定了现代物理学的理论基础,对唯物论的哲学发展也具有重大意义。爱因斯坦的伟大之处不仅在于他杰出的科学成就,还在于他宽广的胸襟和崇高的人格。热爱真理,追求正义,深切关怀社会进步,是他无穷探索、一生奋斗的精神动力。除科学研究外,他还留下许多对政治、社会、人生的感悟的文字,同样给世人以巨大而深刻的影响。有《爱因斯坦文集》传世。

图2-19 爱因斯坦

【原文】

我们这些总有一死的人的命运是多么奇特呀!我们每个人在这个世界上都只作一个短暂的逗留;目的何在,却无所知,尽管有时自以为对此若有所感。但是,不必深思,只要从日常生活就可以明白:人是为别人而生存的——首先是为那样一些人,他们的喜悦和健康关系着我们自己的全部幸福;然后是为许多我们所不认识的人,他们的命运通过同情的纽带同我们密切结合在一起。我每天上百次地提醒自己:我的精神生活和物质生活都依靠别人(包括活着的人和死去的人)的劳动,我必须尽力以同样的分量来报偿我所领受了的和至今还在领受的东西。我强烈地向往着简朴的生活,我认为阶级的区分是不合理的,它最后所凭借的是以暴力为根据。我也相信,简单淳朴的生活,无论在身体上还是在精神上,对每个人都是有益的。

我完全不相信人类会有那种在哲学意义上的自由。每一个人的行为,不仅受着外界的强迫,而且还要适应内心的必然。叔本华(Schopenhauer)说:"人能够做他想做的,但不能要他所想要的。"这句话从我青年时代起,就对我是一个非常真实的启示;在自己和别人生活面临困难的时候,它总是使我得到安慰,并且永远是宽容的源泉。这种体会可以宽大为怀地减轻那种容易使人气馁的责任感,也可以防止我们过于严肃地对待自己和别人;它还导致一种特别给幽默以应有地位的人生观。

要追究一个人自己或一切生物生存的意义或目的,从客观的观点看来,我总觉得是愚蠢可笑的。可是每个人都有一定的理想,这种理想决定着他的努力和判断的方向。就在这个意义上,我从来不把安逸和快乐看作是生活目的本身——这种伦理基础,我叫他猪栏的理想。照亮我的道路,并且不断地给我新的勇气去愉快地正视生活的理想,是善、美和真。要是没有志同道合者之间的亲切感情,要不是全神贯注于客观世界——那个在科学与艺术工作领域永远达不到的对象,那么在我看来,生活就会是空虚的。人们所努力追求的庸俗的目标——财产、虚荣、奢侈的生活——我总觉得都是可鄙的。

我对社会正义和社会责任的强烈感觉,同我显然地对别人和社会直接接触的冷漠,两者总是形成古怪的对照。我实在是一个"孤独的旅客",我未曾全心全意地属于我的国家、我的家庭、我的朋友,甚至我最接近的亲人;在所有这些关系面前,我总是感觉到有一定距离并且需要保持孤独——而这种感受正与年俱增。人们会清楚地发觉,同别人的相互了解和协调一致是有限度的,但这不足惋惜。这样的人无疑有点失去他的天真无邪和无忧无虑的心境;但另一方面,他却能够在很大程度上不为别人的意见、习惯和判断所左右,并且能够不受诱惑要去把他的内心平衡建立在这样一些不可靠的基础之上。

我的政治理想是民主,让每一个人都作为个人而受到尊重,而不让任何人成为崇拜的偶像。我自己受到了人们过分的赞扬和尊敬,这不是由于我自己的过错,也不是由于我自己的功劳,而实在是一种命运的嘲弄。其原因大概在于人们有一种愿望,想理解我以自己的微薄绵力通过不断的斗争所获得的少数几个观念,而这种愿望有很多人却未能实现。我完全明白,一个组织要实现它的目的,就必须有一个人去思考,去指挥,并且全面担负起责任来。但是被领导的人不应该受到强迫,他们必须有可能来选择自己的领袖。在我看来,强迫的专制制度很快就会腐化堕落。因为暴力所招引来的总是一些品德低劣的人,而且我相信,天才的暴君总是由无赖来继承,这是一条千古不易的规律。就是这个缘故,我总是强烈地反对今天我们在意大利和俄国所见到的那种制度。① 像欧洲今天所存在的情况,使得民主形式受到了怀疑,这不能归咎于民主原则本身,而是由于政府的不稳定和选举中与个人无关的特征。我相信美国在这方面已经找到了正确的道路。他们选出一个任期足够长的总统,他有充分的权力来真正履行他的职责。另一方面在德国的政治制度中②,我所重视的是,它为救济患病或贫困的人作出了比较广泛的规定。在人生的丰富多彩的表演

---

①第二次世界大战期间,爱因斯坦承认他在战前很长一段时期受了反苏宣传的影响,以后他对这个问题的看法有一些改变。参见他1942年10月25日在美国"犹太人支援俄国战争公会"一次宴会上的演讲和1950年3月16日给美国反共"理论家"胡克的一封信。

②指1918年第一次世界大战结束时建立,1933年被希特勒推翻的"魏玛(Weimar)共和国"。本文最初发表时用的不是"德国的政治制度",而是"我们的政治制度"。

中，我觉得真正可贵的，不是政治上的国家，而是有创造性的、有感情的个人，是人格；只有个人才能创造出高尚的和卓越的东西，而群众本身在思想上总是迟钝的，在感觉上也是迟钝的。①

讲到这里，我想起了群众生活中最坏的一种表现，那就是使我所厌恶的军事制度。一个人能够扬扬得意地随着军乐队在四列纵队里行进，单凭这一点就足以使我对他轻视。他所以长了一个大脑，只是出于误会；单单一根脊髓就可以满足他的全部需要了。文明国家的这种罪恶渊薮应当尽快加以消灭。由命令而产生的勇敢行为，毫无意义的暴行，以及在爱国主义名义下一切可恶的胡闹，所有这些都使我深恶痛绝！在我看来，战争是多么卑鄙、下流！我宁愿被千刀万剐，也不愿参与这种可憎的勾当。② 尽管如此，我对人类的评价还是十分高的，我相信，要是人民的健康感情没有被那些通过学校和报纸而起作用的商业利益和政治利益加以有计划的破坏，那么战争这个妖魔早就该绝迹了。

我们所能有的最美好的经验是奥秘的经验。它是坚守在真正艺术和真正科学发源地上的基本感情。谁要是体验不到它，谁要是不再有好奇心也不再有惊讶的感觉，他就无异于行尸走肉，他的眼睛是迷糊不清的。就是这种奥秘的经验——虽然掺杂着恐怖——产生了宗教。我们认识到某种为我们所不能洞察的东西存在，感觉到那种只能以其最原始的形式为我们所感受到的最深奥的理性和最灿烂的美——正是这种认识和这种情感构成了真正的宗教感情；在这个意义上，而且也只是在这个意义上，我才是一个具有深挚宗教感情的人。我无法想象一个会对自己的创造物加以赏罚的上帝，也无法想象它会有像在我们自己身上所体验到的那样一种意志。我不能也不愿去想象一个人在肉体死亡以后还会继续活着；让那些脆弱的灵魂，由于恐惧或者由于可笑的唯我论，去拿这种思想当宝贝吧！我自己只求满足于生命永恒的奥秘，满足于觉察现存世界的神奇的结构，窥见它的一鳞半爪，并且以诚挚的努力去领悟在自然界中显示出来的那个理性的一部分，即使只是其极小的一部分，我也就心满意足了。

(选自赵中立、许良英编译《纪念爱因斯坦译文集》，上海科学技术出版社 1979 年版)

【阅读指要】

爱因斯坦是一位非常富有哲学探索精神和高度社会责任感的伟大科学家。他认为人是为别人而生存的，不应该把安逸和享乐看作生活的目的，追求真、善、美才是生活的理想。他的政治理想是追求民主，反对专制、暴力和战争。爱因斯坦有很深的宗教感情，他将宗教感情转化为对奥秘的探索体验，这种体验如同对科学和艺术的体验一样给人带来惊奇和惊喜，人如果失去了这种体验，就是行尸走肉。另外，爱因斯坦承认自己是个"孤独

---

① 爱因斯坦由于目睹了德国军国主义的泛滥和法西斯瘟疫的蔓延，对群众和群众运动产生了非常错误的看法，这种错误看法也常在别的文章中流露出来。

② 1933 年 7 月以后，爱因斯坦改变了这种绝对的反战态度，积极号召反法西斯力量武装起来，以打击法西斯的武装侵略。参见 1933 年 7 月 20 日给 A·纳翁的信。

的旅客",与他人相处总是有限度的,但这恰恰可以让他不为别人所左右而保持内心的平衡。

【课后练习】

1. 爱因斯坦认为"人是为别人而生存的",其内涵是什么?你如何看待此观点?

2. 爱因斯坦是一名"孤独的旅客",却因有着独立的判断而做出了巨大的科学贡献;那些很容易从众和随俗的人,更容易走向平庸。你如何看待这种悖论?

失败的额外收益与想象力的重要性

J·K·罗琳

【作者简介】

J·K·罗琳(1965—)(见图2-20),英国女作家,创作了风靡全球的"哈利·波特"系列丛书。她从小喜欢写作,6岁就写了一篇跟兔子有关的故事,自此以后创作的动力与愿望就没有离开过她。罗琳热爱英国文学,大学主修的是法语。她曾当过短时间的教师和秘书,经历短暂的婚姻后离异,带着女儿靠微薄的失业救济金生活,曾一度到咖啡馆里写作。

【原文】

在今天这个愉快的日子,我们聚在一起庆祝你们学习上的成

图2-20 J·K·罗琳

功时,我决定和你们谈谈失败的收益。另外,当你们如今处于"现实生活"的入口处时,我想向你们颂扬想象力的重要性。

我曾确信我自己唯一想做的事情是写小说。但是我的父母都来自贫穷的家庭,都没有上过大学,他们认为我的异常活跃的想象力只是滑稽的个人怪癖,并不能用来抵押房产,或者确保得到退休金。

他们希望我再去读个专业学位,而我想去攻读英国文学。最后,达成了一个双方都不甚满意的妥协:我改学外语。可是等到父母一走开,我立刻报名学习古典文学。

我忘了自己是怎么把学古典文学的事情告诉父母的了,他们也可能是在我毕业那天才第一次发现。在这个星球上的所有科目中,我想他们很难再发现一门比希腊神学更没用的课程了。

我想顺带着说明,我并没有因为他们的观点而抱怨他们。现在已经不是抱怨父母引导自己走错方向的时候了,如今的你们已经足够大来决定自己前进的路程,责任要靠自己承担。而且,我也不能批评我的父母,他们是希望我能摆脱贫穷。他们以前遭受了贫穷,我也曾经贫穷过,对于他们认为贫穷并不高尚的观点我也坚决同意。贫穷会引起恐惧、压力,有时候甚至是沮丧。这意味着小心眼、卑微和很多艰难困苦。通过自己的努力摆脱贫穷确实是件很值得自豪的事情,但只有傻瓜才对贫穷本身夸夸其谈。

我在你们这个年龄的时候,最害怕的不是贫穷,而是失败。

仅仅在我毕业七年后,我经历了一次巨大的失败。我突然间结束了一段短暂的婚姻,失去了工作。作为一个单身妈妈,而且在这个现代化的英国,除了不是无家可归,你可以说我有多穷就有多穷。我父母对于我的担心,以及我对自己的担心都成了现实,从任何一

个通常的标准来看，这是我知道的最大失败。

现在，我不会站在这里和你们说失败很好玩。我生命的那段时间非常的灰暗，那时我还不知道我的书会被新闻界认为是神话故事的革命，我也不知道这段灰暗的日子要持续多久。那时候的很长一段时间里，任何出现的光芒只是希望而不是现实。

那么我为什么还要谈论失败的收益呢？仅仅是因为失败意味着和非我的脱离，失败后我找到了自我，不再装成另外的形象，我开始把我所有的精力仅仅放在我关心的工作上。如果我在其他方面成功过，我可能就不会具备要求在自己领域内获得成功的决心。我变得自在，因为我已经经历过最大的恐惧。而且我还活着，我有一个值得我自豪的女儿，我有一个陈旧的打字机和很不错的写作灵感。我在失败堆积而成的硬石般的基础上开始重筑我的人生。

你们可能不会经历像我那么大的失败，但生活中面临失败是不可避免的。永远不失败是不可能，除非你活得过于谨慎，这样倒还不如根本就没有在世上生活过，因为你从一开始就失败了。

失败给了我内心的安宁，这种安宁是顺利通过测验考试获得不了的。失败让我认识自己，这些是没法从其他地方学到的。我发现自己有坚强的意志，而且，自我控制能力比自己猜想的还要强，我也发现自己拥有比红宝石更真的朋友。

从挫折中获得的知识越充满智慧、越有力，你在以后的生存中则越安全。除非遭受磨难，你们不会真正认识自己，也没法知道你们之间关系有多铁。这些知识才是真正的礼物，它们比我曾经获得的任何资格证书更为珍贵，因为这些是我经历过痛苦后才获得的。

如果给我一个时间机器，我会告诉二十一岁的自己，个人的幸福建立在自己能够认识到：生活不是拥有的物品与成就的清单。虽然你们会碰到很多和你们一样大或年长的人分不清楚生活与清单的区别，但你们的资格证书、简历，都不能等价于你们的生活。生活是困难的，也是复杂的，它完全超出任何人的控制，谦虚地认识到这些能使你们在生命的沉浮中得以顺利生存。

你们可能认为我选择想象力作为第二个演讲主题是因为它在重筑我人生的过程中起了作用，但这不是全部原因。虽然我会不遗余力地为床边故事的价值做辩护，但我已学会从更广泛的意义来评价想象力的价值。想象力是一种能促使人类预想不存在事物的独特能力，从而成为所有发明和创新的源泉；从想象力或许是最具改革性和启示作用的能力这点讲，它更是一种能使我们同没有分享过他们经历的人产生共鸣的力量。

我最伟大的生活经历之一发生在写《哈利·波特》前，当然我在后来书中写的很多东西与这个经历有关。这个启示来源于我最早期工作之一。我在伦敦的国际特赦组织总部的研究部门工作。在那儿我的狭小的工作室内，我匆忙地读着从各地集权政权内传出来的潦草信件，这些信件是那些冒着进监狱风险而向外传播发生在他们身上惨剧的人偷运出来的。我看到了无影无踪就消失的人的相片，这些相片是家里人或朋友送来的。我读着被酷刑折磨的受害者的证据和他们受伤的照片；我打开手写的目击者对审讯和处决的摘要记录，以及对绑架和强奸的叙述。

在我二十多岁时工作的每一天，我提醒自己我是多么的幸运啊，能生活在一个民主选举产生的政府的国家，在这里合法的陈述和公共审判是每一个人的权利。

我也在国际特赦组织学到了比我以前知道的更多的人类善良的一面。

国际特赦组织动员了数千位没有因为信仰问题而被拷问或入狱的人，让他们来代表那些经历过这些的人行动起来。人类的同情心具有能引导集体行动的力量，这种力量能拯救生命，让囚徒获得自由。在这种活动中，那些拥有受到保护的个人福祉和安全的普通人聚在了一起，来拯救他们不认识，也永远不会见面的人。我在这个过程中小小的参与是我生命中最卑微，也是最令人振奋的经历之一。

人类和在这个星球上的其他生物不同，人类能够在没有自我经历的情况下学习和理解。他们可以设身处地地思他人所思，想他人所想。

但是，许多人根本不喜欢训练他们的想象力：他们宁愿在自己的经验范围内维持舒适的状态，也不愿麻烦地去思考这样的问题：如果他们不是现在的自己，那么应该是什么感觉呢？他们拒绝听到尖叫，拒绝关注囚牢，他们可以对任何与他们自身无关的苦难关上思维与心灵的大门，他们可以拒绝知道这些。

那些选择不去想他人所想的人可能激活真正的恶魔。因为，虽然我们没有亲手犯下那些昭然若揭的恶行，我们却以冷漠的方式和邪恶在串谋。

如果你们选择用你们的地位和影响力来为设法发出声音的人说话；如果你们选择不仅认同有权的强势群体，也认同无权的弱势群体；如果你们保留你们的能力、用来想象那些没有你们这些优势的人的现实生活。那么不仅是你们的家庭为你们的存在而感到自豪，为你们庆祝，而且那些因为你们的帮助而生活得更好的数以千万的人，会一起来为你们庆祝。我们不需要魔法来改变世界，我们已经在我们的内心拥有了足够的力量：那就是把世界想象成更好的力量。

（选自鲁知愚主编《做有出息的孩子·影响你一生的哈佛演讲》，春风文艺出版社 2010 年版）

【阅读指要】

这是 J·K·罗琳在 2008 年哈佛大学毕业典礼上的演讲，有所删节。此演讲有两个主题，一个是失败的价值，另一个是想象力的重要性。在作者看来，失败让人找到自我，找到内心的安宁，从中获得充满智慧和力量的知识，在一个人的生命历程中，比任何资格证书、简历等都重要得多；作者认为，想象力是一种能促使人类预想不存在事物的独特能力，是所有发明和创新的源泉，同时更是一种同没有分享过他们经历的人产生共鸣的力量。她鼓励大学生关注弱势群体，关注他人苦难，具有同情心，具备把世界想象成更好的力量。

【课后练习】

1. 作者是如何看待失败的？对此你如何理解？
2. 作者认为想象力的内涵是什么？谈谈你的看法。

◈ 创意写作二 散文 ◈

散文的写作大致遵循以下过程：

第一，挖掘生活，提炼主题。好的散文要有好的主题，好的主题必须去深广的社会生活中进行挖掘提炼。所谓好的主题，一方面要有感召力，要有浓厚的感情，给读者以思想上的启迪和精神上的陶冶；另一方面，还要有创新意识，要有独到而敏锐的眼光。

第二，布局谋篇，精巧独特。散文形散，因而布局谋篇就显得特别重要。散文的结构要做到精巧独特，在结构形式上有条状结构、块状结构、网格式结构、曲径通幽式结构和兴波式结构等。条状结构是指以时间为线索组织材料，层次之间表现为剥笋式的递进关系；块状结构多截取表面看来互不相干的片段，用一根主线串起来，层次之间是并列关系；网格式结构像一张蛛网，纵横交错，围绕网心向四面八方伸展，思维活跃，不囿于时空的界限，上下五千年，纵横十万里；曲径通幽式结构犹如苏州园林，玲珑精巧，一波一折跌宕起伏，给人柳暗花明的惊奇感；兴波式结构是指在一篇散文里，作者认识的变化、反复和升华激起一波波感情浪花，显示出波澜起伏的旋律，文章因此生动有趣。

第三，写出生活中的情趣。散文的情趣来自作者对生活多方面的真切理解与感受，也来自于作者面对世间万物时的想象力、迥异于常人的奇思妙想和韵味天成的幽默感等。一个优秀的散文作者，要善于使用富于表现力的语言，写出生活中的这些情趣。散文趣味盎然，才能吸引读者。

第四，讲究文采，形成风格。散文是一种讲究文采的文体，在写作过程中，可以运用通感、比喻、夸张等多种修辞手段，或描写，或叙事，或抒情，或议论，句式可长可短，有奇有偶，变化多端，错落有致，最终形成或清丽，或淡泊，或庄重，或诙谐，或激昂，或哀怨等多样化的风格。

◈ 单元知识升华 ◈

散文创作：

根据自己的生活体验，创作散文一篇。内容不限、字数不限。

第三部分

中外小说

◆ 中外小说文体扫描 ◆

　　小说是一种侧重刻画人物形象、叙述故事情节的文学样式。根据篇幅大小，小说可分为长篇小说、中篇小说与短篇小说；根据语言特点，可分为文言小说与白话小说等。小说的基本特征是：深入细致的人物刻画，完整复杂的情节叙述，具体充分的环境描写。

　　小说这一文体在中西方受重视程度很不同，西方强大的叙事文学传统决定小说从16世纪开始就逐渐成为西方的中心文体，并一直延续至今。中国文学从早期的"文""笔"之分为诗歌与散文划出了一块中心领地，小说则一直是边缘的文学形式。直到近代，在西学东渐的形势下，中国知识分子把小说作为进行文艺启蒙的有力武器，自此以后，小说这种文体才在中国逐渐由边缘走向了中心。

　　中西小说有着很大的不同：

　　首先，中国小说的母体是史传，西方小说的母体是神话。中国小说受儒家思想的制约，作品意蕴的底色多由道德哲学、处世哲学、社会政治等因素构成，缺乏系统的哲学基础，少有思辨色彩；西方小说有意识地用各种特定的哲学观点去观察生活、挖掘本质，企图用艺术形象来体现他们抽象思考的哲学结论。

　　其次，从18世纪中叶开始，西方小说多半开始集中描写一个主要人物，个人和环境的关系是西方小说的基石。细节描写成为必须运用的手法，西方小说通过心路历程和心理波澜的细致描绘，凸显人物个性。西方小说家希望他们笔下的人物是独一无二的，因此，书信体小说和自传体小说就成为极其自然的创作形式。与西方小说的这些基本特点不同，中国小说的发展演变的历史背景决定小说要以情节和故事为中心，这样就形成了独特的情节结构、独特的叙事手法和描绘场景的技巧。

　　最后，西方小说追求前后一致的叙事角度，追求完整统一的生活印象，追求与作者叙事心态完全和谐的个人风格，不直接进行说教和插曲闲话。与此相反，中国小说无论在题材、表达方式和文学风格方面，都没有同一性和一致性的创作追求。在同一个作品中，严肃和滑稽、崇高和幽默、尚实和尚虚、白话和文言、雅与俗可能都同时存在。

《世说新语》《搜神记》（选篇）

世说新语（选篇）

【作者简介】

《世说新语》由南朝宋刘义庆组织一批文人编写而成，又名《世说》。依内容可分为"德行""言语""政事""文学""方正"等36类，每类有若干则故事，每则文字长短不一，全书共有1 200多则。其内容主要是记载了东汉后期到晋宋间一些名士的言行与逸事。《世说新语》是中国魏晋南北朝时期笔记小说的代表作，是我国最早的一部文言志人小说集。

【原文】

荀巨伯远看友人疾，值①胡贼②攻郡，友人语巨伯曰："吾今死矣，子可去。"巨伯曰："远来相视，子令吾去，败义以求生，岂荀巨伯所行邪？"贼既至，谓巨伯曰："大军至，一郡尽空，汝何男子，而敢独止？"巨伯曰："友人有疾，不忍委③之，宁以我身代友人命。"贼相谓曰："我辈无义之人，而入有义之国！"遂班军而还，一郡并获全。（德行）

华歆王朗俱乘船避难，有一人欲依附，歆辄难④之。朗曰："幸尚宽，何为不可？"后贼追至，王欲舍所携人。歆曰："本所以疑⑤，正为此耳。既已纳其自托，宁可以急相弃邪？"遂携拯如初。世以此定华、王之优劣。（德行）

孝武将讲《孝经》⑥，谢公兄弟⑦与诸人私庭⑧讲习。车武子⑨难苦问谢，谓袁羊曰："不问则德音有遗，多问则重劳二谢。"袁曰："必无此嫌。"车曰："何以知尔？"袁曰："何尝见明镜疲于屡照，清流惮于惠风⑩？"（言语）

---

①值：恰逢。
②胡贼：古代对北方匈奴人的蔑称。
③委：丢下。
④难：拒斥，不允。
⑤疑：迟疑。
⑥孝武：东晋孝武帝司马曜。《续晋阳秋》："宁康三年九月九日，帝讲《孝经》。仆射谢安侍坐，吏部尚书陆纳、兼侍中卞耽、黄门侍郎谢石、吏部袁宏兼执经，中书郎车胤、丹阳尹王混摘句。"
⑦谢公兄弟：指谢安、谢石。
⑧私庭：私家。
⑨车武子：车胤，字武子。车胤少年时勤奋攻读，博览群书，孜孜不倦。他苦于家贫缺灯油，夏天捕几十只萤火虫，放进练囊里，用萤光照明，夜以继日苦读。
⑩屡照、惠风：此处比喻问难。

王黄门①兄弟三人，俱诣谢公②，子猷、子重③多说俗事，子敬④寒温而已。既出，坐客问谢公："向三贤孰愈？"谢公曰："小者最胜。"客曰："何以知之？"谢公曰："吉人之辞寡，躁人之辞多⑤，推此知之。"（品藻）

王子猷出都⑥，尚在渚下。旧闻桓子野善吹笛，而不相识。遇桓于岸上过，王在船中。客有识之者，云是桓子野。王便令人与相闻，云："闻君善吹笛，试为我一奏。"桓时已贵显，素闻王名，即便回下车，踞胡床，为作三调。弄毕，便上车去。客主不交一言。（任诞）

（选自龚斌校释《世说新语校释》（全三册），上海古籍出版社 2011 年版）

【阅读指要】

《世说新语》通过独特的言谈举止写出了人物的独特性格，气韵生动、活灵活现；语言精练含蓄，隽永传神；善用对照、比喻、夸张等文学技巧，保存了许多脍炙人口的佳言名句。其中不少故事有的成为后世戏曲小说的素材，有的成为后世诗文常用的典故。鲁迅先生称它为"一部名士的教科书"。

搜神记（选篇）

干宝

【作者简介】

干宝，生卒年未详，字令升，祖籍新蔡（今河南省新蔡县），后迁居海宁盐官之灵泉乡，东晋文学家、史学家，被誉为"鬼之董狐"。《搜神记》三十卷，记录古代民间传说中神奇怪异故事。大多篇幅短小，想象奇幻，语言雅致清隽，极富浪漫主义色彩，是后人研究中国古代民间传说及神话不可多得的文献。此书也是我国魏晋志怪小说中成就最高的代表作，后世的许多小说、戏曲都和它有着密切的联系。

【原文】

汉董永，千乘人。少偏孤⑦，与父居。肆力⑧田亩，鹿车⑨载自随。父亡，无以葬，乃自卖为奴，以供丧事。主人知其贤，与钱一万，遣⑩之。

---

① 王黄门：王徽之，字子猷，王羲之第五子，曾任黄门侍郎。
② 谢公：指谢安。
③ 子重：是王操之的字，王羲之第六子。
④ 子敬：是王献之的字，王羲之第七子，子敬最小。
⑤ 吉人之辞寡，躁人之辞多：语出《周易·系辞下》。吉人，善良、贤明的人。躁人，急躁的人。
⑥ 出都：入都。
⑦ 偏孤：年幼时死去了母亲。
⑧ 肆力：尽力，极力。
⑨ 鹿车：古时候一种小车。
⑩ 遣：打发走。

永其行三年丧毕。欲还主人,供其奴职①。道逢一妇人曰:"愿为子妻。"遂与之俱。主人谓永曰:"以钱与君矣。"永曰:"蒙君之惠,父丧收藏。永虽小人,必欲服勤致力,以报厚德。"主曰:"妇人何能?"永曰:"能织。"主曰:"必尔者,但令君妇为我织缣②百匹。"于是永妻为主人家织,十日而毕。女出门,谓永曰:"我,天之织女也。缘③君至孝,天帝令我助君偿债耳。"语毕,凌空而去,不知所在。

(选自干宝撰、汪绍楹校注《搜神记》,中华书局1979年版)

【阅读指要】

  董永的传说最早载于西汉刘向的《孝子传(图)》,此后三国曹植的《灵芝篇》和东晋干宝的《搜神记》也都有相关记载。干宝的记载突出行孝主题,加之天女相助,情节完整,又具有浪漫色彩。这个优美的民间传说,对后来的中国戏曲有了很大的影响,南戏《董永遇仙记》、黄梅戏以及电影《天仙配》等都是在此基础上经艺术加工创作的。

【课后练习】

1. 结合荀巨伯的言行,谈谈友人相处之道。
2. 结合"吉人之辞寡,躁人之辞多",谈谈自己的言辞观。
3. 董永和织女的故事说明了一个什么道理?你是如何理解的?

---

①供其奴职:再去做主人的奴仆。
②缣:细绢。
③缘:因为。

聂 隐 娘

裴铏

【作者简介】

裴铏，生卒年不详，唐末文学家。唐传奇是唐代的文言短篇小说，标志着中国古代短篇小说趋于成熟。唐代小说之所以称为传奇，便是依裴铏的名著《传奇》一书命名的。《传奇》创造了一种通过人物的高超技艺来塑造人物形象、展示人物性格特征的新的表现方式，语言骈散结合。《新唐书·艺文志》记录裴铏著有《传奇》三卷，原书久佚，《传奇》究竟有多少篇今已无可考察。唐传奇对后代小说、戏曲及讲唱文学有着较大的影响。

【原文】

聂隐娘者，唐贞元中魏博①大将聂锋之女也。年方十岁，有尼乞食于锋舍，见隐娘，悦之，云："问押衙乞取此女教。"锋大怒，叱尼。尼曰："任押衙铁柜中盛，亦须偷去矣。"及夜，果失隐娘所向。锋大惊骇，令人搜寻，曾无影响。父母每思之，相对涕泣而已。后五年，尼送隐娘归，告锋曰："教已成矣，子却②领取。"尼欻③亦不见。一家悲喜，问其所学。曰："初但读经念咒，余无他也。"锋不信，恳诘。隐娘曰："真说又恐不信，如何？"锋曰："但真说之。"曰："隐娘初被尼挈，不知行几里。及明，至大石穴之嵌空，数十步寂无居人，猿狖极多，松萝益邃。已有二女，亦各十岁。皆聪明婉丽，不食，能于峭壁上飞走，若捷猱登木，无有蹶失。尼与我药一粒，兼令长执宝剑一口，长二尺许，锋利吹毛，令专逐二女攀缘，渐觉身轻如风。一年后，刺猿狖，百无一失。后刺虎豹，皆决其首而归。三年后，能飞，使刺鹰隼，无不中。剑之刃渐减五寸，飞禽遇之，不知其来也。至四年，留二女守穴，挈我于都市，不知何处也，指其人者，一一数其过，曰：'为我刺其首来，无使知觉，定其胆，若飞鸟之容易也。'受以羊角匕首，刃广三寸，遂白日刺其人于都市，人莫能见。以首入囊，返主人舍，以药化之为水。五年，又曰：'某大僚有罪，无故害人若干，夜可入其室，决其首来。'又携匕首入室，度其门隙，无有障碍，伏之梁上。至瞑，持得其首而归。尼大怒曰：'何太晚如是？'某云：'见前人戏弄一儿，可爱，未忍便下手。'尼叱曰：'已后遇此辈，先断其所爱，然后决之。'某拜谢。尼曰：'吾为汝开脑后，藏匕首而无所伤，用即抽之。'曰：'汝术已成，可归家。'遂送还，云：'后二十年，方可一见。'"锋闻语，甚惧。后遇夜即失踪，及明而返。锋已不敢诘之，因兹亦不甚怜爱。忽值

---

①魏博：唐中叶置魏博节度使，管理今河北省南部及山东省西北部一带。
②却：副词，表继续，相当于"再"。
③欻（xū）：忽然，迅疾。

磨镜①少年及门，女曰："此人可与我为夫。"白父，父不敢不从，遂嫁之。其夫但能淬镜，余无他能。父乃给衣食甚丰，外室而居。数年后，父卒。魏帅稍知其异，遂以金帛署为左右吏，如此又数年。至元和间，魏帅与陈许②节度使刘昌裔不协，使隐娘贼其首。隐娘辞帅之③许，刘能神算，已知其来，召衙将，令"来日早，至城北候一丈夫、一女子，各跨白黑卫④，至门，遇有鹊前噪夫，夫以弓弹之不中，妻夺夫弹，一丸而毙鹊者，揖之，云：'吾欲相见，故远相祗迎也。'"衙将受约束，遇之。隐娘夫妻曰："刘仆射果神人，不然者，何以洞吾也？愿见刘公。"刘劳之。隐娘夫妻拜曰："合负仆射，万死！"刘曰："不然，各亲其主，人之常事。魏今与许何异？愿请留此，勿相疑也。"隐娘谢曰："仆射左右无人，愿舍彼而就此，服公神明也。"知魏帅不及刘。刘问其所须，曰："每日只要钱二百文足矣。"乃依所请。忽不见二卫所之，刘使人寻之，不知所向，后潜搜布囊中，见二纸卫，一黑一白。后月余，白刘曰："彼未知住，必使人继至。今宵请剪发，系之以红绡，送于魏帅枕前，以表不回。"刘听之。至四更，却返，曰："送其信了，后夜必使精精儿⑤来杀某及贼仆射之首，此时亦万计杀之，乞不忧耳。"刘豁达大度，亦无畏色。是夜明烛，半宵之后，果有二幡子，一红一白，飘飘然如相击于床四隅；良久，见一人自空而踣，身首异处。隐娘亦出曰："精精儿已毙。"拽出于堂之下，以药化为水，毛发不存矣。隐娘曰："后夜当使妙手空空儿⑥继至。空空儿之神术，人莫能窥其用，鬼莫得蹑其踪，能从空虚之入冥，善无形而灭影。隐娘之艺，故不能造其境，此即系仆射之福耳。但以于阗玉⑦周其颈，拥以衾，隐娘当化为蠛蠓⑧，潜入仆射肠中听伺，其余无逃避处。"刘如言。至三更，瞑目未熟，果闻项上铿然声甚厉。隐娘自刘口中跃出，贺曰："仆射无患矣！此人如俊鹘⑨，一搏不中，即翻然远逝，耻其不中，才未逾一更，已千里矣。"后视其玉，果有匕首划处，痕逾数分。自此刘转厚礼之。自元和八年刘自许入觐，隐娘不愿从焉，云："自此寻山水，访至人。"但乞一虚给⑩与其夫。刘如约，后渐不知所之。及刘薨于统军，隐娘亦鞭驴而一至京师柩前，恸哭而去。开成年，昌裔子纵，除⑪陵州刺史，至蜀栈道，遇隐娘，貌若当时。甚喜相见。依前跨白卫如故，语纵曰："郎君大灾，不合适此。"出药一粒，令纵吞之，云："来年火急抛官归洛，方脱此祸。吾药力只保一年患耳。"纵亦不甚信，遗其缯彩，隐娘一无所

---

①磨镜：古代用金属造镜，日久镜面容易昏暗，故须常加磨之，方能使明亮照人。
②陈许：二州名，陈州即今河南省淮阳县，许州即今河南省许昌县，唐时均属河南道。
③之：到，去。
④卫：古代驴子的别名。
⑤精精儿：唐代剑侠名，身世不详，或作者虚构，未必实有其人。
⑥妙手空空儿：唐代剑侠名，或作者虚构，未必实有其人。
⑦于阗玉：于阗，古时西域国名，即今新疆维吾尔自治区于田县，所产之玉为玉中上品。
⑧蠛蠓(mièměng)：一种对人体有害的昆虫，俗称"墨蚊""人咬"。
⑨俊鹘：鹘，古书上说的一种鸟。俊鹘即矫健的鹰隼。
⑩虚给：就是空头衔。挂名拿干薪的差使。
⑪除：任命官职。

受，但沉醉而去。后一年，纵不休官，果卒于陵州，自此无复有人见隐娘矣。

（选自裴铏著、周楞伽辑注《裴铏传奇》，上海古籍出版社1980年版）

【阅读指要】

《聂隐娘》出自裴铏短篇小说集《传奇》，通过对隐娘高超技艺的描写塑造了一位具有自由独立精神的正义女侠形象。宋人赵彦卫在《云麓漫钞》中说："盖此等文备众体，可以见史才、诗笔、议论。"所谓"史才"是指借鉴了史传文学的叙事艺术，通过对人物事件（主要指幻设之人物事件）符合现实生活事理逻辑的描绘与刻画所形成的真实感，虽非实有之人事，但却宛若真实。中唐以后暗杀之风盛行，藩镇之间收罗一些具有特殊技能的侠士作为爪牙，相互残杀。这些侠士，或出于个人的恩怨，或取舍于藩镇势力的强弱，实际上充当了藩镇争权夺利的工具。所谓"诗笔"是指语言绚丽多彩，叙事状物委婉细致，抒情性强，创造出一种诗的意境，有着朦胧而渺远的情感流。小说对聂隐娘的学艺过程、白日杀人、杀死精精儿、赶走空空儿的描写让人回味无穷，借用剑侠和道教元素获得一种浪漫主义的效果。所谓"议论"是指故事讲述过程中的主观评论，对故事人物或褒或贬，力图从具体的形象描写中抽象出哲理来，明确表达作者的创作意旨。

【课后练习】

1. 请分析聂隐娘的形象特点。
2. 作者是用哪些方法来塑造聂隐娘这个人物的？

红楼梦(节选)

曹雪芹

【作者简介】

曹雪芹(约 1715 或 1725 前后—1763 或 1764)(见图 3-1),名霑,字梦阮,雪芹是其号,又号芹圃、芹溪,清代伟大的小说家。从曹雪芹的曾祖父曹玺任江宁织造开始,祖孙三代四人担任此职达 60 年之久。雍正初年,由于封建统治阶级内部政治斗争的牵连,曹家遭受一系列打击。曹頫以"行为不端""骚扰驿站"和"亏空"罪名被革职,家产被抄没。曹雪芹随着全家迁回北京居住。曹家从此一蹶不振,日渐衰微。晚年,曹雪芹移居北京西郊以卖画为生,生活更加困窘。1762 年或 1763 年,幼子夭亡。这年除夕,曹雪芹终因贫病无医而逝。今传《红楼梦》120 回本,其中前 80 回的绝大部分出于他的手笔,后 40 回则为高鹗所续。现存最早的版本为甲戌本,残存 16 回,书名为《脂砚斋重评石头记》。

图 3-1 曹雪芹画像

【原文】

却说那林黛玉听见贾政叫了宝玉去了①,一日不回来,心中也替他忧虑。至晚饭后,闻听宝玉来了,心里要找他问问是怎么样了。一步步行来,见宝钗进宝玉的院内去了,自己也便随后走来。刚到了沁芳桥,只见各色水禽都在池中浴水,也认不出名色来,但见一个个文彩炫耀,好看异常,因而站住看了一会,再往怡红院来。只见院门关着,黛玉便以手扣门。谁知晴雯和碧痕正拌了嘴,没好气,忽见宝钗来了,那晴雯正把气移在宝钗身上,正在院内抱怨说:"有事没事跑了来坐着,叫我们三更半夜的不得睡觉!"忽听又有人叫门,晴雯越发动了气,也并不问是谁,便说道:"都睡下了,明儿再来罢!"林黛玉素知丫头们的情性,他们彼此顽耍惯了,恐怕院内的丫头没听真是他的声音,只当是别的丫头们来了,所以不开门,因而又高声说道:"是我,还不开么?"晴雯偏生还没听出来,便使性子说道:"凭你是谁,二爷吩咐的,一概不许放人进来呢。"林黛玉听了,不觉气怔在门外。待要高声问他,逗起气来,自己又回思一番:"虽说是舅母家如同自己家一样,到底是客边。如今父母双亡,无依无靠,现在他家依栖。如今认真淘气,也觉没趣。"一面想,一面又滚下泪珠来。正是回去不是,站着不是。正没主意,只听里面一阵笑语之声,细听

---

① 其实是被薛蟠以贾政的名义骗去喝酒了。

一听，竟是宝玉、宝钗二人。林黛玉心中益发动了气。左思右想，忽然想起了早起的事来："必竟是宝玉恼我要告他的原故。——"但只我何尝告你了。你也打听打听，就恼我到这步田地。你今儿不叫我进来，难道明儿就不见面了！"越想越伤感起来，也不顾苍苔露冷，花径风寒，独立墙角边花阴之下，悲悲戚戚，呜咽起来。

……

话说林黛玉正自悲泣，忽听院门响处，只见宝钗出来了，宝玉袭人一群人送了出来。待要上去问着宝玉，又恐当着众人问羞了宝玉不便，因而闪过一旁，让宝钗去了，宝玉等进去关了门，方转过来，犹望着门洒了几点泪。自觉无味，方转身回来，无精打彩的卸了残妆。紫鹃雪雁素日知道林黛玉的情性：无事闷坐，不是愁眉，便是长叹，且好端端的不知为了什么常常的便自泪道不干的。先时还有人解劝，怕他思父母，想家乡，受了委曲，只得用话宽慰解劝。谁知后来一年一月的竟常常的如此，把这个样儿看惯，也都不理论了。所以也没人理，由他去闷坐，只管睡觉去了。那林黛玉倚着床栏杆，两手抱着膝，眼睛含着泪，好似木雕泥塑的一般，直坐到二更多天方才睡了。一宿无话。

……

如今且说林黛玉，因夜间失寐，次日起来迟了，闻得众姊妹都在园中作饯花会①，恐人笑他痴懒，连忙梳洗了出来。刚到了院中，只见宝玉进门来了，笑道："好妹妹，你昨儿可告了我不曾？教我悬了一夜心。"黛玉便回头叫紫鹃道："把屋子收拾了，撂下一扇纱屉。看那大燕子回来，把帘子放下来，拿狮子②倚住。烧了香就把炉罩上。"一面说，一面又往外走。宝玉见他这样，还认作是昨日中晌的事，那知晚间的这段公案，还打恭作揖的。林黛玉正眼也不看，各自出了院门，一直找别的姊妹去了。宝玉心中纳闷，自己猜疑：看起这个光景来，不像是为昨日的事；但只昨日我回来的晚了，又没有见他，再没有冲撞了他去处儿了。一面想，一面由不得随后追了来。只见宝钗探春正在那边看鹤舞，见黛玉来了，三个一同站着说话儿。又见宝玉来了，探春便笑道："宝哥哥，身上好？我整整的三天没见你了。"宝玉笑道："妹妹身上好？我前儿还在大嫂子跟前问你呢。"探春道："宝哥哥，你往这里来，我和你说话。"宝玉听说，便跟了他，离了钗玉两个，到了一棵石榴树下。探春因说道："这几天，老爷可曾叫你？"宝玉笑道："没有叫。"探春道："昨儿我恍惚听见说老爷叫你出去的。"宝玉笑道："那想是别人听错了，并没叫的。"探春又笑道："这几个月，我又攒下有十来吊钱了，你还拿了去。明儿出门逛去的时候，或是好字画，

---

①饯花会：旧时风俗，在芒种节这一天，摆设各色礼物，祭饯花神，称"饯花会"。因芒种节一过，众花皆谢，花神退位，须要饯行。

②狮子：这里指一种用来压帘的石雕小狮子，下面带座儿。

好轻巧玩意儿，替我带些来。"宝玉道："我这么城里城外，大廊大庙①的逛，也没见个新奇精致东西，左不过是那些金玉铜瓷，没处撂的古董，再就是绸缎吃食衣服了。"探春道："谁要这些。怎么象你上回买的那柳枝儿编的小篮子，整竹子根儿抠的香盒儿，胶泥垛的风炉儿，这就好了。我喜欢的什么似的，谁知他们都爱上了，都当宝贝似的抢了去了。"宝玉笑道："原来要这个。这不值什么，拿几百钱出去给小子们，包管拉两车来。"探春道："小厮们知道什么。你拣那朴而不俗、直而不拙者这些东西，你多多替我带了来。我还像上回的鞋做一双你穿，比那一双还加工夫如何呢？"

　　宝玉笑道："你提起鞋来，我想起个故事。那一回我穿着，可巧遇见了老爷，老爷就不受用，问是谁做的。我那里敢提'三妹妹'三个字，我就回说是前儿我生日，是舅母给的。老爷听了是舅母给的，才不好说什么的，半日还说：'何苦来！虚耗人力，作践绫罗，作这样的东西。'我回来告诉了袭人。袭人说这还罢了！赵姨娘气的抱怨的了不得：'正经兄弟，鞋塌拉袜塌拉的没人看得见，且作这些东西！'"探春听说，登时沉下脸来道："这话糊涂到什么田地。怎么我是该做鞋的人么！环儿难道没有分例的，没有人的。一般的衣裳是衣裳，鞋袜是鞋袜，丫头老婆一屋子，怎么抱怨这些话！给谁听呢！我不过闲着没事儿，作一双半双，爱给那个哥哥兄弟，随我的心，谁敢管我不成！这也是他瞎气。"宝玉听了，点头笑道："你不知道，他心里自然又有个想头了。"探春听说，一发动了气，将头一扭，说道："连你也糊涂了。他那想头自然是有的，不过是那阴微鄙贱的见识。他只管这么想，我只管认得老爷太太两个人，别人我一概不管。就是姊妹弟兄跟前，谁和我好，我就和谁好，什么偏的庶的，我也不知道。论理我不该说他，但他忒昏愦的不象了。还有笑话儿呢：就是上回我给你那钱，替我带那玩耍的东西。过了两天，他见了我，也是说没钱使，怎么难，我也不理论。谁知后来丫头们出去了，他就抱怨起我来，说我攒了钱，为什么给你使，倒不给环儿使呢。我听见这话，又好笑，又好气。我就出来往太太跟前去了。"正说着，只见宝钗那边笑道："说完了，来罢。显见的是哥哥妹妹了，丢下别人，且说梯己去。我们听一句儿就使不得了！"说着，探春宝玉二人方笑着来了。

　　宝玉因不见了林黛玉，便知他躲了别处去了。想了一想，索性迟两日，等他的气息一息再去也罢了。因低头看见许多凤仙石榴等各色落花锦重重的落了一地，因叹道："这是他心里生了气，也不收拾这花儿来了。等我送了去，明儿再问着他。"说着，只见宝钗约着他们往外头去。宝玉道："我就来。"说毕，等他二人去远了，便把那花儿兜了起来，登山度水，过树穿花，一直奔了那日同林黛玉葬桃花的去处来。将已到了花冢，犹未转过山

---

①大廊大庙：这里指大的集市和庙会。廊，原指廊房。清查慎行《人海记》："永乐初，北京四门、钟鼓楼等处，各盖铺房店房，召民居住，召商居货，总谓之'廊房'。"明清时商人多于此设摊贸易。庙，即庙会，也称"庙市"，旧时在寺庙内或附近定期举行的集市。清富察敦崇《燕京岁时记·东西庙》："自正月起，每逢七、八日开西庙(指护国寺)，九、十日开东庙(指隆福寺)。开庙之日，百货云集，凡珠玉、绫罗、衣服、饮食、古玩、字画、花鸟、虫鱼，以及寻常日用之物，星卜、杂技之流，无所不有。乃都市内之一大市会也。"

坡，只听山坡那边有呜咽之声，一行数落着，哭的好不伤感。宝玉心下想道："这不知是那房里的丫头受了委屈，跑到这个地方来哭。"一面想，一面煞住脚步，听他哭道是：

"花谢花飞飞满天，红消香断有谁怜。
游丝软系飘春榭，落絮轻沾扑绣帘。
闺中女儿惜春暮，愁绪满怀无释处，
手把花锄出绣帘，忍踏落花来复去。
柳丝榆荚自芳菲，不管桃飘与李飞。
桃李明年能再发，明年闺中知有谁。
三月香巢已垒成，梁间燕子太无情。
明年花发虽可啄，却不道人去梁空巢也倾。
一年三百六十日，风刀霜剑严相逼。
明媚鲜妍能几时，一朝飘泊难寻觅。
花开易见落难寻，阶前闷杀葬花人。
独把花锄泪暗洒，洒上空枝见血痕。
杜鹃无语正黄昏，荷锄归去掩重门。
青灯照壁人初睡，冷雨敲窗被未温。
怪侬①底事倍伤神？半为怜春半恼春：
怜春忽至恼忽去，至又无言去不闻。
昨宵庭外悲歌发，知是花魂与鸟魂？
花魂鸟魂总难留，鸟自无言花自羞。
愿奴胁下生双翼，随花飞到天尽头。
天尽头，何处有香丘？
未若锦囊收艳骨，一抔净土②掩风流。
质本洁来还洁去，强于污淖陷渠沟。
尔今死去侬收葬，未卜侬身何日丧。
侬今葬花人笑痴，他年葬侬知是谁。
试看春残花渐落，便是红颜老死时。
一朝春尽红颜老，花落人亡两不知！"

宝玉听了，不觉痴倒。要知端详，下回分解。

话说林黛玉只因昨夜晴雯不开门一事，错疑在宝玉身上。次日又可巧遇见饯花之期，

---

① 侬：吴语自称。底：什么。
② 一抔(póu)净土：这里指花冢。《史记·张释之传》："假令愚民取长陵一抔土，陛下何以加其法乎？"长陵是汉高祖的陵墓。后因称坟墓为"一抔土"。抔，用手捧物。

正在一腔无明①正未发泄，又勾起伤春愁思，因把些残花落瓣去掩埋，由不得感花伤己，哭了几声，便随口念了几句。不想宝玉在山坡上听见，先不过点头感叹；次又听到"侬今葬花人笑痴，他年葬侬知是谁""一朝春尽红颜老，花落人亡两不知"等句，不觉恸倒山坡上，怀里兜的落花撒了一地。试想林黛玉的花颜月貌，将来亦到无可寻觅之时，宁不碎心肠断！既黛玉终归无可寻觅之时，推之于他人，如宝钗、香菱、袭人等亦可以到无可寻觅之时矣；宝钗等终归无可寻觅之时，则自己又安在哉；且自身尚不知何在何往，将来斯处、斯园、斯花、斯柳，又不知当属谁姓矣。因此一而二，二而三，反复推求了去，真不知此时此际，欲为何等蠢物，杳无所知，逃大造，出尘网，便可解释这段悲伤。正是：花影不离身左右，鸟声只在耳东西。

那黛玉正自伤感，忽听山坡上也有悲声，心下想道："人人都笑我有些痴病，难道还有一个痴子不成？"想着，抬头一看，见是宝玉。林黛玉看见，便道："啐，我当是谁，原来是这个狠心短命。"刚说到"短命"二字，又把口掩住，长叹了一声，自己抽身便走了。这里宝玉悲恸了一回，忽抬头不见了黛玉，便知黛玉看见他躲开了。自己也觉无味，抖抖土起来，下山寻归旧路，往怡红院来。

（选自曹雪芹、高鹗著，俞平伯校、启功注《红楼梦》，人民文学出版社 2000 年版）

【阅读指要】

本文节选自《红楼梦》二十六回、二十七回、二十八回，均有所删节。黛玉哭唱《葬花吟》的诱因是，前一天贾宝玉到潇湘馆吟诵《西厢记》里的唱词得罪了黛玉。宝玉道歉未果，就被薛蟠约了吃酒，至晚方归。黛玉去看宝玉，结果吃了闭门羹不说，偏又看见宝钗走出了怡红院，因而倍加受伤。第二天在众姐妹都去饯花神之际，黛玉目睹春花凋零，颇为感伤，于是有了《葬花吟》（见图 3-2）。诗中倾诉了寄人篱下、孤苦无依的情怀，展现了洁净自守、不畏险恶的劲骨，也表达了生命短暂、红颜易逝的感伤。全诗如泣如诉，是林黛玉感叹身世遭遇的全部哀音的代表，也是作者塑造这一艺术形象、表现其性格特征的重要作品。此诗风格上仿效初唐体歌行，是一种流行的通俗诗体，遣词浅显流畅、音节回环复沓、抒情酣畅淋漓。另外，探春对亲生母亲赵姨娘的态度，反映出古代社会对于

图 3-2　彭连熙《黛玉葬花》

---

①无明：佛家用语，意译为"痴"，即缺乏真知之意。《大乘义章》卷四："言无明者，痴暗之心，体无慧明，故曰无明。"佛教认为，人世的种种烦恼，就是"无明"在起作用。因称人的发怒为"无明怒火"，简称"无明"。

嫡庶问题的看法，颇显残酷。

【课后练习】

1. 如何理解黛玉所说的"一年三百六十日，风刀霜剑严相逼"？

2. 不想宝玉在山坡上听见，先不过点头感叹；次又听到"侬今葬花人笑痴，他年葬侬知是谁？""一朝春尽红颜老，花落人亡两不知"等句，不觉恸倒山坡上。你如何理解宝玉之"恸"？

3. 探春对自己的亲生母亲赵姨娘怎样看待？你如何理解她对亲生母亲的这种态度？

倾城之恋(节选)

张爱玲

【作者简介】

张爱玲(1920—1995)(见图 3-3),原名张煐。出生在一个没落贵族家庭,祖父是晚清名臣张佩纶,祖母是李鸿章的女儿李菊耦。张爱玲从小就显露出写作天赋,12 岁时发表了短篇小说《不幸的她》。1942 年,张爱玲开启了写作生涯。1943 至 1944 年,张爱玲创作和发表了她一生中最重要的小说和散文,包括《沉香屑·第一炉香》《茉莉香片》《倾城之恋》等。1955 年,张爱玲赴美国定居直至去世。张爱玲一生创作了大量文学作品,包括小说、散文、电影剧本以及文学论著,她的书信也被人们作为著作的一部分加以研究。张爱玲小说择取的是庸人俗事,处处体现着悲剧性,将传统的文学意象融入现代意识中,有着鲜明的视觉效果;她的散文,将感性与理性,具体当下的人生体验与深刻的哲理思考融为一体,构筑了情、趣、理水乳交融的艺术境界。

图 3-3　张爱玲

【原文】

上海为了"节省天光",将所有的时钟都拨快了一小时,然而白公馆里说:"我们用的是老钟。"他们的十点钟是人家的十一点。他们唱歌唱走了板,跟不上生命的胡琴。

胡琴咿咿哑哑拉着,在万盏灯的夜晚,拉过来又拉过去,说不尽的苍凉的故事——不问也罢!……胡琴上的故事是应当由光艳的伶人来搬演的,长长的两片红胭脂夹住琼瑶鼻,唱了、笑了,袖子挡住了嘴……然而这里只有白四爷单身坐在黑沉沉的破阳台上,拉着胡琴。

正拉着,楼底下门铃响了。这在白公馆是一件稀罕事,按照从前的规矩,晚上绝对不作兴出去拜客。晚上来了客,或是凭空里接到一个电报,那除非是天字第一号的紧急大事,多半是死了人。

四爷凝身①听着,果然三爷三奶奶四奶奶一路嚷上楼来,急切间不知他们说些什么。阳台后面的堂屋里,坐着六小姐、七小姐、八小姐,和三房四房的孩子们,这时都有些皇皇[惶惶]然,四爷在阳台上,暗处看亮处,分外眼明,只见门一开,三爷穿着汗衫短裤,

---

① 凝身:形容四爷听得身体都凝固不动了。

揸开两腿站在门槛上,背过手去,啪啦啪啦打股际的蚊子,远远的[地]向四爷叫道:"老四你猜怎么着?六妹离掉的那一位,说是得了肺炎,死了!"四爷放下胡琴往房里走,问道:"是谁来给的信?"三爷道:"徐太太。"说着,回过头用扇子去撑三奶奶道:"你别跟上来凑热闹呀,徐太太还在楼底下呢,她胖,怕爬楼,你还不去陪陪她!"三奶奶去了,四爷若有所思道:"死的那个不是徐太太的亲戚么?"三爷道:"可不是。看这样子,是他们家特为托了徐太太来递信给我们的,当然是有用意的。"四爷道:"他们莫非是要六妹去奔丧?"三爷用扇子柄刮了刮头皮道:"照说呢,倒也是应该……"他们同时看了六小姐一眼,白流苏坐在屋子的一角,慢条斯理绣着一双拖鞋,方才三爷四爷一递一声说话,仿佛是没有她发言的余地,这时她便淡淡的[地]道:"离过婚了,又去做他的寡妇,让人家笑掉了牙齿!"她若无其事地继续做她的鞋子,可是手头上直冒冷汗,针涩了,再也拔不过去。

三爷道:"六妹,话不是这样说。他当初有许多对不起你的地方,我们全知道。现在人已经死了,难道你还记在心里?他丢下的那两个姨奶奶,自然是守不住的。你这会子堂堂正正的[地]回去替他戴孝主丧,谁敢笑你?你虽然没生下一男半女,他的侄子多着呢,随你挑一个,过继过来。家私虽然不剩什么了,他家是个大族,就是拨你看守祠堂,也饿不死你母子。"白流苏冷笑道:"三哥替我想得真周到,就可惜晚了一步,婚已经离了这么七八年了。依你说,当初那些法律手续都是糊鬼不成?我们可不能拿着法律闹着玩哪!"三爷道:"你别动不动就拿法律来吓人,法律呀,今天改,明天改,我这天理人情,三纲五常,可是改不了!你生是他家的人,死是他家的鬼,树高千丈,落叶归根——"流苏站起身来道:"你这话,七八年前为什么不说?"三爷道:"我只怕你多了心,只当我们不肯收容你。"流苏道:"哦?现在你就不怕我多了心?你把我的钱用光了,你就不怕我多心了?"三爷直问到她脸上道:"我用了你的钱?我用了你几个大钱?你住在我们家,吃我们的,喝我们的,从前还罢了,添个人不过添双筷子,现在你去打听打听看,米是什么价钱?我不提钱,你倒提起钱来了!"

四奶奶站在三爷背后,笑了一声道:"自己骨肉,照说不该提钱的话。提起钱来,这话可就长了!我早就跟我们老四说过——我说:老四你去劝劝三爷,你们做金子,做股票,不能用六姑奶奶的钱哪,没的沾上了晦气!她一嫁到了婆家,丈夫就变成了败家子。回到娘家来,眼见得娘家就要败光了——天生的扫帚星!"三爷道:"四奶奶这话有理。我们那时候,如果没让她入股子,决不至于弄得一败涂地!"

流苏气得浑身乱颤,把一双绣了一半的拖鞋面子抵住了下颔,下颔抖得仿佛要落下来。

……

两人①当下言归于好,一同吃了晚饭。流苏表面上虽然和他热了些,心里却怙惙②着:他使她吃醋,无非是用的激将法,逼着她自动的[地]投到他的怀里去。她早不同他好,晚不同他好,偏拣这个当口和他好了,白牺牲了她自己,他一定不承情,只道她中了他的计。她做梦也休想他娶她。……很明显的,他要她,可是他不愿意娶她。然而她家里穷虽穷,也还是个望族,大家都是场面上的人,他担当不起这诱奸的罪名。因此他采取了那种光明正大的态度。她现在知道了,那完全是假撇清。他处处地方希图脱卸责任。以后她若是被抛弃了,她绝对没有谁可抱怨。

　　流苏一念及此,不觉咬了咬牙,恨了一声。面子上仍旧照常跟他敷衍着。徐太太已经在跑马地租下了房子,就要搬过去了。流苏欲待跟过去,又觉得白扰了人家一个多月,再要长住下去,实在不好意思。这样僵持下去,也不是事。进退两难,倒煞费踌躇。这一天,在深夜里,她已经上了床多时,只是翻来覆去,好容易蒙眬了一会,床头的电话铃突然朗朗响了起来。她一听,却是柳原的声音,道:"我爱你。"就挂断了。流苏心跳得扑通扑通,握住了耳机,发了一会愣,方才轻轻的[地]把它放回原处,谁知才搁上去,又是铃声大作。她再度拿起听筒,柳原在那边问道:"我忘了问你一声,你爱我么?"流苏咳嗽了一声再开口,喉咙还是沙哑的。她低声道:"你早该知道了,我为什么上香港来?"柳原叹道:"我早知道了,可是明摆着的是事实,我就是不肯相信。流苏,你不爱我。"流苏道:"怎见得我不?"柳原不语,良久方道:"诗经上有一首诗——"流苏忙道:"我不懂这些。"柳原不耐烦道:"知道你不懂,若你懂,也用不着我讲了!我念你听:'死生契阔——与子相悦,执子之手,与子偕老。'我的中文根本不行,可不知道解释得对不对。我看那是最悲哀的一首诗,生与死与离别,都是大事,不由我们支配的。比起外界的力量,我们人是多么小,多么小!可是我们偏要说:'我永远和你在一起;我们一生一世都别离开。'——好像我们自己做得了主似的!"

　　流苏沉思了半晌,不由得恼了起来道:"你干脆说不结婚,不就完了,还得绕着大弯子,什么做不了主?连我这样守旧的人家,也还说'初嫁从亲,再嫁从身'哩!你这样无拘无束的人,你自己不能做主,谁替你做主?"柳原冷冷的[地]道:"你不爱我,你有什么办法,你做得了主么?"流苏道:"你若真爱我的话,你还顾得了这些?"柳原道:"我不至于那么糊涂,我犯不着花了钱娶一个对我毫无感情的人来管束我。那太不公平了。对于你那也不公平。噢,也许你不在乎。根本你以为婚姻就是长期的卖淫——"流苏不等他说完,拍[啪]的一声把耳机掼下了,脸气得通红。他敢这样侮辱她,他敢!她坐在床上,炎热的黑

---

①指白流苏和范柳原。由于范柳原在二人的关系上非常犹疑,情感上觉着白流苏还不错,世俗上还没到一定要娶她的地步,眼下只想让白流苏做他的情妇。而白流苏又是传统人家出身,因此,白流苏对范柳原的行为表示了气愤。其实,白流苏也是想通过范柳原摆脱自己困在娘家的处境。两人的情感都没有到"非你不嫁"或"非你不娶"的地步。各自打着各自的小算盘。

②怙惙(hùchuò):担心,犯嘀咕。

暗包着她像葡萄紫的绒毯子。一身的汗,痒痒的,颈上与背脊上的头发梢也刺恼得难受,她把两只手按在腮颊上,手心却是冰冷的。

……

第二天早上她也不敢问他,因为他准会嘲笑她——"梦是心头想",她这么迫切的[地]想念他,连睡梦里他都会打电话来说"我爱你",他的态度也和平时没有什么不同。他们照常出去玩了一天。流苏忽然发觉拿他们当做夫妇的人很多很多——仆欧们、旅馆里和她搭讪的几个太太老太太,原不怪他们误会。柳原跟她住在隔壁,出入总是肩并肩,夜深还到海岸上去散步,一点都不避嫌疑。一个保姆推着孩子的车走过,向流苏点点头,唤了一声"范太太"。流苏脸上一僵,笑也不是,不笑也不是,只得皱着眉向柳原睃①了一眼,低声道:"他们不知道怎么想着呢!"柳原笑道:"唤你范太太的人,且不去管他们;倒是唤你做白小姐的人,才不知道他们怎么想呢!"流苏变色。柳原用手抚摸着下巴,微笑道:"你别枉担了这个虚名!"

流苏吃惊地朝他望望,蓦地里悟到他这人多么恶毒。他有意的[地]当着人做出亲狎的神气,使她没法可证明他们没有发生关系。她势成骑虎,回不得家乡,见不得爷娘,除了做他的情妇之外没有第二条路。然而她如果迁就了他,不但前功尽弃,以后更是万劫不复了。她偏不!就算她枉担了虚名,他不过口头上占了她一个便宜。归根究底,他还是没得到她。既然他没有得到她,或许他有一天还会回到她这里来,带了较优的议和条件。

……

在劫后的香港住下去究竟不是长久之计。白天这么忙忙碌碌也就混了过去。一到了晚上,在那死的城市里,没有灯,没有人声,只有那莽莽的寒风,三个不同的音阶,"喔……呵……呜……"无穷无尽地叫唤着,这个歇了,那个又渐渐响了,三条骈行的灰色的龙,一直线地往前飞,龙身无限制地延长下去,看不见尾。"喔……呵……呜……"叫唤到后来,索性连苍龙也没有了,只是三条虚无的气,真空的桥梁,通入黑暗,通入虚空的虚空。这里是什么都完了。剩下点断墙颓垣,失去记忆力的文明人在黄昏中跌跌绊绊摸来摸去,像是找着点什么,其实是什么都完了。

流苏拥被坐着,听着那悲凉的风。她确实知道浅水湾附近,灰砖砌的那一面墙,一定还屹然站在那里。风停了下来,像三条灰色的龙,蟠在墙头,月光中闪着银鳞。她仿佛做梦似的,又来到墙根下,迎面来了柳原。她终于遇见了柳原。……在这动荡的世界里,钱财,地产,天长地久的一切,全不可靠了。靠得住的只有她腔子里的这口气,还有睡在她身边的这个人。她突然爬到柳原身边,隔着他的棉被,拥抱着他。他从被窝里伸出手来握住她的手。他们把彼此看得透明透亮,仅仅是一刹那的彻底的谅解,然而这一刹那够他们在一起和谐地活个十年八年。

---

① 睃(suō):看,常指斜着眼看。

他不过是一个自私的男子,她不过是一个自私的女人。在这兵荒马乱的时代,个人主义者是无处容身的,可是总有地方容得下一对平凡的夫妻。

有一天,他们在街上买菜,碰着萨黑夷妮公主。萨黑夷妮黄着脸,把蓬松的辫子胡乱编了个麻花髻,身上不知从哪里借来一件青布棉袍穿着,脚下却依旧趿着印度式七宝嵌花纹皮拖鞋。她同他们热烈地握手,问他们现在住在哪里,急欲看看他们的新屋子。又注意到流苏的篮子里有去了壳的小蚝,愿意跟流苏学习烧制清蒸蚝汤。柳原顺口邀了她来吃便饭,她很高兴地跟了他们一同回去。她的英国人进了集中营,她现在住在一个熟识的,常常为她当点小差的印度巡捕家里。她有许久没有吃饱过。她唤流苏"白小姐"。柳原笑道:"这是我太太。你该向我道喜呢!"萨黑夷妮道:"真的么?你们几时结的婚?"柳原耸耸肩道:"就在中国报上登了个启事。你知道,战争期间的婚姻,总是潦草的……"流苏没听懂他们的话。萨黑夷妮吻了他又吻了她。然而他们的饭菜毕竟是很寒苦,而且柳原声明他们也难得吃一次蚝汤。萨黑夷妮没有再上门过。

当天他们送她出去,流苏站在门槛上,柳原立在她身后,把手掌合在她的手掌上,笑道:"我说,我们几时结婚呢?"流苏听了,一句话也没有,只低下了头,落下泪来。柳原拉住她的手道:"来来,我们今天就到报馆里去登启事。不过你也许愿意候些时,等我们回到上海,大张旗鼓的[地]排场一下,请请亲戚们。"流苏道:"呸!他们也配!"说着,嗤的[地]笑了出来,往后顺势一倒,靠在他身上。柳原伸手到前面去羞她的脸道:"又是哭,又是笑!"

两人一同走进城去,走到一个峰回路转的地方,马路突然下泻,眼见只是一片空灵——淡墨色的,潮湿的天。小铁门口挑出一块洋瓷招牌,写的是:"赵祥庆牙医。"风吹得招牌上的铁钩子吱吱响,招牌背后只是那空灵的天。

柳原歇下脚来望了半晌,感到那平淡中的恐怖,突然打起寒战来,向流苏道:"现在你可该相信了:'死生契阔',我们自己哪儿做得了主?轰炸的时候,一个不巧——"流苏嗔道:"到了这个时候,你还说做不了主的话!"柳原笑道:"我并不是打退堂鼓。我的意思是——"他看了看她的脸色,笑道:"不说了。不说了。"他们继续走路。柳原又道:"鬼使神差地,我们倒真的恋爱起来了!"流苏道:"你早就说过你爱我。"柳原笑道:"那不算。我们那时候太忙着谈恋爱了,哪里还有工夫恋爱?"

结婚启事在报上刊出了,徐先生徐太太赶了来道喜。流苏因为他们在围城中自顾自搬到安全地带去,不管她的死活,心中有三分不快,然而也只得笑脸相迎。柳原办了酒席,补请了一次客。不久,港沪之间恢复了交通,他们便回上海来了。

白公馆里流苏只回去过一次,只怕人多嘴多,惹出是非来。然而麻烦是免不了的。四奶奶决定和四爷进行离婚,众人背后都派流苏的不是。流苏离了婚再嫁,竟有这样惊人的成就,难怪旁人要学她的榜样。流苏蹲在灯影里点蚊烟香。想到四奶奶,她微笑了。

柳原现在从来不跟她闹着玩了。他把他的俏皮话省下来说给旁的女人听。那是值得庆幸的好现象，表示他完全把她当自家人看待——名正言顺的妻。然而流苏还是有点怅惘。

　　香港的陷落成全了她。但是在这不可理喻的世界里，谁知道什么是因，什么是果？谁知道呢，也许就因为要成全她，一个大都市倾覆了。成千上万的人死去，成千上万的人痛苦着，跟着是惊天动地的大改革……流苏并不觉得她在历史上的地位有什么微妙之点。她只是笑盈盈地站起身来，将蚊烟香盘踢到桌子底下去。

　　传奇里的倾城倾国的人大抵如此。

　　到处都是传奇，可不见得有这么圆满的收场。胡琴咿咿呀呀拉着，在万盏灯火的夜晚，拉过来又拉过去，说不尽的苍凉的故事——不问也罢！

（选自张爱玲《倾城之恋》，北京出版集团、北京十月文艺出版社 2012 年版）

【阅读指要】

　　没落封建大家庭白公馆的六小姐白流苏离婚后寄居母家，所带的家资耗尽之后遭到兄嫂的冷嘲热讽，母亲也不主持公道，这些遭遇逼着流苏以寻求婚姻的重新实现来逃离樊笼求得生存。然而，饱经世故、狡猾精明的范柳原只求一情人而不敢结婚。两人正陷入困境时，日军轰炸香港浅水湾，变故让两人在患难中相濡以沫，流苏终于得到了一个平凡的归宿。张爱玲在《自己的文章》里说："《倾城之恋》是一个动听的而又近人情的故事。……我喜欢参差的对照的写法，因为它是较接近事实的。《倾城之恋》里，从腐旧的家庭里走出来的流苏，香港之战的洗礼并不曾将她感化成为革命女性；香港之战影响范柳原，使他转向平实的生活，终于结婚了。但结婚并不使他变为圣人，完全放弃往日的生活习惯与作风。因之柳原与流苏的结局，虽然多少是健康的，仍旧是庸俗；就事论事，他们也只能如此。"本文选取了小说开头、中间、结尾的部分情节，分别体现了白流苏离婚后在娘家的尴尬，范柳原和白流苏除男女爱情之外的各自诸多的算计，因香港倾城而促成了他们的婚姻。犹如一个寓言故事一样，演绎了爱情的计较和婚姻的庸常，也许这才是生活的常态，平淡中见深刻。

【课后练习】

1. 结合整篇小说，你如何看待白流苏和范柳原这两个人物形象以及他们的婚姻？
2. 小说的开头和结尾都用了"咿咿呀呀"的胡琴这个意象，作者的用意是什么？

永远的尹雪艳

白先勇

【作者简介】

图3-4 白先勇

白先勇（1937年—）（见图3-4），台湾作家，生于广西桂林，是国民党高级将领白崇禧之子。毕业于台湾大学外文系，后在美国爱荷华大学作家工作室研究文学理论与创作。1958年，发表第一篇小说《金大奶奶》。1960年，与台大同学欧阳子、陈若曦、王文兴等共同创办了《现代文学》杂志，带动台湾文学的现代主义创作风潮。著有长篇小说《孽子》，短篇小说集《寂寞的十七岁》《台北人》《纽约客》等，散文集《蓦然回首》等。白先勇是台湾现代派中现实主义精神较强的作家。他曾生活在中国大陆、中国台湾和美国等几个不同的时代和社会环境，这使他的作品弥漫着深沉的思乡怀旧情绪、漂泊海外的痛苦无依和对祖国文化传统的执着眷恋。2004年白先勇集合一流的创意设计家，联手打造文化工程青春版《牡丹亭》，先后在台湾、香港、苏州、北京和上海等地上演，场场爆满，而且吸引了许多年轻人，被称为是中国文化史上的盛事。

【原文】

一

尹雪艳总也不老。十几年前那一班在上海百乐门舞厅替她捧场的五陵年少，有些天平开了顶，有些两鬓添了霜，有些来台湾降成了铁厂、水泥厂、人造纤维厂的闲顾问，但也有少数却升成了银行的董事长、机关里的大主管。不管人事怎么变迁，尹雪艳永远是尹雪艳，在台北仍旧穿着她那一身蝉翼纱的素白旗袍，一径那么浅浅地笑着，连眼角儿也不肯皱一下。

尹雪艳着实迷人。但谁也没能道出她真正迷人的地方。尹雪艳从来不爱擦胭抹粉，有时最多在嘴唇上点着些似有似无的蜜丝佛陀；尹雪艳也不爱穿红戴绿，天时炎热，一个夏天，她都浑身银白，净扮得了不得。不错，尹雪艳是有一身雪白的肌肤，细挑的身材，容长的脸蛋儿配着一副俏丽甜净的眉眼子，但是这些都不是尹雪艳出奇的地方。见过尹雪艳的人都这么说，也不知是何道理，无论尹雪艳一举手、一投足，总有一份世人不及的风情。别人伸个腰、蹙一下眉，难看，但是尹雪艳做起来，却又别有一番妩媚了。尹雪艳也不多言、不多语，紧要的场合插上几句苏州腔的上海话，又中听、又熨帖。有些荷包不足的舞客，攀不上叫尹雪艳的台子，但是他们却去百乐门坐坐，观观尹雪艳的风采，听她讲几句吴侬软语，心里也是舒服的。尹雪艳在舞池子里，微仰着头，轻摆着腰，一径是那么不慌不忙地起舞着；即使跳着快狐步，尹雪艳从来也没有失过分寸，仍旧显得那么从容，那么轻盈，像一球随风飘荡的柳絮，脚下没有扎根似的。尹雪艳有她自己的旋律。尹雪艳有她自己的拍子，绝不因外界的迁异，影响到她的均衡。

尹雪艳迷人的地方实在讲不清，数不尽，但是有一点却大大增加了她的神秘。尹雪艳名气大了，难免招忌，她同行的姐妹淘醋心重的就到处吵起说：尹雪艳的八字带着重煞，犯了白虎，沾上的人，轻者家败，重者人亡。谁知道就是为着尹雪艳享了重煞的令誉，上海洋场的男士们都对她增加了十分的兴味。生活悠闲了，家当丰沃了，就不免想冒险，去闯闯这颗红遍了黄浦滩的煞星儿。上海棉纱财阀王家的少老板王贵生就是其中探险者之一。天天开着崭新的开德拉克①，在百乐门门口候着尹雪艳转完台子，两人一同上国际饭店二十四楼的屋顶花园去共进华美的宵夜。望着天上的月亮及灿烂的星斗，王贵生说，如果用他家的金条儿能够搭成一道天梯，他愿意爬上天空去把那弯月牙儿掐下来，插在尹雪艳的云鬓上。尹雪艳吟吟地笑着，总也不出声，伸出她那兰花般细巧的手，慢条斯理地将一枚枚涂着俄国乌鱼子的小月牙儿饼拈到嘴里去。

王贵生拼命地投资，不择手段地赚钱，想把原来的财富堆成三倍四倍，将尹雪艳身边那批富有的逐鹿者一一击倒，然后用钻石玛瑙串成一根链子，套在尹雪艳的脖子上，把她牵回家去。当王贵生犯上官商勾结的重罪，下狱枪毙的那一天，尹雪艳在百乐门停了一宵，算是对王贵生致了哀。

最后赢得尹雪艳的却是上海金融界一位热可炙手的洪处长。洪处长休掉了前妻，抛弃了三个儿女，答应了尹雪艳十条条件。于是尹雪艳变成了洪夫人，住在上海法租界一幢从日本人接收过来华贵的花园洋房里。两三个月的工夫，尹雪艳便像一株晚开的玉梨花，在上海上流社会的场合中以压倒群芳的姿态绽发起来。

尹雪艳着实有压场的本领。每当盛宴华筵，无论在场的贵人名媛，穿着紫貂，围着火狸，当尹雪艳披着她那件翻领束腰的银狐大氅，像一阵三月的微风，轻盈盈地闪进来时，全场的人都好像给这阵风熏中了一般，总是情不自禁地向她迎过来。尹雪艳在人堆子里，像个冰雪化成的精灵，冷艳逼人，踏着风一般的步子，看得那些绅士以及仕女们的眼睛都一齐冒出火来。这就是尹雪艳：在兆丰夜总会的舞厅里、在兰心剧院的过道上，以及在霞飞路上一幢幢侯门官府的客堂中，一身银白，歪靠在沙发椅上，嘴角一径挂着那流吟吟浅笑，把场合中许多银行界的经理、协理、纱厂的老板及小开②，以及一些新贵和他们的夫人们都拘到眼前来。

---

①开德拉克：即凯迪拉克。
②小开：上海话，富家公子之意。

可是洪处长的八字到底软了些,没能抵得住尹雪艳的重煞。一年丢官,两年破产,到了台北连个闲职也没捞上。尹雪艳离开洪处长时还算有良心,除了自己的家当外,只带走一个从上海跟来的名厨司①及两个苏州娘姨。

二

尹雪艳的新公馆落在仁爱路四段的高级住宅区里,是一幢崭新的西式洋房,有个十分宽敞的客厅,容得下两三桌酒席。尹雪艳对她的新公馆倒是刻意经营过一番。客厅的家具是一色桃花心红木桌椅。几张老式大靠背的沙发,塞满了黑丝面子鸳鸯戏水的湘绣靠枕,人一坐下去就陷进了一半,倚在柔软的丝枕上,十分舒适。到过尹公馆的人,都称赞尹雪艳的客厅布置妥帖,叫人坐着不肯动身。打麻将有特别设备的麻将间,麻将桌、麻将灯都设计得十分精巧。有些客人喜欢挖花②,尹雪艳还特别腾出一间有隔音设备的房间,挖花的客人可以关在里面恣意唱和。冬天有暖炉,夏天有冷气,坐在尹公馆里,很容易忘记外面台北市的阴寒及溽暑。客厅案头的古玩花瓶,四时都供着鲜花。尹雪艳对于花道十分讲究,中山北路的玫瑰花店常年都送来上选的鲜货,整个夏天,尹雪艳的客厅中都细细地透着一肌又甜又腻的晚香玉。

尹雪艳的新公馆很快地便成为她旧遇新知的聚会所。老朋友来到时,谈谈老话,大家都有一腔怀古的幽情,想一会儿当年,在尹雪艳面前发发牢骚,好像尹雪艳便是上海百乐门时代房屋的象征,京沪繁华的佐证一般。

"阿媛,看看干爹的头发都白光喽!侬还像枝万年青一样,愈来愈年轻!"

吴经理在上海当过银行的总经理,是百乐门的座上常客,来到台北赋闲,在一家工厂挂个顾问的名义。见到尹雪艳,他总爱拉着她半开玩笑而又不免带点自怜的口吻这样说。吴经理的头发确实全白了,而且患着严重的风湿,走起路来,十分蹒跚,眼睛又害沙眼,眼毛倒插,常年淌着眼泪,眼圈已经开始溃烂,露出粉红的肉来,冬天时候,尹雪艳总把客厅里那架电暖炉移到吴经理的脚跟前,亲自奉一盅铁观音,笑吟吟地说道:

"哪里的话,干爹才是老当益壮呢!"

吴经理心中熨帖了,恢复了不少自信,眨着他那烂掉了睫毛的老花眼,在尹公馆里,当众票了一出《坐宫》,以苍凉沙哑的嗓子唱出:

"我好比浅水龙,

被困在沙滩。"

尹雪艳有迷男人的功夫,也有迷女人的功夫。跟尹雪艳结交的那班太太们,打从上海起,就背地数落她,当尹雪艳平步青云时,这起太太们气不忿,说道:凭你怎么爬,左不

---

① 厨司:这里指厨师,原意为宋代四司六局中的一司。
② 挖花:是一种用纸牌或骨牌做赌具的博戏。

过是个货腰娘①。当尹雪艳的靠山相好遭到厄运的时候,她们就叹气道:命是逃不过的,煞气重的娘儿们到底沾惹不得。可是十几年来这起太太们一个也舍不得离开尹雪艳,到台北都一窝蜂似的聚到尹雪艳的公馆里,她们不得不承认尹雪艳实在有她惊动人的地方。尹雪艳在台北的鸿祥绸缎庄打得出七五折,在小花园里挑得出最登样的绣花鞋儿,红楼的绍兴戏码,尹雪艳最在行,吴燕丽唱"孟丽君"的时候,尹雪艳可以拿得到免费的前座戏票,论起西门町的京沪小吃,尹雪艳又是无一不精了。于是这起太太们,由尹雪艳领队,逛西门町,看绍兴戏,坐在三六九里吃桂花汤团,往往把十几年来不如意的事儿一股脑儿抛掉,好像尹雪艳周身都透着上海大千世界荣华的麝香一般,熏得这起往事沧桑的中年妇人都进入半醉的状态,而不由自主都津津乐道起上海五香斋的蟹黄面来。

这起太太们常常容易闹情绪。尹雪艳对于她们都一一施以广泛的同情,她总耐心地聆听她们的怨艾及委屈,必要时说几句安抚的话,把她们焦躁的脾气一一熨平。

"输呀,输得精光才好呢!反正家里有老牛马垫背,我不输,也有旁人替我输!"

每逢宋太太搓麻将输了钱时就向尹雪艳带着酸意地抱怨道。宋太太在台湾得了妇女更年期的痴肥症,体重暴增到一百八十多磅,形态十分臃肿,走多了路,会犯气喘。宋太太的心酸话较多,因为她先生宋协理有了外遇,对她颇为冷落,而且对方又是一个身段苗条的小酒女。十几年前宋太太在上海的社交场合出过一阵风头,因此她对以往的日子特别向往。尹雪艳自然是宋太太倾诉衷肠的适当人选,因为只有她才能体会宋太太那种今昔之感。有时讲到伤心处,宋太太会禁不住掩面而泣。

"宋家阿姐,'人无千日好,花无百日红',谁又能保得住一辈子享荣华,受富贵呢?"

于是尹雪艳便递过热毛巾给宋太太揩面,怜悯地劝说道。宋太太不肯认命,总要抽抽搭搭地怨怼一番:

"我就不信我的命又要比别人差些!像侬吧,尹家妹妹,侬一辈子是不必发愁的,自然有人会来帮衬侬。"

三

尹雪艳确实不必发愁,尹公馆门前的车马从来也未曾断过。老朋友固然把尹公馆当作世外桃源,一般新知也在尹公馆找到别处稀有的吸引力。尹雪艳公馆一向维持它的气派。尹雪艳从来不肯把它降低于上海霞飞路的排场。出入的人士,纵然有些是过了时的,但是他们有他们的身份,有他们的派头,因此一进到尹公馆,大家都觉得自己重要,即使是十几年前作废了的头衔,经过尹雪艳娇声亲切地称呼起来,也如同受过诰封一般,心理上恢复了不少的优越感。至于一般新知,尹公馆更是建立社交的好所在了。

当然,最吸引人的,还是尹雪艳本身。尹雪艳是一个最称职的主人。每一位客人,不

---

①货腰娘:古代词汇。货字有出卖之义,"货腰"即女人将自己的腰部当作货物一样出卖,随意被各种男人搂来搂去,以此为营生。常用来形容一些会卖弄风骚的风尘女子。民国时期,上海曾将舞女称为"货腰娘"。

分尊卑老幼,她都招呼得妥妥帖帖。一进到尹公馆,坐在客厅中那些铺满黑丝面椅垫的沙发上,大家都有一种宾至如归、乐不思蜀的亲切之感,因此,做会总在尹公馆开标,请生日酒总在尹公馆开席,即使没有名堂的日子,大家也立一个名目,凑到尹公馆成一牌局。一年里,倒有大半的日子,尹公馆里总是高朋满座。

尹雪艳本人极少下场,逢到这些日期,她总预先替客人们安排好牌局;有时两桌,有时三桌,她对每位客人的牌品及癖性都摸得清清楚楚,因此牌搭子总配得十分理想,从来没有伤过和气。尹雪艳本人督导着两个头干脸净的苏州娘姨在旁边招呼着。午点是宁波年糕或者湖州粽子。晚饭是尹公馆上海名厨的京沪小菜:金银腿、贵妃鸡、炝虾、醉蟹——尹雪艳亲自设计了一个转动的菜牌,天天转出一桌桌精致的筵席来。到了下半夜,两个娘姨便捧上雪白喷了明星花露水的冰面巾,让大战方酣的客人们揩面醒脑,然后便是一碗鸡汤银丝面做了宵夜。客人们掷下的桌面十分慷慨,每次总上两三千。赢了钱的客人固然值得兴奋,即使输了钱的客人也是心甘情愿,在尹公馆里吃了玩了,末了还由尹雪艳差人叫好计程车,一一送回家去。

当牌局进展激烈的当儿,尹雪艳便换上轻装,周旋在几个牌桌之间,踏着她那风一般的步子,轻盈盈地来回巡视着,像个通身银白的女祭司,替那些作战的人们祈祷和祭祀。

"阿媛,干爹又快输脱底喽!"

每到败北阶段,吴经理就眨着他那烂掉了睫毛的眼睛,向尹雪艳发出讨救的哀号。

"还早呢,干爹,下四圈就该你摸清一色了。"

尹雪艳把个黑丝椅垫枕到吴经理害了风湿症的背脊上,怜恤地安慰着这个命运乖谬的老人。

"尹小姐,你是看到的。今晚我可没打错一张牌,手气就那么背!"

女客人那边也经常向尹雪艳发出乞怜的呼吁,有时宋太太输急了,也顾不得身份,就抓起两颗骰子啐道:

"呸!呸!呸!勿要面孔的东西,看你霉到甚么辰光!"

尹雪艳也照例过去,用着充满同情的语调,安抚她们一番。这个时候,尹雪艳的话就如同神谕一般令人敬畏。在麻将桌上,一个人的命运往往不受控制,客人们都讨尹雪艳的口彩来恢复信心及加强斗志。尹雪艳站在一旁,叼着金嘴子的三个九,徐徐地喷着烟圈,以悲天悯人的眼光看着她这一群得意的、失意的、老年的、壮年的、曾经叱咤风云的、曾经风华绝代的客人们,狂热地互相厮杀,互相宰割。

四

新来的客人中,有一位叫徐壮图的中年男士,是上海交通大学的毕业生;生得品貌堂堂,高高的个儿,结实的身体,穿着剪裁合度的西装,显得分外英挺。徐壮图是个台北市新兴的实业巨子,随着台北市的工业化,许多大企业应运而生,徐壮图头脑灵活,具有丰富的现代化工商管理的知识,才是四十出头,便出任一家大水泥公司的经理。徐壮图有位贤慧的太太及两个可爱的孩子。家庭美满，事业充满前途，徐壮图成为一个雄心勃勃的企业家。

徐壮图第一次进入尹公馆是在一个庆生酒会上。尹雪艳替吴经理做六十大寿，徐壮图是吴经理的外甥，也就随着吴经理来到尹雪艳的公馆。

那天尹雪艳着实装饰了一番，穿着一袭月白短袖的织锦旗袍，襟上一排香妃色的大盘扣，脚上也是月白缎子的软底绣花鞋，鞋尖却点着两瓣肉色的海棠叶儿。为了讨喜气，尹雪艳破例地在右鬓簪上一朵酒杯大血红的郁金香，而耳朵上却吊着一对寸把长的银坠子。客厅里的寿堂也布置得喜气洋洋。案上全换上才铰下的晚香玉，徐壮图一踏进去，就嗅中一阵泌人脑肺的甜香。

"阿嫒，干爹替侬带来顶顶体面的一位人客①。"吴经理穿着一身崭新的纺绸长衫，佝着背，笑呵呵地把徐壮图介绍给尹雪艳道，然后指着尹雪艳说：

"我这位干小姐呀，实在孝顺不过。我这个老朽三灾五难的还要赶着替我做生。我忖忖：我现在又不在职，又不问世，这把老骨头天天还要给触霉头的风湿症来折磨。管他折福也罢，今朝我且大模大样地生受了干小姐这场寿酒再讲。我这位外甥，年轻有为，难得放纵一回，今朝也来跟我们这群老朽一道开心开心。阿嫒是个最妥当的主人家，我把壮图交给侬，侬好好地招待招待他吧。"

"徐先生是稀客，又是干爹的令戚，自然要跟别人不同一点。"尹雪艳笑吟吟地答道，发上那朵血红的郁金香颤巍巍地抖动着。

徐壮图果然受到尹雪艳特别的款待。在席上，尹雪艳坐在徐壮图旁边一径殷勤地向他劝酒让菜，然后歪向他低声说道：

"徐先生，这道是我们大司傅②的拿手，你尝尝，比外面馆子做的如何？"

用完席后，尹雪艳亲自盛上一碗冰冻杏仁豆腐捧给徐壮图，上面放着两颗鲜红的樱桃。用完席呈上牌局的时候，尹雪艳经常走到徐壮图背后看他打牌。徐壮图的牌张不熟，时常发错张子。才到八圈，徐壮图已经输掉一半筹码。有一轮，徐壮图正当发出一张梅花五筒的时候，突然尹雪艳从后面欠过身伸出她那细巧的手把徐壮图的手背按住说道：

"徐先生，这张牌是打不得的。"

那一盘徐壮图便和了一副"满园花"，一下子就把输出去的筹码赢回了大半。客人中有一个开玩笑抗议道：

"尹小姐，你怎么不来替我也点点张子，瞧瞧我也输完啦。"

"人家徐先生头一趟到我们家，当然不好意思让他吃了亏回去的喽。"徐壮图回头看到尹雪艳朝着他满面堆着笑容，一对银耳坠子吊在她乌黑的发脚下来回地浪荡着。

---

① 人客：即宾客。此为旧时方言。
② 司傅：即师傅。此处表现尹雪艳的吴侬软语。

客厅中的晚香玉到了半夜，吐出一蓬蓬的浓香来。席间徐壮图喝了不少热花雕，加上牌桌上和了那盘"满园花"的亢奋，临走时他已经有些微醺的感觉了。

"尹小姐，全得你的指教，要不然今晚的麻将一定全盘败北了。"

尹雪艳送徐壮图出大门时，徐壮图感激地对尹雪艳说道。尹雪艳站在门框里，一身白色的衣衫，双手合抱在胸前，像一尊观世音，朝着徐壮图笑吟吟地答道：

"哪里的话，隔日徐先生来白相，我们再一道研究研究麻将经。"

隔了两日，果然徐壮图又来到了尹公馆，向尹雪艳讨教麻将的诀窍。

五

徐壮图太太坐在家中的藤椅上，呆望着大门，两腮一天天削瘦，眼睛凹成了两个深坑。

当徐太太的干妈吴家阿婆来探望她的时候，她牵着徐太太的手失惊叫道：

"哎呀，我的干小姐，才是个把月没见着，怎么你就瘦脱了形？"

吴家阿婆是一个六十来岁的妇人，硕壮的身材，没有半根白发，一双放大的小脚，仍旧行走如飞。吴家阿婆曾经上四川青城山去听过道，拜了上面白云观里一位道行高深的法师做师父。这位老法师因为看上吴家阿婆天资禀异，飞升时便把衣钵传了给她。吴家阿婆在台北家中设了一个法堂，中央供着她老师父的神像。神像下面悬着八尺见方黄绫一幅。据吴家阿婆说，她老师父常在这幅黄绫上显灵，向她授予机宜，因此吴家阿婆可预卜凶吉，消灾除祸。吴家阿婆的信徒颇众，大多是中年妇女，有些颇有社会地位。经济环境不虞匮乏，这些太太们的心灵难免感到空虚。于是每月初一十五，她们便停止一天麻将，或者标会的聚会，成群结队来到吴家阿婆的法堂上，虔诚地念经叩拜，布施散财，救济贫困，以求自身或家人的安宁。有些有疑难大症，有些有家庭纠纷，吴家阿婆一律慷慨施以许诺，答应在老法师灵前替她们祈求神助。

"我的太太，我看你的气色竟是不好呢！"吴家阿婆仔细端详了徐太太一番，摇头叹息。徐太太低首俯面忍不住伤心哭泣，向吴家阿婆道出了许多衷肠话来。

"亲妈，你老人家是看到的，"徐太太流着眼泪断断续续地诉说着，"我们徐先生和我结婚这么久，别说破脸，连句重话都向来没有过。我们徐先生是个争强好胜的人。他一向都这么说：'男人的心五分倒有三分应该放在事业上。'来台湾熬了这十来年，好不容易盼着他们水泥公司发达起来，他才出了头，我看他每天为公事在外面忙着应酬，我心里只有暗暗着急。事业不事业倒在其次，求祈他身体康宁，我们母子再苦些也是情愿的。谁知道打上月起，我们徐先生竟好像变了一个人似的。经常两晚三晚不回家。我问一声，他就摔碗砸筷，脾气暴得了不得。前天连两个孩子都挨了一顿狠打。有人传话给我听说是我们徐先生在外面有了人，而且人家还是个有头有脸的人物。亲妈，我这个本本分分的人哪里经过这些事情？人还撑得住不走样？"

"干小姐，"吴家阿婆拍了一下巴掌说道，"你不提呢，我也就不说了。你知道我是最怕兜揽是非的人。你叫了我声亲妈，我当然也就向着你些。你知道那个胖婆儿宋太太呀，她先生宋协理搞上个甚么'五月花'的小酒女。她跑到我那里一把鼻涕一把眼泪要我替她求求老师父。我拿她先生的八字来一算，果然冲犯了东西。宋太太在老师父灵前许了重愿，我替她念了十二本经。现在她男人不是乖乖地回去了？后来我就劝宋太太：'整天少和那些狐狸精似的女人穷混，念经做善事要紧！'宋太太就一五一十地把你们徐先生的事情原原本本数了给我听。那个尹雪艳呀，你以为她是个甚么好东西？她没有两下，就能拢得住这些人？连你们徐先生那么个正人君子她都有本事抓得牢。这种事情历史上是有的：褒姒、妲己、飞燕、太真——这起祸水！你以为都是真人吗？妖孽！凡是到了乱世，这些妖孽都纷纷下凡，扰乱人间。那个尹雪艳还不知道是个甚么东西变的呢！我看你呀，总得变个法儿替你们徐先生消了这场灾难才好。"

"亲妈，"徐太太忍不住又哭了起来，"你晓得我们徐先生不是那种没有良心的男人。每次他在外面逗留了回来，他嘴里虽然不说，我晓得他心里是过意不去的。有时他一个人闷坐着猛抽烟，头筋叠暴起来，样子真唬人。我又不敢去劝解他，只有干着急。这几天他更是着了魔一般，回来嚷着说公司里人人都寻他晦气。他和那些工人也使脾气，昨天还把人家开除了几个。我劝他说犯不着和那些粗人计较，他连我也喝斥了一顿。他的行径反常得很，看着不像，真不由得不叫人担心哪！"

"就是说啊！"吴家阿婆点头说道，"怕是你们徐先生也犯着了什么吧？你且把他的八字递给我，回去我替他测一测。"

徐太太把徐壮图的八字抄给了吴家阿婆说道：

"亲妈，全托你老人家的福了。"

"放心，"吴家阿婆临走时说道，"我们老师父最是法力无边，能够替人排难解厄的。"

然而老师父的法力并没有能够拯救徐壮图。有一天，正当徐壮图向一个工人拍起桌子喝骂的时候，那个工人突然发了狂，一把扁钻从徐壮图前胸刺穿到后胸。

六

徐壮图的治丧委员会吴经理当了总干事。因为连日奔忙，风湿又弄翻了，他在极乐殡仪馆穿出穿进的时候，一径挂着拐杖，十分蹒跚。开吊的那一天灵堂就设在殡仪馆里。一时亲戚友好的花圈丧帐白簇簇地一直排到殡仪馆的门口来。水泥公司同仁挽的却是"痛失英才"四个大字。来祭吊的人从早上九点钟起开始络绎不绝。徐太太早已哭成了痴人，一身麻衣丧服带着两个孩子，跪在灵前答谢。吴家阿婆却率领了十二个道士，身着法衣，手执拂尘，在灵堂后面的法坛打解冤洗业醮。此外并有僧尼十数人在念经超度，拜大悲忏。

正午的时候，来祭吊的人早挤满了一堂，正当众人熙攘之际，突然人群里起了一阵骚动，接着全堂静寂下来，一片肃穆。原来尹雪艳不知什么时候却像一阵风一般地闪了进来。尹雪艳仍旧一身素白打扮，脸上未施脂粉，轻盈盈地走到管事台前，不慌不忙地提起毛笔，在签名簿上一挥而就地签上了名，然后款款地走到灵堂中央，客人们都候地分开两边,让尹雪艳走到灵台跟前,尹雪艳凝着神,敛着容,朝着徐壮图的遗像深深地鞠了三鞠躬。这时在场的亲友大家都呆如木鸡。有些显得惊讶,有些却是愤愤,也有些满脸惶惑,可是大家都好似被一股潜力镇住了,未敢轻举妄动。这次徐壮图的惨死,徐太太那一边有些亲戚迁怒于尹雪艳,他们都没有料到尹雪艳居然有这个胆识闯进徐家的灵堂来。场合过分紧张突兀,一时大家都有点手足无措。尹雪艳行完礼后,却走到徐家太太面前,伸出手抚摸了一下两个孩子的头,然后庄重地和徐太太握了一握手。正当众人面面相觑的当儿,尹雪艳却踏着她那风一般的步子走出了极乐殡仪馆。一时灵堂里一阵大乱,徐太太突然跪倒在地,昏厥了过去,吴家阿婆赶紧丢掉拂尘,抢身过去,将徐太太抱到后堂去。

当晚,尹雪艳的公馆里又呈上了牌局,有些牌搭子是白天在徐壮图祭悼会后约好的。吴经理又带了两位新客人来:一位是南国纺织厂新上任的余经理,另一位是大华企业公司的周董事长。这晚吴经理的手气却出了奇迹,一连串地在和满贯。吴经理不停地笑着叫着,眼泪从他烂掉了睫毛的血红眼圈一滴滴淌下来。到了第十二圈,有一盘吴经理突然双手乱舞大叫起来。

"阿媛,快来!快来!'四喜临门'!这真是百年难见的怪牌。东、南、西、北——全齐了,外带自摸双!人家说和了大四喜,兆头不祥。我倒霉了一辈子,和了这副怪牌,从此否极泰来。阿媛,阿媛,侬看看这副牌可爱不可爱?有趣不有趣?"

吴经理喊着笑着把麻将撒满了一桌子。尹雪艳站到吴经理身边,轻轻地按着吴经理的肩膀,笑吟吟地说道:

"干爹,快打起精神多和两盘。回头赢了余经理及周董事长他们的钱,我来吃你的红!"

(选自白先勇《台北人》,广西师范大学出版社2015年版)

【阅读指要】

《永远的尹雪艳》是小说集《台北人》中的第一篇,作者塑造了罕见的精灵般的女性形象——尹雪艳。她是舞女、交际花,围绕在她身边的人们,曾经在大陆度过青春美好、荣华富贵的生活,而今陷于台北一隅,只有无尽的悲凉叹息。尹雪艳却"总也不老","像个通身银白的女祭司",像"观世音",仿佛有一种魔力,带他们回到过去。作者塑造了尹雪艳这个"蛇蝎美女"的形象,情节设置是非理性的,尹雪艳八字带重煞,凡接近她的男人,都厄运临头。小说潜隐的线索,是历史的沧桑巨变,注定了这一群人的悲剧命运,表面的情节,却渲染成是尹雪艳这样的"妖孽""祸水"所为,两相对照,可以看出很深的讽刺意味。

【课后练习】

1. 尹雪艳是个"煞星"吗,周围的人们为何会有这样的观点?
2. 怎样理解吴经理这个人物?
3. 白先勇受《红楼梦》影响很深,经常在小说的地点、人名、衣饰、器具等方面隐藏寓意,请在文中寻找这样的例子。

小二黑结婚(节选)

赵树理

【作者简介】

赵树理(1906—1970)(见图 3-5),原名赵树礼,山西晋城人,现代小说家、人民艺术家。1925 年开始写新诗和小说。中华人民共和国成立后先后在《工人日报》《曲艺》《人民文学》等刊物工作。赵树理的小说深刻反映了中国北方农村在新民主主义革命时期所发生的巨大社会变迁,塑造了翻身农民的真实群像,闪耀着革命现实主义的光辉。他开创的文学流派"山药蛋派",成为现代文学史上最重要、最有影响的文学流派之一。代表作有《小二黑结婚》《三里湾》《李有才板话》等。

图 3-5 赵树理

【原文】

一 神仙的忌讳

刘家峧有两个神仙,邻近各村无人不晓:一个是前庄上的二诸葛,一个是后庄上的三仙姑。二诸葛原来叫刘修德,当年做过生意,抬脚动手都要论一论阴阳八卦,看一看黄道黑道。三仙姑是后庄于福的老婆,每月初一十五都要顶着红布摇摇摆摆装扮天神。

二诸葛忌讳"不宜栽种",三仙姑忌讳"米烂了"。这里边有两个小故事:有一年春天大旱,直到阴历五月初三才下了四指雨。初四那天大家都抢着种地,二诸葛看了看历书,又掐指算了一下说:"今日不宜栽种。"初五日是端午,他历年就不在端午这天做什么,又不曾种;初六倒是个黄道吉日,可惜地干了,虽然勉强把他的四亩谷子种上了,却没有出够一半。后来直到十五才又下雨,别人家都在地里锄苗,二诸葛却领着两个孩子在地里补空子。邻家有个后生,吃饭时候在街上碰上二诸葛便问道:"老汉!今天宜栽种不宜?"二诸葛翻了他一眼,扭转头返回去了,大家就嘻嘻哈哈传为笑谈。

三仙姑有个女孩叫小芹。一天,金旺他爹到三仙姑那里问病,三仙姑坐在香案后唱,金旺他爹跪在香案前听。小芹那年才九岁,晌午做捞饭,把米下进锅里了,听见她娘哼哼得很中听,站在桌前听了一会,把做饭也忘了。一会,金旺他爹出去小便,三仙姑趁空子向小芹说:"快去捞饭!米烂了!"这句话却不料就叫金旺他爹听见,回去就传开了。后来有些好玩笑的人,见了三仙姑就故意问别人:"米烂了没有?"

二 三仙姑的来历

三仙姑下神,足足有三十年了。那时三仙姑才十五岁,刚刚嫁给于福,是前后庄上第一个俊俏媳妇。于福是个老实后生，不多说一句话，只会在地里死受。于福的娘早死了，只有个爹，父子两个一上了地，家里只留下新媳妇一个人。村里的年轻人们觉着新媳妇太孤单，就慢慢自动地来跟新媳妇做伴，不几天就集合了一大群，每天嘻嘻哈哈，十分哄伙。于福他爹看见不像个样子，有一天发了脾气，大骂一顿，虽然把外人挡住了，新媳妇却跟他闹起来。新媳妇哭了一天一夜，头也不梳，脸也不洗，饭也不吃，躺在炕上，谁也叫不起来，父子两个没了办法。邻家有个老婆替她请了一个神婆子，在她家下了一回神，说是三仙姑跟上她了，她也哼哼唧唧自称吾神长吾神短，从此以后每月初一十五就下起神来，别人也给她烧起香来求财问病，三仙姑的香案便从此设起来了。

　　青年们到三仙姑那里去，要说是去问神，还不如说是去看圣像。三仙姑也暗暗猜透大家的心事，衣服穿得更新鲜，头发梳得更光滑，首饰擦得更明，官粉搽得更匀，不由青年们不跟着她转来转去。

　　这是三十来年前的事。当时的青年，如今都已留下了胡子，家里大半又都是子媳成群，所以除了几个老光棍，差不多都没有那些闲情到三仙姑那里去了。三仙姑却和大家不同，虽然已经四十五岁，却偏爱当个老来俏，小鞋上仍要绣花，裤腿上仍要镶边，顶门上的头发脱光了，用黑手帕盖起来，只可惜官粉涂不平脸上的皱纹，看起来好像驴粪蛋上下上了霜。

　　老相好都不来了，几个老光棍不能叫三仙姑满意，三仙姑又团结了一伙孩子们，比当年的老相好更多，更俏皮。

　　三仙姑有什么本领能团结这伙青年呢？这秘密在她女儿小芹身上。

三　小芹

　　三仙姑前后共生过六个孩子，就有五个没有成人，只落了一个女儿，名叫小芹。小芹当两三岁时候，就非常伶俐乖巧，三仙姑的老相好们，这个抱过来说是"我的"，那个抱起来说是"我的"，后来小芹长到五六岁，知道这不是好话，三仙姑教她说："谁再这么说，你就说'是你的姑姑'。"说了几回，果然没有人再提了。

　　小芹今年十八了，村里的轻薄人说，比她娘年轻时候好得多。青年小伙子们，有事没事，总想跟小芹说句话。小芹去洗衣服，马上青年们也都去洗；小芹上树采野菜，马上青年们也都去采。

　　吃饭时候，邻居们端上碗爱到三仙姑那里坐一会，前庄上的人来回一里路，也并不觉得远。这已经是三十年来的老规矩，不过小青年们也这样热心，却是近二三年来才有的事。三仙姑起先还以为自己仍有勾引青年的本领，日子长了，青年们并不真正跟她接近，她才慢慢看出门道来，才知道人家来了为的是小芹。

　　不过小芹却不跟三仙姑一样，表面上虽然也跟大家说说笑笑，实际上却不跟人乱来，近二三年，只是跟小二黑好一点。前年夏天，有一天前响，于福去地，三仙姑去串门，家里只留下小芹一个人。金旺来了，嘻[嬉]皮笑脸向小芹说："这会可算是个空子吧？"小芹板起脸来说:"金旺哥!咱们以后说话规矩些!你也是娶媳妇大汉了!"金旺撇撇嘴说:"咦!装什么假正经?小二黑一来管保你就软了!有便宜大家讨开点,没事;要正经除非自己锅底没有黑。"说着就拽住小芹的胳膊悄悄说:"不用装模作样了!"不料小芹大声喊道:"金旺!"金旺赶紧跑出来。一边还咄念道:"等得住你!"说着就悄悄溜走了。

四 金旺弟兄

提起金旺来,刘家峧没有人不恨他,只有他一个本家兄弟名叫兴旺跟他对劲。

金旺他爹虽是个庄稼人,却是刘家峧一只虎,当过几十年老社首,捆人打人是他的拿手好戏。金旺长到十七八岁,就成了他爹的好帮手,兴旺也学会了帮虎吃食,从此金旺他爹想要捆谁,就不用亲自动手,只要下个命令,自有金旺兴旺代办。

抗战初年,汉奸敌探溃兵土匪到处横行,那时金旺他爹已经死了,金旺兴旺弟兄两个,给一支溃兵作了内线工作,引路绑票,讲价赎人,又做巫婆又做鬼,两头出面装好人。后来八路军来,打垮溃兵土匪,他两人才又回到刘家峧。

山里人本来就胆子小,经过几个月大混乱,死了许多人,弄得大家更不敢出头了。别的大村子都成立了村公所、各救会、武委会,刘家峧却除了县府派来一个村长以外,谁也不愿意当干部。不久,县里派人来刘家峧工作,要选举村干部,金旺跟兴旺两个人看出这又是掌权的机会,大家也巴不得有人愿干,就把兴旺选为武委会主任,把金旺选为村政委员,连金旺老婆也被选为妇救会主席。其他各干部,硬捏了几个老头子出来充数。只有青抗先①队长,老头子充不得。兴旺看见小二黑这个小孩子漂亮好玩,随便提了一下名就通过了,他爹二诸葛虽然不愿,可是惹不起金旺,也没有敢说什么。

村长是外来的,对村里情形不十分了解,从此金旺兴旺比前更厉害了,只要瞒住村长一个人,村里人不论那[哪]个都得由他两个调遣。这几年来,村里别的干部虽然调换了几个,而他两个却好像铁桶江山。大家对他两个虽是恨得入骨,可是谁也不敢说半句话,都恐怕扳不倒他们,自己吃亏。

五 小二黑

小二黑,是二诸葛的二小子,有一次反"扫荡"打死过两个敌人,曾得到特等射手的奖励。说到他的漂亮,那不只在刘家峧有名,每年正月扮故事,不论去到那[哪]一村,妇女们的眼睛都跟着他转。

小二黑没有上过学,只是跟着他爹识了几个字。当他六岁时候,他爹就教他识字。识字课本既不是五经四书,也不是常识国语,而是从天干、地支、五行、八卦、六十四卦名等学起,进一步便学些《百中经》、《玉匣记》、增删卜易、麻衣神相、奇门遁甲、阴阳宅等书。小二黑从小就聪明,像那些算属相、卜六壬课、念大小游年或"甲子乙丑海中金"等口诀,不几天就都弄熟了,二诸葛也常把他引在人前卖弄。因为他长得伶俐可爱,大人们也

---

①青抗先:抗日战争时期青年抗日先锋队的简称。

都爱跟他玩；这个说："二黑，算一算十岁属什么？"那个说："二黑，给我卜一课！"后来二诸葛因为说"不宜栽种"误了种地，老婆也埋怨，大黑也埋怨，庄上人也都传为笑谈，小二黑也跟着这事受了许多奚落。那时候小二黑十三岁，已经懂得好歹了，可是大人们仍把他当成小孩来玩弄，好跟二诸葛开玩笑的，一到了家，常好对着二诸葛问小二黑道："二黑！算算今天宜不宜栽种？"和小二黑年纪相仿的孩子们，一跟小二黑生了气，就连声喊道："不宜栽种不宜栽种……"小二黑因为这事，好几个月见了人躲着走，从此就和他娘商量成一气，再不信他爹的鬼八卦。

　　小二黑跟小芹相好已经二三年了。那时候他才十六七，原不过在冬天夜长时候，跟着些闲人到三仙姑那里凑热闹，后来跟小芹混熟了，好像是一天不见面也不能行。后庄上也有人愿意给小二黑跟小芹做媒人，二诸葛不愿意，不愿意的理由有三：第一小二黑是金命，小芹是火命，恐怕火克金；第二小芹生在十月，是个犯月；第三是三仙姑的声名不好。恰巧在这时候彰德府来了一伙难民，其中有个老李带来个八九岁的小姑娘，因为没有吃的，愿意把姑娘送给人家逃个活命。二诸葛说是个便宜，先问了一下生辰八字，切算了半天说："千里姻缘一线牵。"就替小二黑收作童养媳。

　　虽然二诸葛说是千合适万合适，小二黑却不认账。父子们吵了几天，二诸葛非养不行，小二黑说："你愿意养你就养着，反正我不要！"结果虽然把小姑娘留下了，却到底没有说清楚算什么关系。

六　斗争会

　　金旺自从碰了小芹的钉子以后，每日怀恨，总想设法报一报仇。有一次武委会训练村干部，恰巧小二黑发疟疾没有去。训练完毕之后，金旺就向兴旺说："小二黑是装病，其实是被小芹勾引住了，可以斗争他一顿。"兴旺就是武委会主任，从前也碰过小芹一回钉子，自然十分赞成金旺的意见，并且又叫金旺回去和自己的老婆说一下，发动妇救会也斗争小芹一番。金旺老婆现任妇救会主席，因为金旺好到小芹那里去，早就恨得小芹了不得。现在金旺回去跟她说要斗争小芹，这才是巴不得的机会，丢下活计，马上就去布置。第二天，村里开了两个斗争会，一个是武委会斗争小二黑，一个是妇救会斗争小芹。

　　小二黑自己没有错，当然不承认，嘴硬到底，兴旺就下命令把他捆起来送交政府机关处理。幸而村长脑筋清楚，劝兴旺说："小二黑发疟是真的，不是装病，至于跟别人恋爱，不是犯法的事，不能捆人家。"兴旺说："他已是有了女人的。"村长说："村里谁不知道小二黑不承认他的童养媳。人家不承认是对的，男不过十六、女不过十五，不到订婚年龄。十来岁小姑娘，长大也不会来认这笔账。小二黑满有资格跟别人恋爱，谁也不能干涉。"兴旺没话说了，小二黑反要问他："无故捆人犯法不犯？"经村长双方劝解，才算放了完事。

　　兴旺还没有离村公所，小芹拉着妇救会主席也来找村长。她一进门就说："村长！捉贼要赃，捉奸要双，当了妇救会主席就不说理了？"兴旺见拉着金旺的老婆，生怕说出这事与自己有关，赶紧溜走。后来村长问了问情由，费了好大一会唇舌，才给他们调解开。

七　三仙姑许亲

两个斗争会开过以后，事情包也包不住了，小二黑也知道这事是合理合法的了，索性就跟小芹公开商量起来。

三仙姑却着了急。她跟小芹虽是母女，近几年来却不对劲。三仙姑爱的是青年们，青年们爱的是小芹。小二黑这个孩子，在三仙姑看来好像鲜果，可惜多一个小芹，就没了自己的份儿。她本想早给小芹找个婆家推出门去，可是因为自己名声不正，差不多都不愿意跟她结亲。开罢斗争会以后，风言风语都说小二黑要跟小芹自由结婚，她想要真是那样的话，以后想跟小二黑说几句笑话都不能了，那是多么可惜的事，因此托东家求西家要给小芹找婆家。

"插起招军旗，就有吃粮人。"有个吴先生是在阎锡山部下当过旅长的退职军官，家里很富，才死了老婆。他在奶奶庙大会上见过小芹一面，愿意续她，媒人向三仙姑一说，三仙姑当然愿意。不几天过了礼帖，就算定了，三仙姑以为了却一宗心事。

小芹已经和小二黑商量得差不多了，如何肯听她娘的话？过礼那一天，小芹跟她娘闹起来，把吴先生送来的首饰绸缎扔下一地。媒人走后，小芹跟她娘说："我不管！谁收了人家的东西谁跟人家去！"

三仙姑愁住了，睡了半天，晚饭以后，说是神上了身，打了两个呵欠就唱起来。她起先责备于福管不了家，后来说小芹跟吴先生是前世姻缘，还唱些什么"前世姻缘由天定，不顺天意活不成……"于福跪在地下哀求，神非教他马上打小芹一顿不可。小芹听了这话，知道跟这个装神弄鬼的娘说不出什么道理来，干脆躲了出去，让她娘一个人胡说。

小芹一个人悄悄跑到前庄上去找小二黑，恰在路上碰上小二黑去找她，两个就悄悄拉着手到一个大窑里去商量对付三仙姑的法子。

八　拿双

小芹把她娘怎样主婚怎样装神，唱些什么，从头至尾细细向小二黑说了一遍，小二黑说："不用理她！我打听过区上的同志，人家说只要男女本人愿意，就能到区上登记，别人谁也作不了主……"说到这里，听见外边有脚步声，小二黑伸出头来一看，黑影里站着四五个人，有一个说："拿双拿双！"他两人都听出是金旺的声音，小二黑起了火，大叫道："拿？没有犯了法！"兴旺也来了，下命令道："捉住捉住！我就看你犯法不犯法？给你操了好几天心了！"小二黑说："你说去那[哪]里咱就去那[哪]里，到边区政府你也不能把谁怎么样！走！"兴旺说："走？便宜了你！把他捆起来！"小二黑挣扎了一会，无奈没有他们人多，终于被他们七手八脚打了一顿捆起来了。兴旺说："里边还有个女的，也捆起来！捉奸要双，这是她自己说的！"说着就把小芹也捆起来了。

前庄上的人都还没有睡，听见有人吵架，有些人就跑出来看，麻秆火把下看见捆着的两个人，大家不问就都知道了八九分。二诸葛也出来了，见小二黑被人家捆起来，就跪在兴旺面前哀求道："兴旺！咱两家没有什么仇！看在我老汉面上，请你们诸位高高手……"

兴旺说："这事情，我们管不了，送给上级再说吧！"小二黑说："爹！你不用管！送到那[哪]里也不犯法！我不怕他！"兴旺说："好小子！要硬你就硬到底！"又逼住三个民兵说："带他们走！"一个民兵问："带到村公所？"兴旺说："还到村公所干什么？上一回不是村长放了的？送给区武委会主任按军法处理！"说着就把他两个人拥上走了。

……

（选自赵树理《小二黑结婚》，北京联合出版公司2014年版）

【阅读指要】

小说《小二黑结婚》发表于1943年，描写了抗战时期解放区一对青年男女为追求婚姻自由，冲破封建传统和守旧家长的阻挠，最终结为夫妻的故事。小说中既塑造了老一代未觉醒的农民形象，更塑造出在人民政权支持下的新一代已觉悟的农民形象，通过这两类形象的鲜明对照，反映了当时中国农村正经历着的巨大而深刻的社会变迁。小说借鉴了中国章回体小说技法，结构连贯完整，又善于制造波澜与悬念；在矛盾冲突中刻画人物性格；通过行动描写和语言描写来塑造人物形象；语言口语化，幽默诙谐。

节选部分，主要人物基本都已出场，三仙姑的女儿小芹与二诸葛的儿子小二黑自由恋爱，却受到了阻挠和反对。小芹和小二黑在商量如何对付三仙姑给小芹定亲问题的时候，却被金旺等人捆起来押送到了区里。这是小说情节的最高潮。

【课后练习】

1. 分析三仙姑和二诸葛的性格特点。
2. 该小说最突出的特点是什么？

平凡的世界(节选)

路遥

【作者简介】

路遥(1949—1992)(见图 3-6),原名王卫国,陕西榆林人,当代优秀小说家。1973 年进入延安大学中文系学习,开始文学创作。曾任《陕西文艺》(今《延河》)编辑。1980 年发表《惊心动魄的一幕》,获第一届全国优秀中篇小说奖。1982 年发表中篇小说《人生》,获全国第二届优秀中篇小说奖,后被改编成电影,获第八届大众电影百花奖最佳故事片奖,轰动全国。1988 年完成百万字长篇巨著《平凡的世界》,1991 年获茅盾文学奖。路遥将自己的全部生命激情投入文学创作,深入持久地关注普通人的命运,挖掘潜藏在他们身上的朴素而宝贵的精神,他的作品给处于底层抑或是正在奋斗中的青年以情感共鸣和精神鼓励。

图 3-6 路遥

【原文】

汽车拉着黄土高原这些自命不凡的子弟,在矿部前的一个小土坪上停下来。他们不知道,这就是大牙湾的"天安门广场"。旁边矿部三层楼的楼壁上,挂着一条欢迎新工人到矿的红布标语。同时,高音喇叭里一位女播音员用河南腔的普通话反复播送一篇欢迎辞。

辉煌的灯火加上热烈的气氛,显出一个迷人的世界。人们的血液沸腾起来了。原来一直听说煤矿如何艰苦,看来并不像传说中的那么差劲!瞧,这不像来到繁华的城市了吗?

好地方哪!

可是,当招工的人把他们领到住宿的地方时,他们热烘烘的头脑才冷了下来。他们寒心地看见,几孔砖砌的破旧的大窑洞,里面一无所有。地上铺着常年积下的尘土;墙壁被烟熏成了黑色,上面还糊着鼻涕之类不堪入目的脏物。

这就是他们住宿的地方?

煤矿生活的严峻性初次展现在了他们的眼前。

……

在大部分人都有点灰心的时候,孙少平心里却高兴起来:好,这地方正和我的情况统一着哩!

在孙少平看来,这里的状况比他原来想象得还要好。他没想到矿区会这么庞大和有气势。

瞧，建筑物密密麻麻挤满了偌大一个山湾，街道、商店、机关、学校，应有尽有。雄伟的选煤楼，飞转的天轮，山一样的煤堆，还有火车的喧吼。就连地上到处乱扔的废钢烂铁，也是一种富有的表现啊！是的，在娇生惯养的人看来，这里又脏又黑，没有什么诗情画意。但在他看来，这却是一个能创造巨大财富的地方，一个令人振奋的生活大舞台！

孙少平的这种想法是很自然的，因为与此相比较的，是他已经经历过的那些无比艰难的生活场景。

第二天上午，根据煤矿的惯例，要进行身体复查。

十点钟左右，劳资调配员带着他们上了一道小坡，穿过铁道来到西面半山腰的矿医院。

复查完全按征兵规格进行。先目测，然后看骨缝、硬伤或是否有皮肤病。有两个人立刻在骨科和皮肤科打下来了。皮肤病绝对不行，因为每天大家要在水池里共浴。

少平顺利地通过一道道关口。

但是，不知为什么，他的心情渐渐紧张起来。他太珍视这次招工了，这等于是他一生命运的转折。他生怕在这最后的关头出个什么意外的事。

正如俗话所说：怕处有鬼。本来，他的身体棒极了，没一点毛病，但这无谓的紧张情绪终于导致了可怕的灾难——他在血压上被卡住了！

量血压时随着女大夫捏皮囊的响声，他的心脏像是要爆炸一般狂跳不已，结果高压竟然上了一百六十五！

全部检查完毕后，劳资调配员在医院门诊部的楼道里宣布：身体合格的下午自由安排，可以出去买东西，到矿区转一转；身体完全不合格的准备回家；血压高的人明天上午再复查一次，如果还不合格，也准备回家……

回家？

这两个字使少平的头"轰"地响了一声。此刻如果再量血压，谁知道上升到什么程度！

他两眼发黑，无数纷乱的人头连同这座楼房都一齐在他面前旋转起来。

命运啊，多么会捉弄人！他历尽磨难好不容易来到这里，怎能再回去呢？回到哪里？双水村？黄原？再到东关那个大桥头的人堆里忧愁地等待包工头来招他？

他不知道自己是怎样走回宿舍的。

孙少平躺在光床板上，头枕着那个破提包，目光呆滞地望着黑乎乎的窑顶。窑里空无一人，大家都出去转悠去了。此刻，他也再听不见外面世界的各种嘈杂，只是无比伤心地躺在这里，眼中旋转着两团泪水。他等待着明天——明天，将是决定他命运的最后一次判决。如果血压降不下来，他就得提起这个破提包，离开大牙湾……那么，他又将去哪里？

有一点是明确的：不能回家去——绝对不能。也不能回黄原去！既然已经出来了，就不能再北返一步。好马不吃回头草！如果他真的被煤矿辞退，他就去铜城谋生；揽工，掏粪,扫大街,都可以……

他猛然想到,他实际上血压并不高,只是因为心情过于紧张才造成了如此后果;他怎能甘心这样一种偶然因素就被淘汰呢?

"不!"他喊叫说。

他从床上一跃而起。他想,他决不能这样被动地等待命运的宰割。在这最危险的时候,应该像伟大的贝多芬所说:我要扼住命运的咽喉,它决不会使我完全屈服!

万般焦灼的孙少平首先想到了那位量血压的女大夫。他想,在明天上午复查之前,他一定要先找找这位决定他命运的女神。

打问好女大夫住宿的地方,时间已经到了下午。晚饭他只从食堂里带回两个馒头,也无心下咽,便匆忙地从宿舍走出来,下了护坡路那几十个台阶,来到矿区中间的马路上。

他先到东面矿部那里的小摊前,从身上仅有的七块钱中拿出五块,买了一网兜苹果,然后才折转身向西面的干部家属楼走去。

直到现在,孙少平还没想好他找到女大夫该怎说。但买礼物这一点他一开始就想到了。这是中国人办事的首要条件。这几斤苹果是太微不足道了——本来,从走后门的行情看,要办这么大的事,送块手表或一辆自行车也算不了什么。只是他身上实在没钱了。不论怎样,提几斤苹果总比赤手空拳强!

现在,又是夜晚了。矿区再一次亮起灿若星河的灯火。沟底里传来了一片模糊的人的嘈杂声——大概是晚场电影就要开映了。

女大夫会不会去看电影呢?但愿她没去!不过,即使去了,他也要立在她家门口等她回来。要是今晚上找不到她,一切就为时过晚了——明天早晨八点钟就要复查!

孙少平提着那几斤苹果,急行在夜晚凉飕飕的秋风中。额头上冒着热汗,他不时撩起布衫襟子揩一把。快进家属区的路段两旁,挤满了卖小吃的摊贩,油烟蒸气混合着飘满街头,吆喝声此起彼伏。那些刚上井的单身矿工正围坐在脏乎乎的小桌旁,吃着喝着,挥舞着胳膊在猜拳喝令。

家属区相对来说是宁静的。一幢幢四层楼房排列得错落有致;从那些亮着灯火的窗口传出中央电视台播音员赵忠祥浑厚的声音——新闻联播已近尾声,时间约莫快到七点半了。

他找到了八号楼。他从四单元黑暗的楼道里拾级而上。他神经绷得像拉满的弓弦。由于没吃饭,上楼时两腿很绵软。

黑暗中,他竟然在二楼的水泥台阶上绊倒了。肋骨间被狠狠撞击了一下,疼得他几乎要喊出声来。他顾不了什么,挣扎着爬起来,用衣服揩了揩苹果上的灰土。

现在,他立在三楼右边的门口——这就是那位女大夫的家。

他的心脏再一次狂跳起来。

他立在这门口,停留了片刻,等待急促的呼吸趋于平缓。此刻,他口干舌燥,心情万分沉重。人啊，在这个世界上要活下去有多么艰难！

他终于轻轻叩响了门板。

好一阵工夫，门才打开一条缝，从里面探出来半个脑袋——正是女大夫！

"你找谁？"她板起脸问。

她当然不会认出他是谁。

"我……我就找你。"少平拘谨地回答，尽量使自己的声音充满谦卑。

"什么事？"

"我……"他一时不知该怎说。

"有事等明天上班到医院来找！"

女大夫说着，就准备关门了。

少平一急，便把手插在门缝里，使这扇即将关闭的门不得不停下来，"我有点事，想和你说一下！"他哀求说。

女大夫有点生气。不过，她只好把他放进屋来。

他跟着她进了边上的一间房子。另一间房子传来一个男人和小女孩的说话声，大概是大夫的丈夫和孩子——他们正在看电视。

"什么事？"女大夫直截了当问。从她的脸上神色看，显然对这种打扰烦透顶了。

孙少平立在地上，手里难堪地提着那几斤苹果，说："就是我的血压问题……"

"血压怎？"

"这几颗苹果给你的娃娃放下……"少平先不再说血压，把那几斤苹果放在了茶几上。

"你这是干什么！有啥事你说！你坐……"女大夫态度仍然生硬，但比刚才稍有缓和。孙少平看出，不是这几颗苹果起了作用，而是因为他那一副可怜相，才使得女大夫不得不勉强请他坐下。

女大夫说着，自己已经坐在了藤椅里。

好，你坐下就好，这说明你准备听我说下去了！

少平没有坐。他在灯光下看见，他刚才跌了那一跤，也忘了拍一拍，浑身沾满灰土。他怎能坐进大夫家干净的沙发里呢？

他就这样立在地上，开口说："我叫孙少平，是刚从黄原新招来的工人，复查身体时，本来我血压不高，但由于心情紧张，高压上了一百六十五。这是你为我量的……"

"噢……"女大夫似乎有所记忆，"当然，你说的这种情况是有的。正因为这样，我们才对血压不合格的人，还要进行第二次复查……"

"那可是最后一次复查了！"少平叫道。

"是最后一次了。"女大夫平静地说。

"如果还不合格呢？"

"当然要退回原地！"

"不！我不回去！"少平冲动地大声叫起来，眼里已经旋转着泪水。

这时，女大夫的丈夫在门口探进头看了看，生气地白了少平一眼，然后把门"啪"地带住了。

女大夫本人现在只是带着惊讶的神色望着他。她说不出什么来。她显然被他这一声哈姆雷特式的悲怆的喊叫所震慑。少平自己也知道失礼了，赶忙轻声说："对不起……"他用手掌揩去额头的汗水，又把手上的汗水揩在胸前的衣襟上。他哀求说："大夫，你一定要帮助我，不要把我打发回去。我知道，我的命运就掌握在你的手里。你将决定我的生活道路，决定我的一生。这是千真万确的！"

"你原来是干什么的？"女大夫突然问。

"揽工……在黄原揽了好长时间的工。"

"上过学没有？"

"上过。高中毕业，在农村教过书。"

"当过教师？"

"嗯。"

"那你……"

"大夫，我一时难以说清我的一切。我家几辈子都是农民。我好不容易才来到这里。煤矿虽然苦一些，但我不怕这地方苦。我多么希望能在这里劳动。听说有的人下几回井就跑了。我不会，大夫。你要知道，这是我的最后一次机会。你要相信，我的血压一点都不高，说不定是你的血压计出了毛病……"

"血压计怎会出毛病呢！"女大夫嘴角不由露出一丝笑意。

这一丝笑意对少平来说，就像阴霾的天空突然出现了太阳的光芒！

"你说的我都知道了。你回去。明天复查时，你不要紧张……"

"万一再紧张呢？"

女大夫这次完全被他的话逗笑了。她从藤椅里站起来，在茶几上提起那几斤苹果，一边往他手里递，一边说："你把东西带走。明早复查前一小时，你试着喝点醋……"

孙少平一怔。他猛地转过身，没有接苹果，急速地走出了房子。他不愿让大夫看见他夺眶而出的泪水。他在心里说："好人，谢谢你！"

他绊绊磕磕下了楼道，重新回到马路上。

他解开上衣的钮扣，让秋夜的凉风吹拂他热烘烘的胸脯。现在他脑子里是一片模糊的空白。他只记着一个字：醋！

他立刻来到矿部前，但看见所有店铺的门都关了。

他发愁地立在马路边，不知到何处去买点醋？晚上必须搞到！明早上七点就要喝，而那时商店的门还不会开呢！

这样想的时候，他的两条腿已经迫不及待地向山坡上的灯火处走去了。

……

——第二天一大早,一声火车汽车笛的吼叫惊醒了他。

他立刻跳下床,匆忙地洗了一把脸,就从床底下取出那瓶山西老陈醋来。他像服毒药一般,闭住眼灌了几大口,酸得浑身像打摆子似的哆嗦了好一阵。他感到,胃里像倒进了一盆炭火,烧灼般地刺疼。

他一只手捂着胸口,满头大汗出了宿舍,弓着腰爬上一道土坡,穿过铁道,向矿医院走去。

他来到医院时,医生们还没有上班。他就蹲在砖墙边上,惴惴不安地等待着那个决定他命运的时刻。

心跳又加快了。为了平静一些,他强迫自己用一种悠闲的心情观察医院周围的环境。这院子是长方形的,有几棵泡桐和杨树。一个残破的小花坛,里面没有花,只栽着几棵低矮的冬青;冬青也没有修剪,长得披头散发。花坛旁有一棵也许是整个矿区唯一的垂柳,这婀娜身姿和煤矿的环境很不协调。在相距很远的两棵杨树之间,配着一根尼龙绳,上面晾晒着医院白色的床单和工作服。院子的背后是黄土山。院墙外的坡下是铁路,有一家私人照相馆。从低矮的砖墙上平视出去,东边是气势磅礴的矿区,西边就是干部家属楼——楼顶上立着桅林似的自制电视天线……

八点钟,复查终于开始了。这次比较简单,身体哪科不行,就只查哪科。

和少平一块查血压的一共四个人。他排在最后一位。查验的有两位大夫,一位是男的,另一位就是那个女大夫。

前面三个很快查完了。其中有一个血压还没有降下来,哭着走了——这是一位从中部平原农村来的青年。

现在,少平惊恐地坐在小凳上了。女大夫板着脸,没有一丝认识他的表示。她把连接血压计的橡皮带子箍在了他的光胳膊上。

他像忍受疼痛一般咬紧了牙关。

女大夫捏皮囊的声音听起来像夏日里打雷一般惊心动魄。

雷声停息了。鼓胀的胳膊随着气流的外泄而渐渐松弛下来。

女大夫盯着血压计。

他盯着女大夫的脸。

那脸上似乎闪过一丝微笑。接着,他听见她说:"降下来了。低压八十,高压一百二……"

一刹那间,孙少平竟呆住了。

"你还坐着干啥?你合格了!"女大夫笑着对他点点头,然后拉开抽屉,把昨夜他装苹果的网兜塞在他手里。

他向她投去无限感激的一瞥,声音有点沙哑地问:"我到哪里去报到?"

"不用。由我们向劳资科通知。"

他大踏步地走出医院的楼道,来到院子里。此刻,他就像揽工时把脊背上一块沉重的石头扔在了场地,直起腰向深秋的蓝天长长吐出一口气。噢,现在,他才属于大牙湾——或者说大牙湾已经属于他了……

(选自路遥《平凡的世界》,北京出版集团公司 2012 年版)

【阅读指要】

《平凡的世界》以孙少安、孙少平兄弟的奋斗历程,折射出中国社会 1975 年到 1985 年间的城乡社会变化,是一部用温暖的现实主义的方式来讴歌普通劳动者的文学作品。这部小说在展示普通小人物艰难生存境遇的同时,极力书写了他们克服重重困难的美好心灵与坚忍不拔的奋斗精神。与立足于乡土、矢志改变命运的哥哥孙少安相比,弟弟孙少平是拥有现代文明知识、渴望融入城市的"出走者"。

选文是小说第三部的前两章,有所删节。本文以孙少平赶赴大牙湾煤矿"体检"这一关键情节为中心,突出刻画了处于农村贫困生活中的孙少平对矿工这份工作的极度渴望,以及为了获得这份工作而做出的努力,塑造了底层奋斗者自强不息,依靠自己的顽强毅力与命运抗争的不屈形象。小说语言朴实厚重。

【课后练习】

1. 小说节选部分最打动你的细节是什么?为什么?

2. 有人说在消费文化盛行的当下,年轻人需要的是轻松的作品,不需要艰深沉重的路遥,对此你怎么看待?

活着(节选)

余华

【作者简介】

余华(1960—)(见图3-7),浙江海盐人。1983年开始写作,是80年代中期以来最引人瞩目的先锋小说作家之一。余华的作品以精致见长,以纯净细密的叙述,打破日常的语言秩序,组织着一个自足的话语系统,并且以此为基点,建构起一个又一个奇异、怪诞、隐秘和残忍的独立于外部世界和真实的文本世界,实现了文本的真实。在现实的叙述中注入适度的现代意识,笔触简洁,情感饱满。作品有长篇小说《活着》《许三观卖血记》《在细雨中呼喊》等,中短篇小说《鲜血梅花》《往事与刑罚》《现实一种》等,随笔集《我能否相信自己》《内心之死》等。

图3-7 余华

长篇小说《活着》和《许三观卖血记》同时入选百位批评家和文学编辑评选的"90年代最具有影响力的10部作品"。

【原文】

年纪一大,人就不行了,腰是天天都疼,眼睛看不清东西。从前挑一担菜进城,一口气便到了城里,如今是走走歇歇,歇歇走走,天亮前两个小时我就得动身,要不去晚了菜会卖不出去,我是笨鸟先飞。这下苦了苦根,这孩子总是睡得最香的时候,被我一把拖起来,两只手抓住后面的箩筐,跟着我半开半闭着眼睛往城里走。苦根是个好孩子,到他完全醒了,看我挑着担子太沉,老是停住歇一会,他就从两只箩筐里拿出两棵菜抱到胸前,走到我前面,还时时回过头来问我:

"轻些了吗?"

我心里高兴啊,就说:

"轻多啦。"

说起来苦根才刚满五岁,他已经是我的好帮手了。我走到哪里,他就跟到哪里,和我一起干活,他连稻子都会割了。

我花钱请城里的铁匠给他打了一把小镰刀,那天这孩子高兴坏了,平日里带他进城,一走过二喜家那条胡同,这孩子呼地一下窜进去,找他的小伙伴去玩,我怎么叫他,他都不答应。那天说是给他打镰刀,他扯住我的衣服就没有放开过,和我一起在铁匠铺子前站了半晌,进来一个人,他就要指着镰刀对那人说:

"是苦根的镰刀。"

他的小伙伴找他去玩，他扭了扭头得意扬扬地说：

"我现在没工夫跟你们说话。"

镰刀打成了，苦根睡觉都想抱着，我不让，他就说放到床下面。早晨醒来第一件事便是去摸床下的镰刀。我告诉他镰刀越使越快，人越勤快就越有力气，这孩子眨着眼睛看了我很久，突然说：

"镰刀越快，我力气也就越大啦。"

苦根总还是小，割稻子自然比我慢多了，他一看到我割得快，便不高兴，朝我叫：

"福贵，你慢点。"

村里人叫我福贵，他也这么叫，也叫我外公，我指指自己割下的稻子说："这是苦根割的。"

他便高兴地笑起来，也指指自己割下的稻子说：

"这是福贵割的。"

苦根年纪小，也就累得快，他时时跑到田埂上躺下睡一会，对我说："福贵，镰刀不快啦。"

他是说自己没力气了。他在田埂上躺一会，又站起来神气活现地看我割稻子，不时叫道："福贵，别踩着稻穗啦。"

旁边田里的人见了都笑，连队长也笑了，队长也和我一样老了，他还在当队长，他家人多，分到了五亩地，紧挨着我的地，队长说：

"这小子真他娘的能说会道。"

我说："是凤霞不会说话欠的。"

这样的日子苦是苦，累也是累，心里可是高兴，有了苦根，人活着就有劲头。看着苦根一天一天大起来，我这个做外公的也一天比一天放心。到了傍晚，我们两个人就坐在门槛上，看着太阳掉下去，田野上红红一片闪亮着，听着村里人吆喝的声音，家里养着的两只母鸡在我们面前走来走去，苦根和我亲热，两个人坐在一起，总是有说不完的话，看着两只母鸡，我常想起我爹在世时说的话，便一遍一遍去对苦根说：

"这两只鸡养大了变成鹅，鹅养大了变成羊，羊大了又变成牛。我们啊，也就越来越有钱啦。"

苦根听后咯咯直笑，这几句话他全记住了，多次他从鸡窝里掏出鸡蛋来时，总要唱着说这几句话。

鸡蛋多了，我们就拿到城里去卖。我对苦根说：

"钱积够了我们就去买牛，你就能骑到牛背上去玩了。"

苦根一听眼睛马上亮了，他说："鸡就变成牛啦。"

从那时以后，苦根天天盼着买牛这天的来到，每天早晨他睁开眼睛便要问我："福贵，今天买牛吗?"

有时去城里卖了鸡蛋,我觉得苦根可怜,想给他买几颗糖吃吃,苦根就会说:"买一颗就行了,我们还要买牛呢。"

一转眼苦根到了七岁,这孩子力气也大多了。这一年到了摘棉花的时候,村里的广播说第二天有大雨,我急坏了,我种的一亩半棉花已经熟了,要是雨一淋那就全完蛋。一清早我就把苦根拉到棉花地里,告诉他今天要摘完,苦根仰着脑袋说:

"福贵,我头晕。"

我说:"快摘吧,摘完了你就去玩。"

苦根便摘起了棉花,摘了一阵他跑到田埂上躺下,我叫他,叫他别再躺着,苦根说:

"我头晕。"

我想就让他躺一会吧,可苦根一躺下便不起来了,我有些生气,就说:

"苦根,棉花今天不摘完,牛也买不成啦。"

苦根这才站起来,对我说:

"我头晕得厉害。"

我们一直干到中午,看看大半亩棉花摘了下来,我放心了许多,就拉着苦根回家去吃饭,一拉苦根的手,我心里一怔,赶紧去摸他的额头,苦根的额头烫得吓人。我才知道他是真病了,我真是老糊涂了,还逼着他干活。回到家里,我就让苦根躺下。村里人说生姜能治百病,我就给他熬了一碗姜汤,可是家里没有糖,想往里面撒些盐,又觉得太委屈苦根了,便到村里人家那里去要了点糖,我说:

"过些日子卖了粮,我再还给你们。"

那家人说:"算啦,福贵。"

让苦根喝了姜汤,我又给他熬了一碗粥,看着他吃下去。

我自己也吃了饭,吃完了我还得马上下地,我对苦根说:

"你睡上一觉会好的。"

走出了屋门,我越想越心疼,便去摘了半锅新鲜的豆子,回去给苦根煮熟了,里面放上盐。把凳子搬到床前,半锅豆子放在凳上,叫苦根吃,看到有豆子吃,苦根笑了,我走出去时听到他说:

"你怎么不吃啊。"

我是傍晚才回到屋里的,棉花一摘完,我累得人架子都要散了。从田里到家才一小段路,走到门口我的腿便哆嗦了,我进了屋叫:

"苦根,苦根。"

苦根没答应,我以为他是睡着了,到床前一看,苦根歪在床上,嘴半张着能看到里面有两颗还没嚼烂的豆子。一看那嘴,我脑袋里嗡嗡乱响了,苦根的嘴唇都青了。我使劲摇他,使劲叫他,他的身体晃来晃去,就是不答应我。我慌了,在床上坐下来想了又想,想到苦根会不会是死了,这么一想我忍不住哭了起来。我再去摇他,他还是不答应,我想他可能真是死了。我就走到屋外,看到村里一个年轻人,对他说:

"求你去看看苦根,他像是死了。"

那年轻人看了我半晌,随后拔脚便往我屋里跑。他也把苦根摇了又摇,又将耳朵贴到苦根胸口听了很久,才说:

"听不到心跳。"

村里很多人都来了,我求他们都去看看苦根,他们都去摇摇,听听,完了对我说:

"死了。"

苦根是吃豆子撑死的,这孩子不是嘴馋,是我家太穷,村里谁家的孩子都过得比苦根好,就是豆子,苦根也是难得能吃上。我是老昏了头,给苦根煮了这么多豆子,我老得又笨又蠢,害死了苦根。

往后的日子我只能一个人过了,我总想着自己日子也不长了,谁知一过又过了这些年。我还是老样子,腰还是常常疼,眼睛还是花,我耳朵倒是很灵,村里人说话,我不看也能知道是谁在说。我是有时候想想伤心,有时候想想又很踏实,家里人全是我送的葬,全是我亲手埋的,到了有一天我腿一伸,也不用担心谁了。我也想通了,轮到自己死时,安安心心死就是,不用盼着收尸的人,村里肯定会有人来埋我的,要不我人一臭,那气味谁也受不了。我不会让别人白白埋我的,我在枕头底下压了十元钱,这十元钱我饿死也不会去动它的,村里人都知道这十元钱是给替我收尸的那个人,他们也都知道我死后是要和家珍他们埋在一起的。

这辈子想起来也是很快就过来了,过得平平常常,我爹指望我光耀祖宗,他算是看错人了,我啊,就是这样的命。年轻时靠着祖上留下的钱风光了一阵子,往后就越过越落魄了,这样反倒好,看看我身边的人,龙二和春生,他们也只是风光了一阵子,到头来命都丢了。做人还是平常点好,争这个争那个,争来争去赔了自己的命。像我这样,说起来是越混越没出息,可寿命长,我认识的人一个挨着一个死去,我还活着。

苦根死后第二年,我买牛的钱凑够了,看看自己还得活几年,我觉得牛还是要买的。牛是半个人,它能替我干活,闲下来时我也有个伴,心里闷了就和它说说话。牵着它去水边吃草,就跟拉着个孩子似的。

买牛那天,我把钱揣在怀里走着去新丰,那里是个很大的牛市场。路过邻近一个村庄时,看到晒场上转着一群人,走过去看看,就看到了这头牛,它趴在地上,歪着脑袋吧嗒吧嗒掉眼泪,旁边一个赤膊男人蹲在地上霍霍地磨着牛刀,围着的人在说牛刀从什么地方刺进去最好。我看到这头老牛哭得那么伤心,心里怪难受的。想想做牛真是可怜。累死累活替人干了一辈子,老了,力气小了,就要被人宰了吃掉。

我不忍心看它被宰掉,便离开晒场继续往新丰去。走着走着心里总放不下这头牛,它知道自己要死了,脑袋底下都有一摊眼泪了。

我越走心里越是定不下来，后来一想，干脆把它买下来。

我赶紧往回走，走到晒场那里，他们已经绑住了牛脚，我挤上去对那个磨刀的男人说：

"行行好，把这头牛卖给我吧。"

赤膊男人手指试着刀锋，看了我好一会才问：

"你说什么？"

我说："我要买这牛。"

他咧开嘴嘻嘻笑了，旁边的人也哄地笑起来，我知道他们都在笑我，我从怀里抽出钱放到他手里，说：

"你数一数。"赤膊男人马上傻了，他把我看了又看，还搔搔脖子，问我：

"你当真要买？"

我什么话也不去说，蹲下身子把牛脚上的绳子解了，站起来后拍拍牛的脑袋，这牛还真聪明，知道自己不死了，一下子站起来，也不掉眼泪了。我拉住缰绳对那个男人说：

"你数数钱。"

那人把钱举到眼前像是看看有多厚，看完他说：

"不数了，你拉走吧。"

我便拉着牛走去，他们在后面乱哄哄地笑，我听到那个男人说：

"今天合算，今天合算。"

牛是通人性的，我拉着它往回走时，它知道是我救了它的命，身体老往我身上靠，亲热得很，我对它说：

"你呀，先别这么高兴，我拉你回去是要你干活，不是把你当爹来养着的。"

我拉着牛回到村里，村里人全围上来看热闹，他们都说我老糊涂了，买了这么一头老牛回来，有个人说：

"福贵，我看它年纪比你爹还大。"

会看牛的告诉我，说它最多只能活两年三年的，我想两三年足够了，我自己恐怕还活不到这么久。谁知道我们都活到了今天，村里人又惊又奇，就是前两天，还有人说我们是——"两个老不死。"

牛到了家，也是我家里的成员了，该给它取个名字，想来想去还是觉得叫它福贵好。定下来叫它福贵，我左看右看都觉得它像我，心里美滋滋的，后来村里人也开玩笑说像，我嘿嘿笑，心想我早就知道它像我了。

福贵是好样的，有时候嘛，也要偷偷懒，可人也常常偷懒，就不要说是牛了。我知道什么时候该让它干活，什么时候该让它歇一歇，只要我累了，我知道它也累了，就让它歇一会，我歇得来精神了，那它也该干活了。

拍拍屁股上的尘土，向池塘旁的老牛喊了一声，那牛就走过来，走到老人身旁低下了头，老人把犁扛到肩上，拉着牛的缰绳慢慢走去。

两个福贵的脚上都沾满了泥，走去时都微微晃动着身体。

我听到老人对牛说：

"今天有庆、二喜耕了一亩，家珍、凤霞耕了也有七八分田，苦根还小都耕了半亩。你嘛，耕了多少我就不说了，说出来你会觉得我是要羞你。话还得说回来，你年纪大了，能耕这么些田也是尽心尽力了。"

老人和牛渐渐远去，我听到老人粗哑的令人感动的嗓音在远处传来，他的歌声在空旷的傍晚像风一样飘扬，老人唱道：

少年去游荡，中年想掘藏，老年做和尚。

炊烟在农舍的屋顶袅袅升起，在霞光四射的空中分散后消隐了。

女人吆喝孩子的声音此起彼伏，一个男人挑着粪桶从我跟前走过，扁担吱呀吱呀一路响了过去。慢慢地，田野趋向了宁静，四周出现了模糊，霞光逐渐退去。

我知道黄昏正在转瞬即逝，黑夜从天而降了。我看到广阔的土地袒露着结实的胸膛，那是召唤的姿态，就像女人召唤着她们的儿女，土地召唤着黑夜来临。

（选自余华《活着》，上海文艺出版社 2004 年版）

【阅读指要】

《活着》写农民福贵的一生，他"活着"的历程，伴随的是至亲的一一离去，最后唯一的亲人——外孙苦根也意外夭折。他买了一头老牛，取名福贵，两个福贵相依为命，艰难地活下去。作者惯用"重复"这一叙事方式，类似情节一再出现，苦难接踵而来，亲人的感情越发温暖深沉，迸发出神圣的光彩，仿佛把对逝去亲人的爱，都加倍给活着的亲人。文字诗意、深情，写乡村风物世事大气庄重，使彻底的悲剧去除了堆积凄惨、换取同情的成分，呈现出温情、悲悯和坚忍的底色。

【课后练习】

1. 列举文中你认为情感深沉的部分，谈谈看法。
2. 结合选文，谈谈余华的语言风格。

月亮与六便士(节选)

威廉·萨默塞特·毛姆

【作者简介】

威廉·萨默塞特·毛姆(1874—1965)(见图3-8),英国著名小说家、剧作家、散文家。他生于律师家庭,父母早亡,由伯父抚养成人,原本学医,后转而致力于写作。他的作品常以冷静、客观乃至挑剔的态度审视人生,基调超然,带讽刺和怜悯意味,在世界上拥有大量读者。其著作有戏剧《圈子》,长篇小说《人生的枷锁》《月亮和六便士》,短篇小说集《叶的震颤》《卡苏里那树》《阿金》等,被称为"故事圣手"。

图3-8 毛姆

【原文】

我在前面已经说过,如果不是由于偶然的机缘到了塔希提,我是肯定不会写这本书的。查理斯·思特里克兰德经过多年浪迹最后流落到的地方正是塔希提;也正是在这里他创作出使他永远名垂画史的画幅。我认为哪个艺术家也不可能把昼夜萦绕在他心头的梦境全部付诸实现,思特里克兰德为掌握绘画的技巧,艰苦奋斗、日夜处于痛苦的煎熬里,但同其他画家比较起来,他表现自己幻想中图景的能力可能更差,只有到了塔希提以后,思特里克兰德才找到顺利的环境。在这里,他在自己周围处处可以看到为使自己的灵感开花结果不可或缺的事物,他晚年的图画至少告诉了我们他终生追寻的是什么,让我们的幻想走入一个新鲜的、奇异的境界。仿佛是,思特里克兰德的精神一直脱离了他的躯体到处漫游,到处寻找寄宿,最后,在这个遥远的土地上,终于进入了一个躯壳。用一句陈腐的话说,他在这里可谓"得其所哉"。

……

我在塔希提没有待几天便见到了尼柯尔斯船长。一天早晨,我正在旅馆的露台上吃早饭,他走进来,作了自我介绍。他听说我对查理斯·思特里克兰德感兴趣,便毛遂自荐,来找我谈谈思特里克兰德的事。塔希提的居民同英国乡下人一样,很喜欢聊天,我随便向一两个人打听了一下思特里克兰德的画儿,这消息很快就传到每个人的耳朵里去了。

……

我试图把尼柯尔斯船长给我讲的一些有关思特里克兰德的事连贯起来,下面我将尽量按照事情发生的先后次序记载。他们两人是我同思特里克兰德在巴黎最后会面的那年冬末认识的。思特里克兰德和尼柯尔斯船长相遇以前的一段日子是怎么过的,我一点也不清楚；但是他的生活肯定非常潦倒，因为尼柯尔斯船长第一次看到他是在夜宿店里。当时马赛正发生一场罢工，思特里克兰德已经到了山穷水尽的地步，显然连勉强赖以糊口的一点钱也挣不到了。

　　夜宿店是一幢庞大的石头建筑物，穷人和流浪汉，凡是持有齐全的身份证明并能让负责这一机构的修道士相信他本是干活吃饭的人，都能在这里寄宿一个星期。尼柯尔斯在等着寄宿舍开门的一群人里面注意到思特里克兰德，因为思特里克兰德身躯高大样子又非常古怪，非常引人注目。这些人没精打采地在门外等候着，有的来回踱步，有的懒洋洋地靠着墙，也有的坐在马路牙子上，两脚伸在水沟里。最后，当所有的人们排着队走进了办公室，尼柯尔斯船长听见检查证件的修道士同思特里克兰德谈话用的是英语。但是他并没有机会同思特里克兰德说话，因为人们刚一走进公共休息室，马上就走来一位捧着一本大《圣经》的传教士，登上屋子一头的讲台，布起道来；作为住宿的代价，这些可怜的流浪者必须耐心地忍受着。尼柯尔斯船长和思特里克兰德没有分配在同一间屋子里，第二天清晨五点钟，一个高大粗壮的教士把投宿的人们从床上赶下来，等到尼柯尔斯整理好床铺、洗过脸以后，思特里克兰德已经没影了。尼柯尔斯船长在寒冷刺骨的街头徘徊了一个钟头，最后走到一个水手们经常聚会的地方——维克多·耶鲁广场。他在广场上又看见了思特里克兰德，思特里克兰德正靠着一座石雕像的底座打盹。他踢了思特里克兰德一脚，把他从梦中踢醒。

　　"来跟我吃早饭去，朋友。"他说。
　　"去你妈的。"思特里克兰德说。
　　我一听就是我那位老朋友的语气，这时我决定把尼柯尔斯船长看作是一位可以信任的证人了。
　　"一个子儿也没有了吧？"船长又问。
　　"滚你的蛋。"思特里克兰德说。
　　"跟我来。我给你弄顿早饭吃。"

　　犹豫了一会儿，思特里克兰德从地上爬起来，两个人向一处施舍面包的救济所走去。饿饭的人可以在那里得到一块面包，但是必须当时吃掉，不准拿走。吃完面包，他们又到一个施舍汤的救济所，每天十一点到四点可以在那里得到一碗盐水稀汤，但不能连续领取一个星期。这两个机构中间隔着一大段路，除非实在饿得要命，谁也懒得跑两个地方。他们就这样吃了早饭，查理斯·思特里克兰德同尼柯尔斯船长也就这样交上了朋友。

　　这两个人大概在马赛一起度过四个月。他俩的生活没有什么奇遇——如果奇遇意味着一件意料之外或者令人激动的事；因为他们的时间完全用在为了生活四处奔波上，他们要想弄到些钱晚间找个寻宿的地方，更要买些吃的东西对付辘辘饥肠。我真希望我能画出几幅绚丽多彩的图画，把尼柯尔斯船长的生动叙述在我想象中唤起的一幅幅画面也让读者看到。他叙述他们两人在这个海港的下层生活中的种种冒险完全可以写成一本极有趣味的书,从他们遇到的形形色色的人物身上,一个研究民俗学的人也可以找到足够的材料编纂一本有关流浪汉的大辞典。但是在这本书里我却只能用不多几段文字描写他们这一段生活。我从他的谈话得到的印象是:马赛的生活既紧张又粗野,丰富多彩,鲜明生动。相形之下,我所了解的马赛——人群杂沓、阳光灿烂,到处是舒适的旅馆和挤满了有钱人的餐馆——简直变得平淡无奇、索然寡味了。那些亲眼见过尼柯尔斯船长描绘给我听的景象的人真是值得羡慕啊。

当夜宿店对他们下了逐客令以后,思特里克兰德同尼柯尔斯船长就在硬汉子彼尔那里找到另外一处歇夜的地方。硬汉子彼尔是一家水手寄宿舍的老板,是一个身躯高大、生着一对硬拳头的黑白混血儿。他给暂时失业的水手们提供食宿,直到在船上给他们找到工作为止。思特里克兰德同尼柯尔斯船长在他这里住了一个月,同十来个别的人,瑞典人、黑人、巴西人,一起睡在寄宿舍两间屋子的地板上。这两间屋子什么家具也没有,彼尔就分配他们住在这里。每天他都带着这些人到维克多·耶鲁广场去,轮船的船长需要雇用什么人都到这个地方来。这个混血儿的老婆是一个非常邋遢的美国胖女人,谁也不知道这个美国人怎么会堕落到这一地步。寄宿的人每天轮流帮助她做家务事。思特里克兰德给硬汉子彼尔画了一张肖像作为食宿的报酬,尼柯尔斯船长认为这对思特里克兰德来讲是一件占了大便宜的事。彼尔不但出钱给他买了画布、油彩和画笔,而且还给了他一磅偷运上岸的烟草。据我所知,这幅画今天可能还挂在拉·柔那特码头附近一所破旧房子的客厅里,我估计现在可能值一千五百英镑了。思特里克兰德的计划是先搭一条去澳大利亚或新西兰的轮船,然后再转途去萨摩亚或者塔希提。我不知道他怎么会动念要到南太平洋去,虽然我还记得他早就幻想到一个充满阳光的绿色小岛,到一个四围一片碧波、海水比北半球任何海洋更蓝的地方去。我想他所以攀住尼柯尔斯船长不放也是因为尼柯尔斯熟悉这一地区,最后劝他到塔希提,认为这个地方比其他任何地方都更舒服,也完全是尼柯尔斯的主意。

"你知道,塔希提是法国领土,"尼柯尔斯对我解释说,"法国人办事不他妈的那么机械。"

我想我明白他说这句话的意思。

思特里克兰德没有证件,但是硬汉子彼尔只要有利可图(他替哪个水手介绍工作都要把人家第一个月的工资扣去),对这一点是不以为意的。凑巧有一个英国籍的司炉住在他这里的时候死掉了,他就把这个人的证明文件给了思特里克兰德。但是尼柯尔斯船长同思特里克兰德两个人都要往东走,而当时需要雇用水手的船恰好都是西行的。有两次驶往美国的货轮上需要人干活都被思特里克兰德拒绝了,另外还有一艘到纽卡斯尔的煤船他也不肯去。思特里克兰德这种拗脾气结果只能叫硬汉子彼尔吃亏,最后他失去了耐性,一脚把思特里克兰德同尼柯尔斯船长两个人一起踢出了大门。这两个人又一次流落到街头。

硬汉子彼尔寄宿舍的饭菜从来也称不上丰盛,吃过饭从餐桌旁站起来跟刚坐下一样饿得慌,但是尽管如此,有好几天两个人对那里的伙食还是怀念不已。他们这次真正尝到挨饿是什么滋味了。施舍菜汤的地方同夜宿舍都已经对他们关了门,现在他们赖以果腹的只剩下面包施舍处给的一小片面包了。夜里,他们能在哪儿睡觉就在哪儿睡觉,有时候在火车站岔道上一个空车皮里,有时候在货站后面一辆卡车里。但是天气冷得要命,常常是迷迷糊糊地打一两个钟头的盹儿就得到街上走一阵暖和暖和身体。他们最难受的是没有烟抽,尼柯尔斯船长没有烟简直活不下去,于是他就开始到小啤酒馆去捡那些头天晚上夜游的人扔的烟屁股和雪茄头。

"我的烟斗就是比这更不是味儿的杂八凑烟也抽过。"他加添了一句,自我解嘲地耸了耸肩膀。在他说这句话的时候又从我递过去的烟盒里拿了两支雪茄,一支衔在嘴上,一支揣在口袋里。

偶然他们也有机会挣到一点儿钱。有时候一艘邮轮开进港,尼柯尔斯船长同雇用计时员攀上交情,会给两人找个临时装卸工的活儿。如果是一艘英国船,他们会溜进前甲板下面的舱房里,在水手那里饱餐一顿。当然,这样做要冒一定的风险,如果遇见船上的高级船员,他们就要从跳板上被赶下来,为了催他们动作快一些,屁股后面还要挨一靴子。

"一个人只要肚子吃饱,屁股叫人踢一脚算不得什么,"尼柯尔斯船长说,"拿我个人说,我是从来不生气的。高级船员理应考虑船上的风纪的。"

我的脑子里活生生地出现一幅图画:一个气冲冲的大副飞起一脚,尼柯尔斯船长脑袋朝下地从窄窄的跳板上滚下来;像一个真正的英国人那样,他对英国商船队的这种纪律严明的精神非常高兴。

在鱼市场里也不时能够找点零活儿干。还有一次,卡车要把堆在码头上的许多筐橘子运走,思特里克兰德同尼柯尔斯船长帮助装车,每人挣了一法郎。有一天两人很走运:一条从马达加斯加绕过好望角开来的货轮需要上油漆,一个开寄宿店的老板弄到包工合同,他们两个人一连几天站在悬在船帮旁边的一条木板上,往锈迹斑斑的船壳上涂油漆。这件差事肯定很投合思特里克兰德的惯受嘲讽的脾气。我向尼柯尔斯船长打听,在那困顿的日子里,思特里克兰德有什么反应。

"从来没听他说过一句丧气话,"船长回答说,"有时候他有点儿闷闷不乐,但是就是在我们整天吃不到一口饭,连在中国佬①那里歇宿的房钱都弄不到手的时候,他仍然像蛐蛐一样欢蹦乱跳。"

我对此并不觉得惊奇。思特里克兰德正是超然于周围环境之外的人,就是在最沮丧的情况下也是如此。这到底是由于心灵的宁静还是矛盾对立,那是难以说清的。

"中国茅房"②,这是一个流浪汉给一个独眼的中国人在布特里路附近开的一家鸡毛店

---

①中国佬:是19世纪后半段产生的对在美华人的一种非常恶劣的蔑称,当时美国人用这个词来称呼加利福尼亚州的华工团体,整个西方也习惯用"中国佬"来称呼那些非法的华人移民。

②中国茅房:这里指的是他们入住的中国人开的小旅店卫生状况很差。有以偏概全之嫌,同时也有对中国人的偏见。

起的名字。六个铜子可以睡在一张小床上，三个铜子儿可以打一宵地铺。他们在这里认识了不少同他们一样穷困潦倒的朋友，遇到他们分文不名而夜里又天气奇冷的时候，他们会毫不犹豫地同哪个白天凑巧挣到一法郎的人借几文宿费。这些流浪汉并不吝啬，谁手头有钱都乐于同别人分享。他们来自世界各个地方，但是大家都很讲交情，并不因国籍不同而彼此见外，因为他们都觉得自己是一个国家——安乐乡的自由臣民；这个国家领土辽阔，把他们这些人全部囊括在自己的领域里。

"可是思特里克兰德要是生起气来，我看可不是好惹的，"尼柯尔斯船长回忆当时的情况说，"有一天我们在广场上碰见了硬汉子彼尔，彼尔想讨回他给查理斯的身份证明。"

"'你要是想要，就自己来拿吧。'查理斯说。"

"彼尔是个身强力壮的大汉，但是被查理斯的样子给镇住了，他只是不住口地咒骂，所有能够用上的脏字眼儿都用到了。硬汉子彼尔开口骂人是很值得一听的事。开始的时候，查理斯不动声色地听着，过了一会儿，他往前迈了一步，只说了一句：'滚蛋，你他妈的这只猪猡。'他骂的这句话倒没什么，重要的是他骂人的样子。硬汉子彼尔马上住了口，你可以看出来他胆怯了。他连忙转身走开，好像突然记起自己还有个约会似的。"

按照尼柯尔斯船长的叙述，思特里克兰德当时骂人的话同我写的并不一样，但既然这是一本供家庭阅读消遣的书，我觉得不妨违反一些真实性，还是改换几个雅俗共赏的字眼儿为好。

且说硬汉子彼尔并不是个受了普通水手侮辱而隐忍不发的人。他的权势完全靠着他的威信；一个住在他开的寄宿舍的水手对他俩说，彼尔发誓要把思特里克兰德干掉，后来又有另外一个人告诉他们同样的消息。

……

在思特里克兰德和尼柯尔斯坐的酒吧间里摆着一架自动钢琴，机械地演奏着喧噪聒耳的舞曲。屋子四周人们围坐在小桌旁边，这边六七个水手已经喝得半醉，吵吵嚷嚷，那边坐着的是一群士兵。屋子中央人们正一对对地挤在一起跳舞。留着大胡子、面色黝黑的水手用粗硬的大手使劲搂着自己的舞伴。女人们身上只穿着内衫。不时地也有两个水手站起来互相搂着跳舞。喧闹的声音震耳欲聋。没有一个人不在喝，不在叫，不在高声大笑；当一个人使劲吻了一下坐在他膝头上的女人时，英国的水手中就有人嘘叫，更增加了屋子的嘈杂。男人们的大靴子扬起的尘土和口里喷出的烟雾弄得屋子乌烟瘴气。空气又闷又热。卖酒的柜台后面坐着一个女人在给孩子喂奶。一个身材矮小、生着一张长满雀斑的扁脸年轻侍者，托着摆满啤酒杯子的托盘不住脚地走来走去。

过了不大一会儿工夫，硬汉子彼尔在两个高大黑人的陪同下走了进来。一眼就可以看出，他已经有七八分醉意了。他正在故意寻衅闹事。一进门彼尔就东倒西歪地撞在一张台子上，把一杯啤酒打翻了。坐在这张桌子边上的是三个士兵，双方马上争吵起来。酒吧间老板走出来，叫硬汉子彼尔走出去。老板脾气暴烈，从来不容顾客在他的酒馆闹事。硬汉子彼尔气焰有些收敛,他不太敢同酒吧间老板冲突,因为老板有警察做后盾。彼尔骂了一句,掉转了身躯。忽然,他一眼看见了思特里克兰德。他摇摇晃晃地走到思特里克兰德前边,一句话不说,嘬了一口唾沫,直啐到思特里克兰德脸上。思特里克兰德抄起酒杯,向他扔去。跳舞的人都停了下来。有那么一分钟,整个酒吧间变得非常安静,一点声音也没有。但是等硬汉子彼尔扑到思特里克兰德身上的时候,所有的人的斗志都变得激昂起来。刹那间,酒吧间开始了一场混战。啤酒台子打翻了,玻璃杯在地上摔得粉碎。双方厮打得越来越厉害。女人们躲到门边和柜台后面去,过路的行人从街头涌进来。只听见到处一片咒骂声、拳击声、喊叫声,屋子中间,一打左右的人打得难解难分。突然间,警察冲了进来,所有的人都争先恐后地往门外窜。当酒吧间里多少清静下来以后,只见硬汉子彼尔人事不醒地躺在地上,头上裂了个大口子。尼柯尔斯船长拽着思特里克兰德逃到外面街上,思特里克兰德的胳臂淌着血,衣服撕得一条一条的。尼柯尔斯船长也是满脸血污;他的鼻子挨了一拳。

"我看在硬汉子彼尔出院以前,你还是离开马赛吧。"当他俩回到"中国茅房"开始清洗的时候,他对思特里克兰德说。

"真比斗鸡还热闹。"思特里克兰德说。

我仿佛看到了他脸上讥嘲的笑容。

尼柯尔斯船长非常担心。他知道硬汉子彼尔是睚眦必报的。思特里克兰德叫这个混血儿丢了大脸,彼尔头脑清醒的时候,是要小心提防的。他不会马上就动手,他会暗中等待一个适宜时机。早晚有一天夜里,思特里克兰德的脊背上会叫人捅上一刀,一两天以后,从港口的污水里会捞上一具无名流浪汉的尸体。第二天晚上尼柯尔斯到硬汉子彼尔家里去打听了一下。彼尔仍然住在医院里,但是他妻子已经去看过他。据他妻子说,彼尔赌天誓日说,他一出院就要结果思特里克兰德的性命。

又过了一个星期。

"我总是说,"尼柯尔斯船长继续回忆当时的情况,"要打人就把他打得厉厉害害的。这会给你一点时间,思考一下下一步该怎么办。"

这以后思特里克兰德交了一步好运。一艘开往澳大利亚的轮船到水手之家去要一名司炉,原来的司炉因为神经错乱在直布罗陀附近投海自杀了。

"你一分钟也别耽误,伙计,立刻到码头去,"船长对思特里克兰德说,"赶快签上你的名字。你是有证明文件的。"

思特里克兰德马上就出发了。尼柯尔斯船长从此再也没有同他见面。这艘轮船在码头只停泊了六小时,傍晚时分,尼柯尔斯船长看着轮船烟囱冒出的黑烟逐渐稀薄,轮船正在寒冬的海面上乘风破浪向东驶去。

(选自毛姆著、傅惟慈译《月亮和六便士》,上海译文出版社2006年版)

【阅读指要】

《月亮与六便士》是英国小说家威廉·萨默赛特·毛姆的三大长篇力作(另外两部为《刀

锋》和《人生的枷锁》)之一,成书于1919年。在这部小说中,毛姆用第一人称的叙述手法,讲述了一个名叫查理斯·思特里克兰德的绘画家的故事。他是一个英国证券交易所的经纪人,却因迷恋绘画,像"被魔鬼附了体"一样,突然弃家出走,去追求理想。最后他离开文明世界,远遁到与世隔绝的塔希提岛上,终于找到灵魂的宁静和适合自己艺术气质的氛围。他与一个土著女子同居,创作出一幅又一幅令后世震惊的杰作。在他染上麻风病双目失明之前,曾在自己住房四壁画了一幅表现伊甸园的伟大作品。但在逝世之前,他却命令土著女子在他死后把这幅画作付之一炬。通过这样一个一心追求艺术、不通人情世故的怪才,毛姆探索了艺术的产生、艺术的本质、艺术家的个性与才华、艺术家与世俗社会的矛盾等引人深思的问题。同时也引发了人们对摆脱世俗社会束缚寻找心灵家园这一话题的思考,其中关于南太平洋小岛的自然淳朴民风的描写也令人向往。有研究者认为这篇小说主人公的原型是法国印象派画家高更,更增加了它的传奇色彩。

节选部分描写了查理斯·思特里克兰德流浪异国他乡经历着贫穷挨饿的物质生活,同时也遭受着备受煎熬的精神折磨,而这恰恰是他的艺术得以升华的必由之路。

【课后练习】

1. 请结合尼柯尔斯船长的表述简要分析思特里克兰德的性格特征。
2. 思特里克兰德生前给硬汉子彼尔画了一张肖像以抵食宿费用,在当时人看来思特里克兰德占了大便宜,在他死后,这张画却至少值一千五百英镑。思特里克兰德是一个成功者还是一个失败者?这个人物给你什么启迪?请结合文本内容谈谈你的看法。

百年孤独（节选）

加夫列尔·加西亚·马尔克斯

【作者简介】

加夫列尔·加西亚·马尔克斯（1927—2014）（见图3-9），1927年出生于哥伦比亚马格达莱纳海滨小镇阿拉卡塔卡；1936年随父母迁居苏克雷；1947年考入波哥大国立大学；1948年因内战辍学，进入报界；50年代开始发表文学作品；60年代初移居墨西哥；1971年获美国哥伦比亚大学名誉文学博士称号；1972年获拉丁美洲文学最高奖——委内瑞拉加列戈斯文学奖；1982年获诺贝尔文学奖和哥伦比亚语言科学院名誉院士称号。他是拉丁美洲魔幻现实主义文学的代表人物，被誉为"20世纪文学标杆"。他将现实主义与幻想结合起来，创造了风云变幻的哥伦比亚和整个南美大陆的神话般的历史。代表作有《百年孤独》（1967年）、《霍乱时期的爱情》（1985年）等。

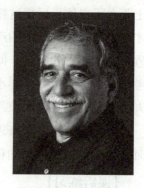

图3-9　加夫列尔·加西亚·马尔克斯

【原文】

许多年之后，面对行刑队，奥雷良诺·布恩地亚上校将会回想起，他父亲带他去见识冰块的那个遥远的下午。那时的马贡多是一个有二十户人家的村落，用泥巴和芦苇盖的房屋就排列在一条河边。清澈的河水急急地流过，河心那些光滑、洁白的巨石，宛若史前动物留下的巨大的蛋。这块天地如此之新，许多东西尚未命名，提起它们时还须用手指指点点。每年到了三月光景，有一家衣衫褴褛的吉卜赛人家到村子附近来搭帐篷。他们吹笛击鼓，吵吵嚷嚷地向人们介绍最新的发明创造。最初他们带来了磁铁。一个胖乎乎的、留着拉碴胡子、长着一双雀爪般的手的吉卜赛人，自称叫墨尔基阿德斯，他把那玩意儿说成是马其顿的炼金术士们创造的第八奇迹，并当众做了一次惊人的表演。他拽着两块铁锭挨家串户地走着，大伙儿惊异地看到铁锅、铁盆、铁钳、小铁炉纷纷从原地落下，木板因铁钉和螺钉没命地挣脱出来而嘎嘎作响，甚至连那些遗失很久的东西，居然也从人们寻找多遍的地方钻了出来，成群结队地跟在墨尔基阿德斯那两块魔铁后面乱滚。"任何东西都有生命，"吉卜赛人声音嘶哑地喊道，"一切在于如何唤起它们的灵性。"霍塞·阿卡迪奥·布恩地亚是一位想象力极其丰富的人物。他的想象常常超越大自然的智慧，甚至比奇迹和魔术走得更远。他想，这毫无用处的发明倒可以用来开采地底下的黄金。墨尔基阿德斯是个老实人，他早就有言在先："这玩意儿掏金子可不行。"可是，霍塞·阿卡迪奥·布恩地亚那时信不过吉卜赛人的诚实，他用一头骡子和一群山羊把那两块磁铁换了过来。他妻子乌苏拉·伊瓜朗饲养这些家畜，原是想用来振兴每况愈下的家业的，但她劝阻不了他。她丈夫回答说："不用多久，咱们家的金子就会多得用来铺地的。"一连数月，他执意要证明自己的设想是正确的。他拖着两块铁锭，大声念着墨尔基阿德斯的咒语，一块一块地查遍了整个地区，连河底也没有放过。他唯一发掘出来的东西，是一副十五世纪的盔甲。盔甲的各部分已被氧化物锈住。敲起来里面空洞有声，活像一只装满石头的大葫芦。霍塞·阿卡迪奥·布恩地亚和他的远征队的四名壮士拆开盔甲，发现里面有一副石化了的骷髅，脖子上挂着一个小铜盒，盒内有一绺女人的头发。

　　翌年三月，吉卜赛人又来了。他们这次带来了一架望远镜和一具放大镜，有鼓面那么大。他们公开展出，说这是阿姆斯特丹的犹太人的最新发明。他们让一位吉卜赛女子坐在村子一头，把望远镜架在帐篷门口。人们只要花五个里亚尔①，然后把脑袋凑到望远镜后面，就可以看到那吉卜赛女郎，仿佛伸手可及。"科学把距离缩短了，"墨尔基阿德斯吹嘘说，"要不了多久，人们不用离开家门，就能看到世界上任何地方发生的事情。"一个炎热的中午，吉卜赛人又用那块巨型放大镜做了一次惊人的表演：他在街心放了一堆干草，借助阳光的聚焦把草堆点燃了。霍塞·阿卡迪奥·布恩地亚虽然对磁铁试验的失败尚难以自慰，但这时，却又想出一个点子：利用这项发明制造作战武器。墨尔基阿德斯又一次劝阻他，但最后还是收下了两块磁铁和三块殖民地时期的金币，把放大镜换给了他。乌苏拉伤心地哭了。那三块金币是她父亲劳累一生积攒下来的一盒金币的一部分，她一直把钱盒埋在床下，想等个良机做本钱用。霍塞·阿卡迪奥·布恩地亚根本没想安慰她。他以科学家的献身精神，甚至不惜冒生命的危险，一心扑到武器试验上去了。为了证实放大镜在敌军身上的威力，他竟亲自置身于太阳光的焦点之下，结果多处灼伤，经久方愈。他妻子被这危险的发明吓坏了。但是，他却不顾妻子的反对，差一点又把房子烧掉。他终日躲在自己的房间里，埋头计算着他的新式武器的战略威力，最后还编出了一本条理清晰得惊人、具有无可辩驳的说服力的教科书。他在书中附上了不少实验例证和好几幅图解，派一位信使把书送交政府当局。这个信使翻山越岭，在无边的沼泽地里迷过路，后来又跨越了许多奔腾的江河，在猛兽的袭击、绝望和疫病的折磨下险些丧生，最后才找到了驿道，跟骑骡的信使接上了头。虽然当时要去首都几乎是不可能的事，但霍塞·阿卡迪奥·布恩地亚保证，一旦政府下令，他将去尝试一下，以便把他的发明向军事首脑做实地表演，并要亲自为他们操演复杂的阳光战战术。他等候回音达数年之久，末了，等得不耐烦了，便当着墨尔基阿德斯的面哀叹试验失败。于是，吉卜赛人表示了他那令人信服的诚实品格：退还金币，换回放大镜，另外又送给霍塞·阿卡迪奥·布恩地亚几幅葡萄牙地图和几架航海仪器，还亲笔书写了一份关于修士埃尔曼的研究成果的简明提要，让他学会使用观象仪、罗盘和六分仪。霍塞·阿卡迪奥·布恩地亚在长达数月的雨季中闭门不出，躲在住宅后面的一间屋子里，免得别人打扰他的试验。他完全抛开家务，整夜整夜地观测星辰的移动。为

---

①旧时西班牙和拉丁美洲通用的货币，约合四分之一比塞塔。

了获得测定正午点的正确方法,他差一点中了暑。当他能熟练地操作仪器时,他对空间有了认识。这使他足不出户就能泛舟神秘之海,漫游荒漠之地,还能跟显贵要人交往。正是在那时,他养成了自言自语的习惯,独自在家中晃悠,对谁也不理睬。与此同时,乌苏拉和孩子们却在菜园里胼手胝足地管理着香蕉、海芋、丝兰、山药、南瓜和茄子。不久,也没有任何预兆,他突然中断所迷恋的工作,变得神志颠倒起来。连续几天他像着了魔似的,低声叨咕着一连串惊人的猜测,连他自己也不敢相信自己的想法。直到十二月的某个星期三午餐的时候,他才一下子卸脱了那折磨他的包袱。孩子们也许终生难忘父亲那天坐在饭桌上首时那副威严神态。长期的熬夜和过度的思索搞垮了他的身体,他发着高烧,抖抖索索地向他们透露了自己的发现:

"地球是圆的,像一个橘子一样。"

乌苏拉再也忍不住了。"你要发神经病,就一个人去发,"她吼叫着,"别拿你那吉卜赛式的怪想法往孩子们脑袋里灌!"霍塞·阿卡迪奥·布恩地亚听后无动于衷。他妻子一气之下把他的观象仪摔在地上打得粉碎,可是他没有被妻子的狂怒吓退,重新造了一架。他还把村里的男人都召集到自己的房间里,用谁也听不懂的理论向他们论证:只要一直朝东方航行,最后就能返回出发地点。全村的人都认为霍塞·阿卡迪奥·布恩地亚已经精神失常。这时,墨尔基阿德斯来了,这才把事情搞清楚,他当众夸赞霍塞·阿卡迪奥·布恩地亚的才智,说他仅凭天文估算便创造了一种理论。虽然这种理论在马贡多至今尚无人知晓,但已经为实践所证明。为了表示钦佩,他赠给霍塞·阿卡迪奥·布恩地亚一份礼品:一间炼金试验室。这对村子的未来产生了决定性的影响。

……

不算一大堆烧锅、漏斗、曲颈瓶、过滤器和搅棒,这个初创的炼金试验室是由一根粗制的水管、一只仿照哲人之蛋制成的长颈玻璃试管和一个由吉卜赛人按犹太人马利亚的新式三臂蒸馏锅的说明书制作出来的蒸馏器组成。此外,墨尔基阿德斯还留下了分属七个星球的七种金属样品,摩西①和索西莫斯②的倍金术配方,还有一套炼金术祖师的笔记和炼金图,谁能看懂它就能造出点金石来。霍塞·阿卡迪奥·布恩地亚见倍金术配方很简单,就被迷住了。他一连几个星期都在讨好乌苏拉,要她答应把金币挖出来。他对她说,能把黄金成倍增加,就像可以把水银分成几份一样。乌苏拉和往常一样,拗不过丈夫,又让了步。于是,霍塞·阿卡迪奥·布恩地亚把三十枚金币投进了烧锅,跟铜屑、雄黄、硫黄、铅等一起熔化。然后,他把熔化物全部倾入蓖麻油锅里放在烈火上煮,熬成一种黏稠、刺鼻的糊状物。这东西不像美妙的黄金,倒像是劣质的糖浆。在危险的、弄得焦头烂额的蒸馏过程中,又添进了七种星球金属冶炼,后来又放在水银和塞浦路斯石矾中加工,再投入猪油(因为没有萝卜油)中煮熬,最后,乌苏拉的这笔珍贵的祖产变成了一团粘在锅底里挖

---

①摩西:《圣经》故事中古代犹太人的领袖,向犹太民族传授上帝律法的人。
②索西莫斯:罗马帝国历史学家,编写古代基督教史的著名学者。

不下来的锅巴。

……

当初,霍塞·阿卡迪奥·布恩地亚是个年轻族长,他指挥播种,指导牧畜,奉劝育子。为了全族的兴旺,他跟大家同心协力,还参加体力劳动。因为从建村起他家的房子就是全村首屈一指的,所以后来其他人家都仿照他家的式样进行整修。他家有一间宽敞而明亮的大厅,饭厅坐落在一个平台上,周围是鲜艳的花朵。有两间卧室和一个院子,院子里栽了一棵大栗树。还有一个管理得很好的菜园和一间畜栏,畜栏中羊、猪和鸡和睦共处。家中和村里唯一禁养的动物是斗鸡。

乌苏拉跟她丈夫一样勤俭能干。这个意志坚强的女人身材瘦小,好动而严肃。在她的一生中,从来没有听到她唱过歌。每天从清晨到深夜,她无所不至,好像到处能听到她那印花布裙的柔和的窸窣声。幸亏有了她,那夯结实的泥地、没有粉刷的土墙和自制的木器家具总是那样干净,那些放衣服的旧木箱总是散发出淡淡的甜罗勒①的清香。

霍塞·阿卡迪奥·布恩地亚是村子里前所未有的最有事业心的人。他安排了全村房屋的布局,使每座房子都能通向河边,取水同样方便。街道设计得非常巧妙,天热的时候,没有一家比别人多晒到太阳。短短的几年里,在马贡多的三百个居民当时所认识的许多村庄中,马贡多成了最有秩序、最勤劳的一个。那真是个幸福的村庄,这里没有一个人超过三十岁,也从未死过一个人。

从建村时起,霍塞·阿卡迪奥·布恩地亚就架设陷阱、制作鸟笼。不久以后,不但他们家而且在全村人的家里都养满了苇鸟、金丝雀、食蜂鸟和知更鸟。那么多不同种类的鸟儿啾啾齐鸣,真是令人不知所措。乌苏拉只好用蜂蜡堵住耳朵,免得失去对现实生活的感觉。当墨尔基阿德斯部落第一次来马贡多推销专治头痛的玻璃球的时候,人们感到惊异的是他们怎么会找到这个湮没在沉睡的沼泽地中的村庄的,吉卜赛人道出了真情:是小鸟的歌声为他们指的路。

霍塞·阿卡迪奥·布恩地亚的社会创造精神不久就烟消云散了,他被磁铁热、天文计算、炼金梦以及想认识世界奇迹的渴望迷住了心窍。富有闯荡精神的、整洁的霍塞·阿卡迪奥·布恩地亚,变成了一个外表怠惰、衣着马虎的人。他胡子拉碴一大把,乌苏拉费了很大的劲才用菜刀给他收拾干净。有人认为他中了某种妖术。但是,当他把伐木工具扛在肩上,叫大伙儿集合起来去开辟一条小道,以便把马贡多同伟大的发明联系起来的时候,就连深信他已经发疯的人也丢开了活计和家庭,跟着他去了。

霍塞·阿卡迪奥·布恩地亚对本地区的地理情况一无所知。他只知道东面是一道难于通过的山脉,山那边是古城里奥阿查,从前——据他祖父奥雷良诺·布恩地亚第一对他

---

①甜罗勒:为药食两用芳香植物,味似茴香,全株小巧,叶色翠绿,花色鲜艳,芳香四溢。原生于亚洲热带区,对寒冷非常敏感,在热和干燥的环境下生长得最好。

说——弗朗西斯·德雷克①爵士曾在那里用炮弹猎鳄鱼取乐,然后在猎到的鳄鱼里塞上干草,缝补好后去献给伊丽莎白女王。霍塞·阿卡迪奥·布恩地亚在年轻的时候,和他手下人一起,带上妻儿和家畜,还带了各种家用器具,翻过山脉来寻找出海口。但是,经过了二十六个月,他们放弃了原来的打算。他们建立马贡多是为了不走回头路。他们对那条路不感兴趣,因为它只能把他们带往过去。南面是许多终年覆盖着一层浮生植物的泥塘和广阔的大沼泽。据吉卜赛人证实,沼泽地带无边无沿。大沼泽的西部连着一片一望无际的水域。水域中有一种皮肤细嫩、长着女人的脑袋和身躯的鲸类,它们常常用巨大的乳房诱惑水手,使他们迷失航向。吉卜赛人在这条水路上航行了六个月,才抵达有驿站的骡子经过的陆地。据霍塞·阿卡迪奥·布恩地亚判断,唯一有可能通向外界文明的是向北去。于是,他用伐木工具和狩猎武器装备曾经跟随他建立马贡多的人们,把定向仪和地图装进背包,轻率地开始了冒险。

开头几天,他们没有遇到什么了不起的障碍。他们顺着砾石累累的河岸走到几年前发现那副武士盔甲的地方,从那里沿着野橘林间的一条小道进入大森林。一星期以后,他们宰了一头鹿,烤熟后只吃了一半,把另一半腌了,放着以后几天吃。他们想用这个办法,把不得不连续吃金刚鹦鹉的日子推迟一点,因为那蓝色的鸟肉有股涩口的麝香味儿。以后的十几天中,他们再也没有见到阳光。地面变得松软潮湿,宛如火山灰一般,地上的植物也越来越阴森可怕,禽鸟的鸣叫和猴子的吵闹声越来越远,四周变得凄凄惨惨的。远征队的人们置身于这个在原罪之前就已存在的、潮湿而寂静的天堂之中,靴子陷在雾气腾腾的油泥淖里,手中的砍刀把血红的野百合和金黄的嵝螈砍得粉碎。对远古的联想使他们感到压抑。整整一个星期中,没有人说一句话。他们的肺部忍受着令人窒息的血腥味,一个个像梦游病人似的,借助着萤火虫微弱的闪光,在这噩梦般的天地中行进。他们不能往回走,因为有一种新的植物转眼间就会长大起来,不一会儿就会把他们边走边开的小路封闭了。"没关系,"霍塞·阿卡迪奥·布恩地亚总是那样说,"最要紧的是不要迷失方向。"他一直手不离罗盘,带领手下人朝着看不见的北方走去,直到离开这个中了魔法的地区。那是一个阴暗的夜晚,没有星光,但黑暗之中却充满着一股清新的空气。被长途跋涉拖得筋疲力尽的人们挂起了吊床,两星期来第一次睡得很酣。翌日醒来,太阳已经高高升起,大伙儿惊得一个个目瞪口呆。在他们面前,在静谧的晨辉中,矗立着一艘沾满尘土的白色西班牙大帆船,周围长满了羊齿和棕榈。帆船的左舷微微倾侧,完好无损的桅樯上,在装饰成兰花的绳索之间,悬挂着肮脏的帆幅的破片。船体裹着一层鲫鱼化石和青苔构成的光滑外壳,牢牢地嵌在一片乱石堆里。整个结构仿佛在一个孤独的、被人遗忘的地方自成一统,杜绝了时间的恶习,躲开了禽鸟的陋俗。远征队员们小心翼翼地察看了船体内部,里面除了一片茂密的花丛外空无一物。

①弗朗西斯·德雷克(1540?—1596):英国航海家,第一个穿越麦哲伦海峡的英国人,曾参加击败西班牙无敌舰队的海战。

帆船的发现标志着大海就在近处，这使霍塞·阿卡迪奥·布恩地亚的那股闯劲一下子摧垮了。他认为，自己寻找大海，历尽千辛万苦就是找不到，不去找它，却偏偏碰上了。大海是一个无法克服的障碍横在他的前进路上，这是调皮的命运对他的嘲弄。许多年以后，这里成了一条定期的驿道，奥雷良诺·布恩地亚上校也从这一地区经过时，看到这艘帆船只剩下一具烧焦的龙骨，在一片虞美人花地中。这时，他才相信这一段历史并非父亲杜撰的产物。他想，这艘大船怎么会深入到陆地这块地方来的呢？然而，霍塞·阿卡迪奥·布恩地亚又经过四天的路程，在离大帆船十二公里处看到大海的时候，却并没有去提这个烦人的问题。这片灰色的、泛着泡沫的、肮脏的大海不值得他去冒险，去为它做出牺牲，面对着这片大海，他的梦想破灭了。

（选自加夫列尔·加西亚·马尔克斯著，黄锦炎、沈国正、陈泉译《百年孤独》，上海译文出版社1984年版）

【阅读指要】

被誉为"再现拉丁美洲历史社会图景的鸿篇巨著"的《百年孤独》，是加西亚·马尔克斯的代表作，也是拉丁美洲魔幻现实主义文学作品的代表作。全书近30万字，内容庞杂，人物众多，情节曲折离奇，再加上神话故事、宗教典故、民间传说以及作家独创的从未来回忆过去的新颖倒叙手法等，令人眼花缭乱。作家通过布恩地亚家族7代人充满神秘色彩的坎坷经历来反映哥伦比亚乃至拉丁美洲的历史演变和社会现实，对造成马贡多百年孤独的原因进行深入剖析，从而寻找摆脱命运捉弄的正确途径。这种孤独不仅弥漫在布恩地亚家族和马贡多镇，而且成为阻碍民族向上、国家进步的一大包袱。作家写出这一点，是希望拉丁美洲民众团结起来，共同努力摆脱孤独。所以，《百年孤独》中浸淫着的孤独感，其主要内涵应该是对整个苦难的拉丁美洲被排斥现代文明世界的进程之外的愤懑和抗议，是作家在对拉丁美洲近百年的历史以及这块大陆上人民独特的生命力、生存状态、想象力进行独特的研究之后形成的倔强的自信与自嘲。

魔幻现实主义是在拉丁美洲特定的社会现实及当地印第安文化影响和欧洲现代主义文学影响下形成的。魔幻现实主义文学作品多取材于拉丁美洲现实，具有强烈的民族、民主倾向，在艺术上则遵循变现实为幻想而又不失其真的创作原则，常用谈鬼说神的方式，打破主客观世界的界限，用复杂多变的结构编织富于虚幻色彩的情节，打破时空界限，用现代艺术的各种手法追求神奇的艺术效果，从而使作品既具有离奇虚幻的神话意境，又具有现实主义的情景场面，给人一种似是而非、似真似假、虚虚实实的神奇感觉，极富艺术魅力。

节选部分以布恩地亚家族第二代人物奥雷良诺·布恩地亚的回忆开始，引出了他的父亲霍塞·阿卡迪奥·布恩地亚在吉卜赛人的诱惑下狂热地探索科学和外部世界，但每一次均以失败而告终，弥漫的是浓浓的孤独感。

【课后练习】

1. 如何看待为马贡多带来了西方文明的吉卜赛人？
2. 如何看待霍塞·阿卡迪奥·布恩地亚"研究科学"和"探索外部世界"的举动？

挪威的森林(节选)

村上春树

【作者简介】

村上春树(1949—)(见图 3-10),日本小说家。曾在早稻田大学文学部戏剧科就读。日本后现代主义作家,其创作不受传统拘束,构思新奇,行文潇洒自在,而又不流于庸俗浅薄。在刻画人性的孤独无奈方面最具特色,他没有把这种情绪写成负面的东西,而是通过内心的心智性操作使之升华为一种优雅的格调,一种乐在其中的境界,为读者尤其是生活在城市里的读者提供了一种独特的生活模式或生命体验。1979 年,他的第一部小说《听风之歌》问世后,即被搬上了银幕。随后,《1973 年的弹子球》《寻羊冒险记》《挪威的森林》等优秀之作相继发表。

图 3-10　村上春树

【原文】

37 岁的我端坐在波音 747 客机上。庞大的机体穿过厚重的夹雨云层,俯身向汉堡机场降落。11 月砭人肌肤的冷雨,将大地涂得一片阴沉。使得身披雨衣的地勤工、呆然垂向地面的候机楼上的旗,以及 BMW 广告板等的一切的一切,看上去竟同佛兰德派抑郁画幅的背景一般。罢了罢了,又是德国,我想。

飞机刚一着陆,禁烟字样的显示牌倏然消失,天花板扩音器中低声传出背景音乐,那是一个管弦乐队自鸣得意演奏的甲壳虫乐队的《挪威的森林》。那旋律一如往日地使我难以自已。不,比往日还要强烈地摇撼着我的身心。

为了不使头脑涨裂,我弯下腰,双手捂脸,一动不动。很快,一位德国空中小姐走来,用英语问我是不是不大舒服。我答说不要紧,只是有点晕。

"真的不要紧?"

"不要紧的,谢谢。"我说。她于是莞尔一笑,转身走开。音乐变成彼利·乔的曲子。我仰起脸,望着北海上空阴沉沉的云层,浮想联翩。我想起自己在过去人生旅途中失却的许多东西——蹉跎的岁月,死去或离去的人们,无可追回的懊悔。

机身完全停稳后,旅客解开安全带,从行李架中取出皮包和上衣等物。而我,仿佛依然置身于那片草地之中,呼吸着草的芬芳,感受着风的轻柔,谛听着鸟的鸣啭。那是 1969 年的秋天,我快满 20 岁的时候。

那位空姐又走了过来,在我身边坐下,问我是否需要帮助。

"可以了,谢谢。只是有点伤感。"我微笑着说道。

"这在我也是常有的,很能理解您。"说罢,她低下头,欠身离座,转给我一张楚楚可人的笑脸。"祝您旅行愉快,再会!"

"再会!"

即使在经历过十八载沧桑的今天,我仍可真切地记起那片草地的风景。连日温馨的霏霏轻雨,将夏日的尘埃冲洗无余。片片山坡叠青泻翠,抽穗的芒草在10月金风的吹拂下蜿蜒起伏,透迤的薄云仿佛冻僵似的紧贴着湛蓝的天壁。凝眸远望,直觉双目隐隐作痛。清风拂过草地,微微卷起她满头秀发,旋即向杂木林吹去。树梢上的叶片簌簌低语,狗的吠声由远而近,若有若无,细微得如同从另一世界的入口处传来似的。此外便万籁俱寂了。耳畔不闻任何声响,身边没有任何人擦过。只见两只火团样的小鸟,受惊似的从草木丛中蓦然腾起,朝杂木林方向飞去。直子一边移动步履,一边向我讲述水井的故事。

记忆这东西真有些不可思议。实际身临其境的时候,几乎未曾意识到那片风景,未曾觉得它有什么撩人情怀之处,更没想到十八年后仍历历在目。那时心里想的,只是我自己,致使我身旁相伴而行的一个漂亮姑娘,只是我与她的关系,而后又转回我自己。在那个年龄,无论目睹什么感受什么还是思考什么,终归像回飞镖①一样转回到自己身上。更何况我正怀着恋情,而那恋情又把我带到一处纷纭而微妙的境地,根本不容我有欣赏周围风景的闲情逸致。

然而,此时此刻我脑海中首先浮现出来的,却仍是那片草地的风光:草的芬芳、风的清爽、山的曲线、犬的吠声……接踵闯入脑海,而且那般清晰,清晰得只消一伸手便可触及。但那风景中却空无人影。谁都没有。直子没有。我也没有。我们到底消失在什么地方了呢?为什么会发生这样的事情呢?看上去那般可贵的东西,她和当时的我以及我的世界,都遁往何处去了呢?哦,对了,就连直子的脸,遽然间也无从想起。我所把握的,不过是空不见人的背景而已。

当然,只要有时间,我会忆起她的面容。那冷冰冰的小手,那流线型泻下的手感爽适的秀发,那圆圆的软软的耳垂及其紧靠底端的小小黑痣,那冬日里时常穿的格调高雅的驼绒大衣,那总是定定注视对方眼睛发问的惯常动作,那不时奇妙发出的微微颤抖的语声(就像在强风中的山冈上说话一样)——随着这些印象的叠涌,她的面庞突然自然地浮现出来。最先出现是她的侧脸。大概因为我总是同她并肩走路的缘故,最先想起来的每每是她的侧影。随之,她朝我转过脸,甜甜地一笑,微微地低头,轻轻地启齿,定定地看着我的双眼,仿佛在一泓清澈的泉水里寻觅稍纵即逝的小鱼的行踪。

但是,为使直子的面影在我脑海中浮现出来,我总是需要一点时间。而且,随着岁月的流逝,所需的时间愈来愈长。这固然令人悲哀,但事实就是如此。起初5秒即可想起,

---

① 回飞镖:澳大利亚土著人使用的飞射武器,若不击中目标会自行飞回。

渐次变成10秒、30秒、1分钟。它延长得那样迅速，竟同夕阳下的阴影一般，并将很快消融在冥冥夜色之中。哦，原来我的记忆的确正在同直子站立的位置步步远离，正如我逐渐远离自己一度站过的位置一样。而唯独风景，唯独那片10月草地的风景，宛如电影中的象征性镜头，在我的脑际反复推出。并且那风景是那样执拗地连连踢我的脑袋，仿佛在说："喂，起来，我可还在这里哟！起来，起来想想，思考一下我为什么还在这里！"不过一点也不痛，一脚踢来，只是发出空洞的声响。甚至这声响或迟或早也将杳然远逝，就像世间万物归根结底都将自消自灭一样。但奇怪的是，在这汉堡机场的德意志航空公司的客机上，它们比往常更长久地、更有力地在我头部猛踢不已：起来，理解我！唯其如此，我才动笔写这篇文字。我这人，无论对什么，都务必形诸文字，否则就无法弄得水落石出。

她那时究竟说什么来着？

对了，她说的是荒郊野外的一口水井。是否实有其井，我不得而知。或许是只对她才存在的一个印象或一种符号也未可知——如同在那悒郁的日子里她头脑中编织的其他无数事物一样。可是自从直子讲过那口井以后，每当我想起那片草地景致，那井便也同时呈现出来。虽然未曾亲眼看见，但井的模样却作为无法从头脑中分离的一部分，而同那风景混融一体了。我甚至可以详尽地描述那口井——它正好位于草地与杂木林的交界处，地面上豁然闪出的直径约1米的黑洞洞的井口，给青草不动声色地遮掩住了。四周既无栅栏，也不见略微高于井口的石楞，只有那井张着嘴。石砌的井围，经过多年风吹雨淋，呈现出难以形容的混浊白色，而且裂缝纵横，一副摇摇欲坠的样子。绿色小蜥蜴"吱溜溜"地钻进那石缝里。弯腰朝井下望去，却是一无所见。我唯一知道的就是这井非常之深，深得不知道有多深；井筒非常之黑，黑得如同把世间所有种类的黑一股脑儿煮在里边。

"那可确实——确确实实实很深哟！"直子字斟句酌地说。她说话往往这样，慢条斯理地物色恰当的字眼。"确确实实很深，可就是没有一个人晓得它的位置——肯定在这一带无疑。"她说着，双手插进粗花呢大衣袋里，觑了我一眼，妩媚地一笑，仿佛说自己并非说谎。

"那很容易出危险吧，"我说，"某处有一口深井，却又无人知道它的具体位置，是吧？一旦有人掉入，岂不没得救了？"

"恐怕是没救了。嗖——砰！一切都完了！"

"这种事实际上不会有吧？"

"还不止一次呢，每隔三年两载就发生一次。人突然失踪，怎么也找不见。于是这一带的人就说：保准掉进那荒草地的井里了。"

"这种死法怕有点不太好。"我说。

"当然算不得好死。"她用手拂去外套上沾的草穗，"要是直接摔折脖颈，当即死了倒也罢。可要是不巧只摔断腿脚没死成可怎么办呢？再大声呼喊也没人听见，更没人发现，周围触目皆是爬来爬去的蜥蜴蜘蛛什么的。这么着，那里一堆一块地到处是死人的白骨，阴惨惨湿漉漉的。上面还晃动着一个个小小的光环，好像冬天里的月亮。就在那样的地方，一个人孤零零地一分一秒地挣扎着死去。"

"想想都叫人汗毛倒立，"我说，"总该找到围起来呀！"

"问题是谁也找不到井在哪里。所以，你千万可别偏离正道！"

"不偏离的。"

直子从衣袋里掏出左手握住我的手。"不要紧的，你。对你我十分放心。即使黑天半夜你在这一带兜圈子转不出来，也绝不可能掉井里。而且只要紧贴着你，我也不至于掉进去。"

"绝对？"

"绝对！"

"怎么知道？"

"知道，我就是知道。"直子仍然抓住我的手说。如此默默地走了一会。"这方面，我的感觉灵验得很。也没什么道理，凭的全是感觉。比如说，现在我这么紧靠着你，就一点儿都不害怕。就是再黑心肠的，再讨人厌的东西也不会把我拉去。"

"这还不容易，永远这样不就行了！"

"这话——可是心里的？"

"当然是心里的。"

直子停住脚，我也停住。她双手搭在我的肩上，目不转睛地凝视我的眼睛。那瞳仁的深处，黑漆漆、浓重重的液体旋转出不可思议的图形。这对如此美丽动人的眸子久久地、定定地注视着我。随后踮起脚尖，轻轻吻了一下我的脸颊。一瞬间，我觉得一股暖流穿过全身，仿佛心脏都停止了跳动。

"谢谢。"直子道。

"没什么。"我说。

"你这样说，太叫我高兴了，真的。"她不无凄凉意味地微笑着说，"可是行不通啊！"

"为什么？"

"因为那是不可以的事，那太残酷了。那是——"说到这里，直子蓦地合拢嘴唇，继续往前走着。我知道她头脑中思绪纷乱，理不清头绪，便也缄口不语，在她身边悄然移动脚步。

"那是——因为那是不对的，无论对你还是对我。"少顷，她才接着说道。

"怎么样的不对呢？"我轻声问。

"因为，一个人永远守护另一个人，是不可能的呀。咦，假定、假定我们结了婚，你要去公司上班吧？那么在你上班的时间里，有谁能守护我呢？我到死都寸步不离你不成？那样岂不是不对等了，对不？那也称不上是人与人的关系吧？再说，你也早早晚晚要对我生厌的。你会想：这辈子是怎么了，只落得给这女人当护身符不成？我可不希望这样。而这一来，我面临的难题不还是等于没解决么！"

"也不是一生一世都这样。"我抚摸她的背。说道，"总有一天要结束的。结束的时候我们再另作商量也不迟，商量往下该怎么办。到那时候，说不定你倒可能助我一臂之力。我们总不能眼盯着收支账簿过日子。如果你现在需要我，只管使用就是，是吧？何必把事情想得那么严重呢？好吗，双肩放松一些！正因为你双肩绷得紧，才这样看待问题。只要放松下来，身体就会变得更轻些。"

"你怎么好说这些？"直子用异常干涩的声音说。

听她这么说，我察觉自己大概说了不该说的话。

"为什么？"直子盯着脚前的地面说，"肩膀放松，身体变轻，这我也知道。可是从你口里说出来，却半点用也没有哇！嗯，你说是不？要是我现在就把肩膀放松，就会一下子土崩瓦解的。以前我是这样活过来的。如今也只能这样活下去。一旦放松，就无可挽回了。我就会分崩离析——被一片片吹散到什么地方去。这点你为什么就不明白？不明白为什么还要说什么照顾我？"

我默然无语。

"我心里要比你想的混乱得多。黑乎乎、冷冰冰、乱糟糟……嗯，当时你为什么同我一起睡觉？为什么不撇下我离开？"我们在死一般寂静的松林中走着。路面散落的夏末死去的知了外壳，在脚下发出清脆的响声。我和直子犹如寻觅失物似的，眼看着地缓缓移步。

"原谅我。"直子温柔地抓住我的胳膊，摇了几下头说，"不是我存心难为你。我说的，你别往心里去。真的原谅我，我只是跟自己怄气。"

"或许我还没真正理解你。"我说，"我不是个头脑灵敏的人，理解一件事需要有个过程。但只要时间，总会完全理解你的，而且比世上任何人都理解得彻底。"

我们止住步，在一片岑寂中侧耳倾听。我时而用脚尖踢动知了残骸或松塔，时而抬头仰望松树间露出的一角天空。直子两手插在外衣袋里，目光游移地沉思着什么。

"嗳，渡边君，真喜欢我？"

"那还用说？"我回答。

"那么，可依得我两件事？"

"三件也依得。"

直子笑着摇摇头："两件就可以，两件就足够了。第一件，希望你能明白：对你这样来看我，我非常感激，非常高兴，真是——雪里送炭，可能表面上看不出。"

"还会来的。"我说，"另一件呢？"

"希望你能记住我。记住我这样活过、这样在你身边待过。可能一直记住？"

"永远。"我答道。

她便没再开口，开始在我前边走起来。树梢间泻下的秋日阳光，在她肩部一闪一闪地跳跃着。犬吠声再次传来，似乎比刚才离我们稍近了些。直子爬上小土丘般的高冈，钻出松林，快步走下一道斜坡。我拉开两三步距离跟在后面。

"来看呐，这儿好像有井。"我冲着她的后背招呼道。

直子停下，动情地一笑，轻轻抓住我的胳膊，然后肩并肩地走那段剩下的路。

"真的永远都不会把我忘掉？"她耳语似的低声询问。

"是永远不会忘。"我说，"对你我怎么能忘呢！"

（选自村上春树著、林少华译《挪威的森林》，上海译文出版社2001年版）

【阅读指要】

这是一部动人心弦、平缓舒雅、略带感伤的恋爱小说。小说主人公渡边以第一人称展开他同两个女孩间的爱情纠葛。渡边的第一个恋人直子，娴静腼腆，美丽晶莹的眸子里不时掠过一丝难以捕捉的荫翳，最后以自杀结束了年轻的生命。第二个恋人绿子"简直就像迎着春天的晨光蹦跳到世界上来的一头小鹿"，带给渡边新的生命体验。作者擅长的不是深刻重大的主题发掘与气势磅礴的场面描绘，而是对情调、韵致和气氛的出神入化的经营，表现为对濒于瓦解的家园意识的伤怀和修复；象征性地推出人生镜头，传达现代人的焦虑、苦闷、迷惘、困窘、无奈和悲凉，点化他们的情感方式和生命态度；充满着某种破译心灵密码、沟通此岸和彼岸世界的神秘力量；保持高雅、冷静而节制的抒情格调。节选部分讲述了"我"坐飞机到德国，听到熟悉的音乐回忆起与直子两人只是日复一日地在落叶飘零的东京街头漫无目的地，或前或后或并肩行走的往事。

【课后练习】

1. 关于小说《挪威的森林》的主题，作者曾经坦言是"恋爱""现实主义"。但这种现实主义的恋爱只是小说的表象，小说更深层次的还有自我救赎的主题，对此你如何理解？

2. 作者始终保持一种高雅、冷静、节制而抒情的格调，象征性地推出人生镜头，传达现代人的焦虑、苦闷、迷惘、困窘、无奈和悲凉。请列举出选文中的片段加以说明。

追风筝的人(节选)

卡勒德·胡赛尼

【作者简介】

卡勒德·胡赛尼(1965—)(见图 3-11),生于阿富汗喀布尔市,后随父亲迁往美国。胡赛尼毕业于加州大学圣地亚哥医学系。"立志拂去蒙在阿富汗普通民众面孔的尘灰,将背后灵魂的悸动展示给世人。"著有小说《追风筝的人》《灿烂千阳》《群山回唱》等。因其作品巨大的国际影响力,2006 年胡赛尼获得联合国人道主义奖,并受邀担任联合国难民署亲善大使。其中《追风筝的人》是作者的处女作,因书中角色刻画生动,故事情节震撼感人,出版后大获好评,跃居全美各大畅销排行榜并全球热销,已被改编成电影。

图 3-11 卡勒德·胡赛尼

【原文】

冬天。

每年下雪的第一天,我都会这样度过:一大清早我穿着睡衣,走到屋子外面,双臂环抱抵御严寒。我发现车道、爸爸的轿车、围墙、树木、屋顶还有山丘,统统覆盖着一英尺①厚的积雪。我微笑。天空一碧如洗,万里无云。白晃晃的雪花刺痛我的眼睛。我捧起一把新雪,塞进嘴里,四周静谧无声,只有几声乌鸦的啼叫传进耳里。我赤足走下前门的台阶,把哈桑叫出来看看。

冬天是喀布尔每个孩子最喜欢的季节,至少那些家里买得起一个温暖铁炉的孩子是这样的。理由很简单:每当天寒地冻,学校就停课了。于我而言,冬天意味着那些复杂的除法题目的结束,也不用去背保加利亚的首都,可以开始一连三个月坐在火炉边跟哈桑玩扑克,星期二早晨去电影院公园看免费的俄罗斯影片,早上堆个雪人之后,午餐吃一顿甜芜青②拌饭。

当然还有风筝。放风筝。追风筝。

……

---

①1 英尺=0.3048 米。

②芜青:即芜菁,别名蔓菁、圆菜头、大头菜、圆根、盘菜,芸薹属芸薹种芜菁亚种,能形成肉质根的二年生草本植物。肥大肉质根供食用,肉质根柔嫩、致密,供炒食、煮食。欧洲、亚洲和美洲均有栽培。生长要求不高,土地疏松、水肥充足、气温凉爽即可。

我喜欢喀布尔的冬天。我喜欢夜里满天飞雪轻轻敲打我的窗户，我喜欢新霁的积雪在我的黑色胶靴下吱嘎作响，我喜欢感受铁炉的温暖，听寒风呼啸着吹过街道、吹过院子。但更重要的是，每逢林木萧瑟，冰雪封路，爸爸和我之间的寒意会稍微好转。那是因为风筝。爸爸和我生活在同一个屋顶之下，但我们生活在各自的区域，风筝是我们之间薄如纸的交集。

每年冬天，喀布尔的各个城区会举办风筝比赛。如果你是生活在喀布尔的孩子，那么比赛那天，无疑是这个寒冷季节最令人振奋的时候。每次比赛前夜我都会失眠，我会辗转反侧，双手借着灯光在墙上投射出动物形状的影子，甚至裹条毛毯，在一片漆黑中到阳台上呆坐。我像是个士兵，大战来临前夜试图在战壕上入睡。其实也差不多，在喀布尔，斗风筝跟上战场有点相像。

跟任何战争一样，你必须为自己做好准备。有那么一阵，哈桑和我经常自己制作风筝。秋天开始，我们每周省下一点零用钱，投进爸爸从赫拉特买来的瓷马里面。到得寒风呼啸、雪花飞舞的时候，我们揭开瓷马腹部的盖子，到市场去买竹子、胶水、线、纸。我们每天花几个小时，打造风筝的骨架，剪裁那些让风筝更加灵动的薄绵纸。再接着，我们当然还得自己准备线。如果风筝是枪，那么缀有玻璃屑的线就是膛里的子弹。我们得走到院子里，把五百英尺线放进一桶混有玻璃屑的胶水里面，接着把线挂在树上，让它风干。第二天，我们会把这为战斗准备的线缠绕在一个木轴上。等到雪花融化、春雨绵绵，喀布尔每个孩子的手指上，都会有一些横切的伤口，那是斗了一个冬天的风筝留下的证据。我记得开学那天，同学们挤在一起，比较各自的战伤。伤口很痛，几个星期都好不了，但我毫不在意。我们的冬天总是那样匆匆来了又走，伤疤提醒我们怀念那个最令人喜爱的季节。接着班长会吹口哨，我们排成一列，走进教室，心中已然渴望冬季的到来，但招呼我们的是又一个幽灵般的漫长学年。

但是没隔多久，事实证明我和哈桑造风筝实在不行，斗风筝倒是好手。我们设计的风筝总是有这样或那样的问题，难逃悲惨的命运。所以爸爸开始带我们去塞弗的店里买风筝。塞弗是个近乎瞎眼的老人，以替人修鞋为生，但他也是全城最著名的造风筝高手。他的小作坊在拥挤的雅德梅湾大道上，也就是喀布尔河泥泞的南岸那边。爸爸会给我们每人买三个同样的风筝和几轴玻璃线。如果我改变主意，求爸爸给我买个更大、更好看的风筝，爸爸会买给我，可是也会给哈桑买一个。有时我希望他别给哈桑买，希望他最疼我。

斗风筝比赛是阿富汗古老的冬日风俗。比赛一大清早就开始，直到仅剩一只胜出的风筝在空中翱翔才告结束。我记得有一年，比赛到了天黑还没终结。人们在人行道上，在屋顶上，为自家的孩子鼓劲加油。街道上满是风筝斗士，手里的线时而猛拉、时而速放，目不转睛地仰望天空，力图占个好位置，以便割断敌手的风筝线。每个斗风筝的人都有助手，帮忙收放风筝线。我的助手是哈桑。

……

阿富汗人是独立的民族。阿富汗人尊重风俗，但讨厌规则，斗风筝也是这样。规则很简单：放起你的风筝，割断对手的线，祝你好运。

不仅如此，若有风筝被割断，真正的乐趣就开始了。这时，该追风筝的人出动，那些孩子追逐那个在随风飘扬的风筝，在临近的街区奔走，直到它盘旋着跌落在田里，或者掉进某家的院子里，或挂在树上，或停在屋顶上。追逐十分激烈：追风筝的人蜂拥着漫过大街小巷，相互推搡，像西班牙人那样。我曾看过一本书，说起他们在斗牛节时被公牛追赶的景象。有一年某个邻居的小孩爬上松树，去捡风筝，结果树枝不堪重负，他从三十英尺高的地方跌下来，摔得再也无法行走，但他跌下来时手里还抓着那只风筝。如果追风筝的人手里拿着风筝，没有人能将它拿走。这不是规则，而是风俗。

对追风筝的人来说，最大的奖励是在冬天的比赛中捡到最后掉落的那只风筝。那是无上的荣耀，人们会将其挂在壁炉架之下，供客人欢欣赞叹。每当满天风筝消失得只剩下最后两只，每个追风筝的人都厉兵秣马，准备摘取此项大奖。他们会朝向那个他们预计风筝跌落的地方，绷紧的肌肉蓄势待发，脖子抬起，眼睛眯着，斗志昂扬。当最后一只风筝被割断，立即一片骚动。

多年过去，我曾见到无数家伙参与追风筝，但哈桑是我见过的人中最精此道的高手。十分奇怪的是，在风筝跌落之前，他总是等在那个它将要跌落的地方，似乎他体内有某种指南针。

我记得有个阴暗的冬日，哈桑和我追着一只风筝。我跟着他，穿过各处街区，跳过水沟，侧身跑过那些狭窄的街道。我比他大一岁，但哈桑跑得比我快，我落在后面。

"哈桑，等等我。"我气喘吁吁地大喊，有些恼怒。

他转过身，挥挥手："这边！"说完就冲进另外一个拐角处。我抬头一看，那个方向与风筝跌落的方向恰好相反。

"我们追不到它了！我们跑错路了！"我高声叫道。

"相信我！"我听见他在前面说。我跑到拐角处，发现哈桑低首飞奔，根本就没有抬头看看天空，汗水浸透了他后背的衣服。我踩到一块石头，摔了一跤——我非但跑得比哈桑慢，也笨拙得多，我总是羡慕他与生俱来的运动才能。我站起身来，瞥见哈桑又拐进了另一条巷子。我艰难地追着他，摔破的膝盖传来阵阵剧痛。

我看到我们最终停在一条车辙纵横的泥土路上，就在独立中学旁边。路边有块田地，夏天会种满莴苣；路的另外一边有成排的酸樱桃树。只见哈桑盘起双腿，坐在其中一棵树下，吃着手里的一捧桑葚干。

"我们在这干吗呢？"我上气不接下气，胃里翻江倒海，简直要吐出来。

他微笑："在我这边坐下，阿米尔少爷。"

我在他旁边颓然倒下，躺在一层薄薄的雪花上，喘着气。"你在浪费时间。它朝另外一边飞去了，你没看到吗？"

哈桑往嘴里扔了一颗桑葚:"它飞过来了。"我呼吸艰难,而他一点都不累。

"你怎么知道?"我问。

"我知道。"

"你是怎么知道的?"

他朝我转过身,有些汗珠从他额头流下来,"我骗过你吗,阿米尔少爷?"

……

"风筝来了。"哈桑说,指向天空,他站起身来,朝左边走了几步。我抬头,望见风筝正朝我们一头扎下来。我听见脚步声,叫喊声,一群追风筝的人正闹哄哄向这边跑来。但他们只是白费时间。因为哈桑脸带微笑,张开双手,站在那儿等着风筝。除非真主——如果他存在的话——弄瞎了我的眼,不然风筝一定会落进他张开的臂弯里。

1975年冬天,我最后一次看到哈桑追风筝。

……

"我们得开始了。"哈桑说。他穿着一双黑色的橡胶雪靴,厚厚的羊毛衫和褪色的灯芯绒裤外面,罩着绿色的长袍。阳光照在他脸上,我看到他唇上那道粉红色的伤痕已经弥合得很好了①。

……

虽说爸爸和学校的老师诲我不倦,我终究无法对真主死心塌地。可是当时,从教义答问课程学到的某段《古兰经》涌上嘴边,我低声念诵,然后深深吸气,呼气,跟着拉线跑开。不消一分钟,我的风筝扶摇直上,发出宛如鸟儿扑打翅膀的声音。哈桑拍掌称好,跑在我身后。我把卷轴交给他,双手拉紧风筝线,他敏捷地将那松弛的线卷起来。

空中已经挂着至少二十来只风筝,如同纸制的鲨鱼,巡游搜猎食物。不到一个钟头,这个数字翻了一番,红色的、蓝色的、黄色的风筝在苍穹来回飞舞,熠熠生辉。寒冷的微风吹过我的头发。这风正适宜放风筝,风速不大,恰好能让风筝飘浮起来,也便于操控。哈桑在我身旁,帮忙拿着卷轴,手掌已被线割得鲜血淋漓。

顷刻间,割线开始了,第一批被挫败的风筝断了线,回旋着跌落下来。它们像流星那样划过苍天,拖着闪亮的尾巴,散落在临近的街区,给追风筝的人带来奖赏。我能听得见那些追风筝的人,高声叫嚷,奔过大街小巷。有人扯开喉咙,报告说有两条街上爆发冲突了。

我偷眼望向爸爸,看见他和拉辛汗坐在一起,寻思他眼下在想些什么。他在为我加油吗?还是希望我的失败给他带来愉悦?放风筝就是这样的,思绪随着风筝高低起伏。

风筝纷纷坠下,而我的仍在翱翔。我仍在放着风筝,双眼不时瞟向爸爸,紧紧盯着他的羊毛衫。我坚持了这么久,他是不是很吃惊?你的眼睛没有看着天上,你坚持不了多久

---

①哈桑生下来是个兔唇,阿米尔的父亲带他做了手术,作为送给哈桑的一个生日大礼。

啦。我将视线收回空中。有只红色的风筝正在飞近——我发现它的时间恰到好处。我跟它对峙了一会,它失去耐心,试图从下面割断我,我将它送上了不归路。

街头巷尾满是凯旋而回的追风筝者,他们高举追到的战利品,拿着它们在亲朋好友面前炫耀。但他们统统知道最好的还没出现,最大的奖项还在飞翔。我割断了一只带有白色尾巴的黄风筝,代价是食指又多了一道伤口,血液汩汩流入我的掌心。我让哈桑拿着线,把血吸干,在牛仔裤上擦擦手指。

又过了一个钟头,天空中幸存的风筝,已经从约莫五十只剧减到十来只。我的是其中之一,我杀入前十二名。我知道巡回赛到了这个阶段,会持续一段时间,因为那些家伙既然能活下来,技术实在非同小可——他们可不会掉进简单的陷阱里面,比如哈桑最喜欢用的那招,古老的猛升急降。

到下午三点,阴云密布,太阳躲在它们后面,影子开始拉长,屋顶那些看客戴上围巾,穿上厚厚的外套。只剩下六只风筝了,我仍是其中之一。我双腿发痛,脖子僵硬。但看到风筝一只只掉落,心里的希望一点点增大,就像堆在墙上的雪花那样,一次一片地累积。

我的眼光转向一只蓝风筝,在过去那个钟头里面,它大开杀戒。

"它干掉几只?"我问。

"我数过了,十一只。"哈桑说。

"你知道放风筝的人是谁吗?"

哈桑啪嗒一下舌头,仰起下巴。那是哈桑的招牌动作,表示他不知道。蓝风筝割断一只紫色的大家伙,转了两个大圈。隔了十分钟,它又干掉两只,追风筝的人蜂拥而上,追逐它们去了。

又过了半个小时,只剩下四只风筝了。我的风筝仍在飞翔,我的动作无懈可击,仿佛阵阵寒风都照我的意思吹来。我从来没有这般胜券在握,这么幸运,太让人兴奋了!我不敢抬眼望向那屋顶,眼光不敢从天空移开,我得聚精会神,聪明地操控风筝。又过了十五分钟,早上那个看起来十分好笑的梦突然之间触手可及:只剩下我和另外一个家伙了,那只蓝风筝。

局势紧张得如同我流血的手拉着的那条玻璃线。人们纷纷顿足、拍掌、尖叫、欢呼。"干掉它!干掉它!"我在想,爸爸会不会也在欢呼呢?音乐震耳欲聋,蒸馒头和油炸菜饼的香味从屋顶和敞开的门户飘出来。

但我所能听到的——我迫使自己听到的——是脑袋里血液奔流的声音。我所看到的,只是那只蓝风筝。我所闻到的,只是胜利的味道。获救。赎罪。如果爸爸是错的,如果真像他们在学校说的,有那么一位真主,那么他会让我赢得胜利。我不知道其他家伙斗风筝为了什么,也许是为了在人前吹嘘吧。但于我而言,这是唯一的机会,让我可以成为一个被注目而非仅仅被看到、被聆听而非仅仅被听到的人。倘若真主存在,他会引导风向,让它助我成功，我一拉线，就能割断我的痛苦，割断我的渴求，我业已忍耐得太久，业已走得太远。刹那之间，就这样，我信心十足。我会赢。只是迟早的问题。

结果比我预想的要快。一阵风拉升了我的风筝，我占据了有利的位置。我卷开线，让它飞高。我的风筝转了一个圈，飞到那只蓝色家伙的上面，我稳住位置。蓝风筝知道自己麻烦来了，它绝望地使出各种花招，试图摆脱险境，但我不会放过它，我稳住位置。人群知道胜负即将揭晓。"干掉它！干掉它！"的齐声欢呼越来越响，仿佛罗马人对着斗士高喊"杀啊！杀啊！"。

"你快赢了，阿米尔少爷，快赢了！"哈桑兴奋得直喘气。

那一刻来临了。我合上双眼，松开拉着线的手。寒风将风筝拉高，线又在我手指割开一个创口。接着……不用听人群欢呼我也知道，我也不用看。哈桑抱着我的脖子，不断尖叫。

"太棒了！太棒了！阿米尔少爷！"

我睁开眼睛，望见蓝风筝猛然扎下，好像轮胎从高速行驶的轿车上脱落。我眨眨眼，疲惫不堪，想说些什么，却没有说出来。突然间我腾空而起，从空中望着自己。黑色的皮衣，红色的围巾，褪色的牛仔裤。一个瘦弱的男孩，肤色微黄，身材对于十二岁的孩子来说显得有些矮小。他肩膀窄小，黑色的眼圈围着淡褐色的眼珠，微风吹起他淡棕色的头发。他抬头望着我，我们相视微笑。

然后我高声尖叫，一切都是那么色彩斑斓、那么悦耳动听，一切都是那么鲜活、那么美好。我伸出空手抱着哈桑，我们跳上跳下，我们两个都笑着、哭着。"你赢了，阿米尔少爷！你赢了！"

"我们赢了！我们赢了！"我只说出这句话。这是真的吗？在过去的日子里，我眨眨眼，从美梦中醒来，起床，下楼到厨房去吃早餐，除了哈桑没人跟我说话。穿好衣服。等爸爸。放弃。回到我原来的生活。然后我看到爸爸在我们的屋顶上，他站在屋顶边缘，双拳挥舞，高声欢呼，拍掌称快。就在那儿，我体验到有生以来最棒的一刻，看见爸爸站在屋顶上，终于以我为荣。

但他似乎在做别的事情，双手焦急地摇动。于是我明白了，"哈桑，我们……"

"我知道，"他从我们的拥抱中挣脱，"安拉保佑，我们等会再庆祝吧。现在，我要去帮你追那只蓝风筝。"他放下卷轴，撒腿就跑，他穿的那件绿色长袍的后褶边拖在雪地上。

"哈桑！"我大喊，"把它带回来！"

他的橡胶靴子踢起阵阵雪花，已经飞奔到街道的拐角处。他停下来，转身，双手放在嘴边，说："为你，千千万万遍！"然后露出一脸哈桑式的微笑，消失在街角之后。再一次看到他笑得如此灿烂，已是二十六年之后，在一张褪色的宝丽莱照片上。

(选自卡勒德·胡赛尼著、李继宏译《追风筝的人》，上海人民出版社2006年版)

【阅读指要】

阿富汗富家少爷阿米尔与仆人的儿子哈桑情同手足。天性懦弱的阿米尔受人欺负时，瘦弱的哈桑总是挺身而出。阿米尔和哈桑都是斗风筝的好手，且哈桑还能像雷达定位一样准确地追到被斗败的风筝。在一次盛大的风筝大会上，阿米尔和哈桑一路过关斩将获得了第一名。哈桑在追风筝途中遭到不良少年阿塞夫等人的欺负、蹂躏甚至是强暴，尾随哈桑的阿米尔目睹了一切，却没有勇气站出来。阿米尔从此背上了沉重的心理包袱，再也无法面对哈桑。最终借口哈桑父子偷东西，将其赶出了家门。战争爆发，阿米尔随父去了美国，成家立业，过上了平静的生活。然而，父亲好友拉辛汗的一个电话打破了所有的平静。为了哈桑，为了赎罪，他踏上了暌违二十多年的故土。此行却也让他发现了一个惊天的事实：哈桑是自己的父亲和管家老婆所生的私生子，因而被从恤孤院卖到阿塞夫手中的哈桑的儿子是自己的侄子。最终阿米尔历尽艰辛救出了侄子，并将其带回了美国的家。

节选部分是小说第六、第七两章，均有所删节。主要围绕"我"放风筝和哈桑追风筝展开。"我"放风筝的主要目的是想赢得更多的父爱，甚至剥夺父亲对哈桑的爱；而哈桑追风筝却完全是为了"我"，为了表达对友谊的忠诚。从中亦可了解曾经的阿富汗是那么安宁祥和，富有生活气息，与今天的阿富汗有着天壤之别，引发我们对人类遭受战争厄运的悲悯。

【课后练习】

1. 风筝之于"我"和哈桑，具有不同的意义，试从两方面阐释"风筝"的内涵。
2. 小说在"追风筝"一段刻画"我"与哈桑两个形象时，分别突出了他们的哪些性格特征？试简要分析。

◆ 创意写作三　小说 ◆

小说是一种讲故事的文体，其写作可从以下三个方面入手：

第一，塑造人物。塑造典型的、个性鲜明的人物形象是小说的根本任务。塑造人物可以通过语言描写、行动描写、肖像描写和心理描写等。在技巧上，有原型塑造法，即小说的主人公是在现实生活中真人真事的基础上加工改造而成，如罗曼·罗兰《约翰·克利斯朵夫》的主人公的原型就是作曲家贝多芬；有多种合成法，即将多个原型的素材，按照相似性组合的原理给予加工改造，塑造出人物形象的方法，如鲁迅笔下的阿Q；有理想寄寓法，即现实生活中无法得以实现的美好事物可以在想象的世界里实现，如蒲松龄笔下的花妖狐媚；有幻象超越法，即作者随心所欲想象出来的人物，不顾及是否理想、是否现实，如孙悟空。

第二，设置情节。情节是指由人物活动构成的故事和细节，即故事发生发展的过程，人物关系、人物活动的表现过程。这个过程一般分为开端、发展、高潮、结局四个阶段。开端，是小说情节的起点，是引起后面矛盾冲突的因由；发展是小说情节开端的延续和展开，各种矛盾冲突逐渐显露，人物性格逐渐展示，主题思想逐渐体现；高潮是小说情节进展的关键部分，在这个阶段，人物性格塑造得到全面、充分的展示，矛盾冲突达到紧张激烈的白热化状态，作品主题也得到深刻的揭示。结局，也叫煞尾，是高潮部分的延续，将高潮部分遗留的问题加以解决。另外，有的小说前面有序后面有尾声。序，有时也叫序幕、引子、楔子、题叙、卷首语等，是与正文情节相对独立的情节片段；尾声是小说结尾后补加的部分，表现矛盾充足的解决所造成的后续影响，相对独立。

第三，描绘环境。小说的环境可以分为典型环境和普通环境、自然环境和社会环境、生活场景和心理环境等。社会环境是塑造典型环境的一个重要方面，它既包括特定的历史背景，因而也就具有时代背景的要素；它也包括社会风俗、地域习惯、民间禁忌、宗教信仰、伦理规范等，这些是小说里最直观、最具体地加以表现的内容。社会环境还包括生产关系、司法条例、政治制度，这些是揭示时代主题、社会问题的集中体现。生活场景是指小说中随时涉及的饮食起居、室内陈设、随身刀具、院落、村庄、道路、商店、停车点、花园等具体的处所与物品。这些东西与人物的家庭出身、职业身份、品位爱好、社会地位有着密切的关系。可以说，塑造人物形象，很大部分是靠这些生活场景的细节描绘而得以完成的。

第四，讲究叙事艺术。小说的叙事艺术主要包括叙事人称、叙事方法等。小说的叙事人称有第一、第二、第三人称；小说的叙事方法常见的有顺序、倒叙、插叙等。同时还要考虑隐含读者问题，即小说的主要阅读群体是哪些等。语言方面要精心锤炼，形成富有表现力的文学语言。

无论如何，小说创作首先要建立在广泛阅读的基础上，选取经典作品仔细研读，从中吸取他人的写作经验和方法，进行广泛细致深入的模仿，并能做到勤于动笔，然后才能形成自己的写作方法和写作风格。

◆ 单元知识升华 ◆

小说创作：

根据自己的兴趣爱好写一篇小说，题材不限、字数不限。

第四部分

中外戏剧

◈ 中外戏剧文体扫描 ◈

戏剧绝大多数是一种侧重以人物台词为手段、集中反映矛盾冲突的文学体裁。按审美风格划分，可分为悲剧、喜剧与正剧；按场次划分，还可分为独幕剧与多幕剧。它的基本特征是：浓缩地反映现实生活，集中地表现矛盾冲突，以人物台词推进戏剧动作。

戏剧在西方，自亚里士多德起就被作为最主要的文体而受到重视、得到推崇，涌现了一大批优秀的剧作家和评论家。与此相反，中国的诗与文一直被视为文学正宗，而戏剧与小说均被视为"小道"，长期受到压制。直到清末民初，戏剧才在王国维等人的倡导下引起广泛关注。

中西戏剧有着很大的不同。

首先，中国传统戏剧以歌唱为主，以表意为主，虚空和意境是一贯的艺术追求（见图4-1）；而西方传统戏剧则以对白为主，以写实为主，认为舞台应该表现真实的生活；中国戏剧是建立在强大的抒情传统的基础上的，而西方戏剧则是建立在强大的叙事传统基础上的。

图4-1 《同光十三绝》，工笔写生戏画像，清光绪年间画师沈蓉圃绘制

其次，中国传统戏剧的时空结构是开放的，地点是可以流动的，时间的长短也是凭故事的需要。而西方戏剧必须遵守"三一律"的原则，规定剧本创作必须遵守时间、地点、行动的一致，即一部剧本只允许写单一的故事情节，戏剧行动必须发生在一天之内和一个地点。法国古典戏剧理论家布瓦洛把它解释为："要用一地、一天内完成的一个故事从开头直到末尾维持着舞台充实。"

到了20世纪，中西方戏剧都发生了重大变化，出现了文化交汇现象。当曹禺的话剧轰动中国剧坛掀起戏剧界写实潮流时，欧美戏剧工作者却被梅兰芳表演的京剧艺术所倾倒，开始尝试学习中国传统戏剧所显示的"隔离感"。

《西厢记·崔莺莺夜听琴杂剧》第四折(节选)

王实甫

【作者简介】

王实甫,生卒年不详,元代杂剧作家。据《录鬼簿》记载说他名德信、大都(今北京)人,并记录了他的14种杂剧。现存《西厢记》《丽春堂》《破窑记》三种。《西厢记》五本二十折(一说二十一折),讲述了张生与崔莺莺缠绵悱恻、跌宕起伏的爱情故事,表达了有情人终成眷属的美好愿望(见图4-2)。《西厢记》是我国古典戏剧的现实主义杰作,曲词华艳优美,富于诗的意境,被誉为"元杂剧的压卷之作"。其与汤显祖的《牡丹亭》、洪昇的《长生殿》、孔尚任的《桃花扇》并称为"中国古代四大名剧"。20世纪初,德国汉学家洪德生翻译了《西厢记》,将这个爱情故事传到欧洲。

图4-2 乾隆青花《西厢记》听琴图人物故事盘

【原文】

(末上云)红娘之言,深有意趣,天色晚也,月儿,你早些出来么!(焚香了)呀,却早发擂①也;呀,却早撞钟也。(做理琴科)琴呵,小生与足下湖海相随数年,今夜这一场大功,都在你这神品、金徽、玉轸、蛇腹、断纹、峄阳、焦尾、冰弦②之上。天那!却怎生借得一阵顺风,将小生这琴声吹入俺那小姐玉琢成、粉捏就、知音的耳朵里去者!(旦引红上,红云)小姐,烧香去来,好明月也呵!(旦云)事已无成,烧香何济!月儿,你团圆呵,喒③却怎生?

【越调】【斗鹌鹑】云敛晴空,冰轮乍涌;风扫残红,香阶乱拥;离恨千端,闲愁万种。

---

① 发擂:指起更打鼓,也指启明定昏。
② 金徽、玉轸、蛇腹、断纹、峄阳、焦尾、冰弦:琴节为徽,用来定宫商高下;琴下转柱为轸;蛇腹、断纹都是指古琴的年代久远;峄阳、焦尾亦是指古琴,传说峄山之阳产桐可以做琴;冰弦即指蚕弦,《太真外传》"得琵琶以献,弦乃拘弥国所产黄绿冰蚕丝也。"
③ 喒:同"咱"。

夫人那,"靡不有初,鲜克有终。"①他做了个影儿里的情郎,我做了个画儿里的爱宠。

【紫花儿序】只落得心儿里念想,口儿里闲题,只索向梦儿里相逢。俺娘昨日个大开东阁,我只道怎生般炮凤烹龙?朦胧,可教我"翠袖殷勤捧玉钟"②,却不道"主人情重"?只为那兄妹排连,因此上鱼水难同。

(红云)姐姐,你看月阑③,明日敢有风也?(旦云)风月天边有,人间好事无。

【小桃红】人间看波,玉容深锁绣帏中,怕有人搬弄。想嫦娥,西没东生有谁共?怨天公,裴航不作游仙梦④。这云似我罗帏数重,只恐怕嫦娥心动,因此上围住广寒宫。

(红做咳嗽科)(末云)来了。(做理琴科)(旦云)这甚么响?(红发科)(旦唱)

【天净沙】莫不是步摇得宝髻玲珑?莫不是裙拖得环珮叮咚?莫不是铁马儿⑤檐前骤风?莫不是金钩双控,吉丁当敲响帘栊?

【调笑令】莫不是梵王宫⑥,夜撞钟?莫不是疏竹潇潇曲槛中?莫不是牙尺剪刀声相送?莫不是漏声长滴响壶铜⑦?潜身再听在墙角东,原来是近西厢理结丝桐。

【秃厮儿】其声壮,似铁骑刀枪冗冗;其声幽,似落花流水溶溶;其声高,似风清月朗鹤唳空;其声低,似听儿女语,小窗中,喁喁。

【圣药王】他那里思不穷,我这里意已通,娇鸾雏凤失雌雄;他曲未终,我意转浓,争奈伯劳飞燕各西东;尽在不言中。

我近书窗听咱。(红云)姐姐,你这里听,我瞧夫人一会便来。(末云)窗外有人,已定是小姐,我将弦改过,弹一曲,就歌一篇,名曰《凤求凰》。昔日司马相如得此曲成事,我虽不及相如,愿小姐有文君之意。(歌曰)有美人兮,见之不忘。一日不见兮,思之如狂。凤飞翩翩兮,四海求凰。无奈佳人兮,不在东墙。张弦代语兮,欲诉衷肠。何时见许兮,慰我彷徨?愿言配德兮,携手相将!不得于飞兮,使我沦亡。(旦云)是弹得好也呵!其词哀,其意切,凄凄然如鹤唳天;故使妾闻之,不觉泪下。

【麻郎儿】这的是令他人耳聪,诉自己情衷。知音者芳心自懂,感怀者断肠悲痛。

【幺篇】这一篇与本宫、始终⑧、不同。又不是《清夜闻钟》,又不是《黄鹤醉翁》,又不

---

①见《诗经·大雅·荡》:"荡荡上帝,下民之辟。疾威上帝,其命多辟。天生烝民,其命匪谌。靡不有初,鲜克有终。"意思是有始无终。
②见晏几道《鹧鸪天》:"彩袖殷勤捧玉钟,当年拚却醉颜红。舞低杨柳楼心月,歌尽桃花扇底风。从别后,忆相逢,几回魂梦与君同。今宵剩把银釭照,犹恐相逢是梦中。"
③月阑:月晕。
④裴航不作游仙梦:裴航是唐代裴铏所作小说《传奇·裴航》的男主人公。传说裴航为唐长庆间(821—824)秀才,一次路过蓝桥驿,遇见一织麻老妪,航渴甚求饮,妪呼女子云英捧一瓯水浆饮之,甘如玉液。航见云英姿容绝世,十分喜欢,很想娶她为妻。妪告:"昨有神仙与药一刀圭,须玉杵臼捣之。欲娶云英,须以玉杵臼为聘,为捣药百日乃可。"后裴航终于找到月宫中玉兔用的玉杵臼,娶了云英。婚后夫妻双双入玉峰,成仙而去。
⑤铁马:檐前铃铛。
⑥梵王宫:指佛寺。
⑦壶铜:古人用以记时刻的铜壶滴漏。
⑧本宫、始终:王伯良说:"凡琴曲各宫调自为始终,初弹之宫调为本宫本调。"

是《泣麟悲凤》①。

【络丝娘】一字字更长漏永,一声声衣宽带松。别恨离愁,变成一弄②。张生呵,越教人知重。

(末云)夫人且做忘恩,小姐,你也说谎也呵!(旦云)你差怨了我。

【东原乐】这的是俺娘的机变,非干是妾身脱空③;若由得我呵,乞求得效鸾凤。俺娘无夜无明併④女工,我若得些儿闲空,张生呵,怎教你无人处把妾身作诵⑤。

【绵搭絮】疏帘风细,幽室灯清,都只是一层儿红纸,几榥儿疏棂,兀的不是隔着云山几万重,怎得个人来信息通?便做道十二巫峰,他也会赋《高唐》⑥来梦中。

(红云)夫人寻小姐哩,喒家去来。(旦唱)

【拙鲁速】只见他走将来气冲冲,怎不教人恨匆匆,唬得人来怕恐。早是不曾转动,女孩儿家直恁响喉咙!紧摩弄,索将他拦纵⑦,只恐怕夫人行把我来厮葬送。

(红云)姐姐只管听琴怎么?张生着我对姐姐说,他回去也。(旦云)好姐姐呵,是必再着住一程儿!

(红云)再说甚么!(旦云)你去呵,

【尾】只说道夫人时下有人唧哝,好共歹不着你落空。不问俺口不应的狠毒娘,怎肯着别离了志诚种?(并下)

【络丝娘煞尾】不争惹恨牵情斗引,少不得废寝忘餐病症。

(选自王实甫著、王季思校注《西厢记》,上海古籍出版社1978年版)

【阅读指要】

《西厢记》最早的来源是唐代元稹所著的传奇《会真记》。金代董解元著有《西厢记诸宫调》。王实甫在此基础上加以改编,在各个方面进一步加工、发展和提高,使戏剧冲突更加激烈,人物性格也更为鲜明,特别是在心理描写上,细致、精确,引人入胜。现在舞台上常演的有《游殿》《琴心》《拷红》《长亭送别》等几折。本文节选自《西厢记·崔莺莺夜听琴杂剧》第四折。隔墙传情,知音识意,描写了张生借抚琴表达对莺莺的思慕,以及崔莺莺听到琴声时的种种感慨。该折音乐所使用的表现方法可以概括为:"以声喻乐""以形喻乐""以典喻乐"。"以声喻乐"是指采用生活中常见的可感的声音来形容音乐,如配饰器物的撞击声、寺庙钟声、雨打疏竹声、做女工的刀尺声、水滴铜壶声、铁骑刀枪鸣叫厮杀声,或清脆,或空灵,或细腻,或婉转,或恢宏等;"以形喻乐"是指以视觉形象比喻音乐形象,

---

①《清夜闻钟》《黄鹤醉翁》《泣麟悲凤》:皆古琴操名。
②一弄:弄,琴曲名,一弄即一曲。
③脱空:说谎。
④併(bìng):催逼。
⑤作诵:作念,这里含有抱怨意。
⑥高唐:是指宋玉《高唐赋》,开头叙述了楚王在梦中与巫山高唐神女相遇之事。
⑦拦纵:拦阻。

主要有人物、动物和植物形象，如小女子的形象、鹤的形象、疏竹形象等；"以典喻乐"，是指在音乐的描写中加入了诸如神话（裴航娶云英）、历史（司马相如琴挑卓文君）等典故。多种方法的综合使用，将张生的琴音表现了出来，也将崔莺莺作为一个大家闺秀婉转的情思表现了出来，对崔张二人爱情心理的深入刻画是非常重要的。

【课后练习】

1. 文中是如何描绘琴声的？
2. 张生张琴代语，莺莺心意相通，试分析这种传情达意的方式及效果。

牡丹亭·惊梦(节选)

汤显祖

【作者简介】

汤显祖(1550—1616),字义仍,号海若、若士、清远道人,江西临川人,明代杰出戏曲家、文学家。34岁中进士,在南京先后任太常寺博士、詹事府主簿和礼部祠祭司主事等。后愤而弃官归里,潜心于戏剧及诗词创作。其戏剧作品《牡丹亭》《紫钗记》《南柯记》《邯郸记》合称"临川四梦"。这些剧作不但为中国人民所喜爱,而且已传播到英、日、德、俄等很多国家,被视为世界戏剧艺术的珍品。其中《牡丹亭》是他的代表作,也是他一生最得意之作,他曾说"吾一生四梦,得意处唯在《牡丹》"。《牡丹亭》描写了杜丽娘和柳梦梅生死离合的爱情故事,是中国浪漫文学传统中的一座巍巍高峰。曲词兼具北曲泼辣动荡及南词宛转清丽的长处,曲调优雅,唱腔悠扬,唱词华丽,400年来一直是昆曲传统经典曲目(见图4-3)。

图4-3 白先勇青春版《牡丹亭》剧照

【原文】

【绕地游】(旦上)梦回莺啭,乱煞①年光②遍。人立小庭深院。(贴)注尽沉烟③,抛残绣线,恁今春关情似去年?[乌夜啼](旦)晓来望断梅关④,宿妆残。(贴)你侧着宜春髻子恰

---

① 乱煞:乱极,形容春光缭乱。
② 年光:春光。
③ 注尽沉烟:注,燃香。沉烟,沉香燃烧的烟。
④ 梅关:位于距广东省南雄市约30千米梅岭顶部。本剧故事发生地南安府,就在梅关北面。

凭阑。(旦)䕨不断，理还乱，闷无端。(贴)已分付催花莺燕借春看。(旦)春香，可曾叫人扫除花径？(贴)分付了。(旦)取镜台、衣服来。(贴取镜台、衣服上)云髻罢梳还对镜，罗衣欲换更添香。镜台、衣服在此。

【步步娇】(旦)袅晴丝①吹来闲庭院，摇漾春如线。停半晌、整花钿。没揣②菱花，偷人半面③，迤逗④的彩云⑤偏。(行介)步香闺怎便把全身现！(贴)今日穿插的好。

【醉扶归】(旦)你道翠生生出落的⑥裙衫儿茜⑦，艳晶晶花簪八宝填，可知我常一生儿爱好是天然。恰三春好处⑧无人见。不堤防沉鱼落雁鸟惊喧，则怕的羞花闭月花愁颤。(贴)早茶时了，请行。(行介)你看：画廊金粉半零星，池馆苍苔一片青。踏草怕泥新绣袜，惜花疼煞小金铃⑨。(旦)不到园林，怎知春色如许！

【皂罗袍】原来姹紫嫣红开遍，似这般都付与断井颓垣。良辰美景奈何天，赏心乐事谁家院！恁般景致，我老爷和奶奶再不提起。(合)朝飞暮卷⑩，云霞翠轩；雨丝风片，烟波画船。锦屏人忒看的这韶光贱！(贴)是⑪花都放了，那牡丹还早。

【好姐姐】(旦)遍青山啼红了杜鹃，荼蘼⑫外烟丝醉软。春香啊，牡丹虽好，他春归怎占的先！(贴)成对儿莺燕呵。(合)闲凝眄，生生燕语明如剪⑬，呖呖莺歌溜的圆。(旦)去罢。(贴)这园子委是观之不足也。(旦)提他怎的！(行介)

【隔尾】(旦)观之不足由他缱⑭，便赏遍了十二亭台是枉然，到不如兴尽回家闲过遣。(作到介)(贴)开我西阁门，展我东阁床。瓶插映山紫，炉添沉水香。小姐，你歇息片时，俺瞧老夫人去也。(下)(旦叹介)默地游春转，小试宜春面。春呵，得和你两留连，春去如何遣？咳！恁般天气，好困人也。春香那里？(作左右瞧介)(又低首沉吟介)天呵，春色恼人，信有之乎！常观诗词乐府，古之女子，因春感情，遇秋成恨，诚不谬矣。吾今年已二八，未逢折桂之夫；忽慕春情，怎得蟾宫之客？昔日韩夫人得遇于郎，张生偶逢崔氏，曾有《题红记》《崔徽传》二书。此佳人才子，前以密约偷期，后皆得成秦晋。(长叹介)吾生于

---

① 袅晴丝：袅，形容游丝飘荡不定的样子。晴丝，晴空中飘荡的虫类所吐的丝缕。
② 没揣：没想到。
③ 偷人半面：以拟人的手法写镜子偷偷照了丽娘一下。
④ 迤(tuō)逗：挑逗。
⑤ 彩云：形容女子美丽的卷发。
⑥ 出落的：显出，衬托出。
⑦ 茜：深红色。
⑧ 三春好处：比喻青春美貌。
⑨ 惜花疼煞小金铃：《开元天宝遗事》："天宝初，宁王……于园中纫红丝为绳，密缀金铃，系于花梢之上，每有鸟鹊翔集，则令园吏掣铃索以惊之。盖惜花之故也。"
⑩ 朝飞暮卷：语本唐王勃《滕王阁诗》："画栋朝飞南浦云，珠帘暮卷西山雨。"形容轩阁的高敞。
⑪ 是：凡是，所有的。
⑫ 荼蘼：一种落叶灌木，蔷薇科，白色花朵，有香味。
⑬ 剪：这里指剪子声音。
⑭ 缱：留恋，缠绵。

宦族，长在名门。年已及笄①，不得早成佳配，诚为虚度青春，光阴如过隙耳。（泪介）可惜妾身颜色如花，岂料命如一叶乎！

【山坡羊】（旦）没乱里②春情难遣，蓦地里怀人幽怨。则为我生小婵娟，拣名门一例、一例里神仙眷。甚良缘，把青春抛的远！俺的睡情谁见？则索因循腼腆。想幽梦谁边，和春光暗流转？迁延，这衷怀那处言！淹煎③，泼残生④，除问天。身子困乏了，且自隐几⑤而眠。

（选自汤显祖著、周锡山编著《〈牡丹亭〉注释汇评》，上海人民出版社 2017 年版）

【阅读指要】

《牡丹亭》共 55 出。现在舞台上常演的有《闹学》《游园》《惊梦》《寻梦》《写真》《离魂》《拾画叫画》《冥判》《幽媾》《冥誓》和《还魂》等几折。其中《游园》《惊梦》两折，属原剧本第十出《惊梦》。这一出写了杜丽娘与柳梦梅梦中相会，而梦遇作为整本戏的关键性关目，贯穿了戏的始终。读本节选《惊梦》前半部分，即舞台剧《游园》一折。《游园》是《牡丹亭》取得最高艺术成就的一个篇章。依次描写了杜丽娘游园前的心情、游园时园中的春景及由此而引起青春易逝的伤感。此出不仅唱词极其美妙，说白也很见功力，细密地透露出人物的内心秘密。姹紫嫣红的大自然的生命律动激发了杜丽娘对备受压抑的情欲的追求，对扼杀人性的社会和家庭环境的反抗，这和当时兴起的个性解放思潮是一脉相承的，因为个性解放本身就包含肉体和精神的双重解放。

【课后练习】

1. 一次普通的游园，为何会激起杜丽娘如此激烈的情感？
2. "惊梦"的内涵是什么？

---

① 及笄：古代女子十五岁可以盘发插簪，表示成年。
② 没乱里：宋元时方言俗语，形容心绪缭乱焦急。
③ 淹煎：宋元方言俗语，受煎熬的意思。
④ 泼残生：宋元方言俗语，苦命人，含有自怜自惜的意思。
⑤ 隐几：靠着几案。

高加索灰阑记(节选)

贝托尔特·布莱希特

【作者简介】

贝托尔特·布莱希特(1898—1956)(见图4-4),德国著名戏剧理论家、剧作家、戏剧导演和诗人。布莱希特戏剧是20世纪德国戏剧的一个重要学派,他对世界戏剧影响很大。这个学派在它的形成过程中,一方面继承和革新了欧洲的现实主义传统,另一方面借鉴了东方文化,尤其是日本古典戏剧和中国戏曲。代表作品有戏剧《三毛钱歌剧》《伽利略传》《大胆妈妈和她的孩子们》《四川好人》《高加索灰阑记》等。布莱希特的作品及理论已有不少被介绍到我国,有些著名戏剧也曾多次在我国舞台上演出。

图4-4 贝托尔特·布莱希特

【原文】

歌手(唱):

现在请听断案的故事,怎样给总督阿巴什维利的孩子用出了著名的灰阑巧记,断定谁是真正的母亲。

(在弩卡的法院。一个铁甲兵带米歇尔走过舞台,从后面出去。一个铁甲兵用长矛把格鲁雪阻挡在门下,直到孩子被带走,才让她进来。同她一起的是从前总督家的厨娘。远处有喧嚣声,天上有火光。)

格鲁雪:他是个好孩子,会自己洗脸。

厨娘:你运气好。这不是真正的法官,这是阿兹达克。他是个酒鬼,什么也不懂,最大的盗窃犯都给他放过了。他把一切都弄得颠三倒四,有钱的人永远满足不了他。我们这种人在他手下有时倒容易过关。

格鲁雪:今天我需要一点运气。

厨娘:别乱说。(她画十字)让我赶快再祈祷一遍,求法官喝醉。

(她不出声,只掀动嘴唇做祈祷,格鲁雪徒然地东张西望,看不见孩子。)

厨娘:我真不明白,你干吗要死乞白赖抓住孩子不放手,在这种时候,他又不是你的。

格鲁雪:是我的,我把他养大的。

厨娘:你没有想过,一旦她回来会做出什么事吗?

格鲁雪：起初我还想把孩子还给她，后来我又想她不会回来了。

厨娘：借来的袍子也暖和，对吗？（格鲁雪点头）你要怎样，我都给你做证，因为你是个正直人。（背供词）我曾经带过他，拿五块钱寄养费，复活节那天晚上，发生骚乱的时候，格鲁雪才把他抱走。（她看见兵士哈哈瓦向他们走来）可是你太对不住西蒙了。我跟他说过，他不能理解。

格鲁雪：（没有看见西蒙）如果他还不能理解，此刻我也不去理会他了。

厨娘：他知道孩子不是你的，可你偏偏结了婚，弄到一辈子不能脱身——这一点他可不能理解。

（格鲁雪看见西蒙，向他打招呼。）

西蒙：（阴郁地）我想告诉夫人，我准备发誓做证，说我是孩子的父亲。

格鲁雪：（轻声地）这很好，西蒙。

西蒙：同时我想声明，我并不因此受任何约束，夫人也不。

厨娘：这没有必要。她已经结婚了，你是知道的。

西蒙：这是她的事情，用不着扯进来。

（进来两个铁甲兵。）

铁甲兵：法官在哪儿？——有人看见法官吗？

格鲁雪：（转过身遮住面孔）站到我前面。我不该到弩卡来。如果我面对面碰上铁甲兵伍长，那个头上被我打过的……

带孩子进场的铁甲兵：（走上前来）法官没在这里。

（两个铁甲兵继续寻找。）

厨娘：但愿他没出事。换随便哪个法官，你要有什么指望，就像小鸡指望长牙一样。

（进来第三个铁甲兵。）

问法官下落的铁甲兵：（对第三个铁甲兵）那里只有一对老夫妻和一个孩子。法官溜了。

第三个铁甲兵：继续搜查！

（另外两个铁甲兵迅速走出来，第三个不动。格鲁雪惊叫了一声。铁甲兵转过身来。这就是伍长，脸上有一块大疤。）

门口的铁甲兵：什么事，邵塔？你认识她？

伍长：（呆看了格鲁雪好一会儿）不认识。

门口的铁甲兵：据说就是她偷了阿巴什维利的孩子。邵塔，你要是知道一点底细，可以捞到一大堆钱哩。

（伍长咒骂着走出去。）

厨娘：就是他吗？（格鲁雪点头）我相信他不敢开口。要不然他就得招认追捕过孩子。

格鲁雪：（如释重负）我差点儿忘了，我曾经从他们手里救出过孩子呢。

（总督夫人进来，后面跟着副官和两个律师。）

总督夫人：谢谢上帝，总算没有挤在这里。我受不了他们的气味，一闻到就偏头痛。

第一个律师：夫人无论说什么，务必格外小心，直到我们另外有个法官。

总督夫人：可是我什么也没有说啊，伊罗·舒伯拉采。我爱老百姓，挺喜欢他们那种单纯、率直的头脑，只是他们的气味会引起我偏头痛。

第二个律师：大概不会有什么观众。由于市郊的骚乱，大多数居民都关紧大门，躲在家里。

总督太太：那就是她吗，那个……女人？

第一个律师：尊贵的娜泰拉·阿巴什维利，请克制一下，别开口骂人，且等大公任命新法官，我们确确实实地摆脱了目前这个。他这个人大致是前所未见的、最卑鄙的一个穿过法官服的家伙。事情有着落了，回头看吧。

（铁甲兵走进院子。）

厨娘：总督夫人一定会薅掉你的头发，要不是她知道阿兹达克是偏袒下等人的。他是个看脸色行事的人。

（两个铁甲兵开始在柱子上拴套。阿兹达克被捆着拉进来，身后跟着同样被捆的肖瓦。再后是三个富农。）

一个铁甲兵：你打算逃走，是吗？（他抽打阿兹达克）

一个富农：吊起他以前，先把法官服剥下来！

（铁甲兵和富农把法官服从阿兹达克身上剥下来。他的破内衣全暴露出来。有人打了他一拳。）

一个铁甲兵：（把他推向另一个）你想要一大捆公道？来了！

（他们一边喊"给你"或者"我不要"，把阿兹达克摔来摔去，直到他瘫下，然后把他拉起来拖到套索底下。）

总督夫人：（在推来搡去的时候一直歇斯底里地拍着手）我头一眼就不喜欢这个人。

阿兹达克：（血流满面，喘息着）我眼前看不见，给我一块抹布。

另一铁甲兵：你要看什么？

阿兹达克：你们这些狗。（他用衬衣擦着眼睛里流出的血）你们好，狗子！怎么样，狗子？狗世界怎么样？臭得好闻吗？又有靴子好舔了？你们又要你咬我、我咬你了？狗子？

（一个满身灰尘的骑马使者同一个伍长走进来。他从皮口袋里取出文件来瞥了一眼，立即打断场上的活动。）

骑马使者：住手！这里有大公签发的公文，有关任命问题。

伍长：（喊）立正！（全体立正）

骑马使者：关于新法官，这里宣布："兹任命一人担当此职，多亏他救了一条对国家极端重要的性命——此人居住弩卡，名叫阿兹达克。"这是哪一位？

肖瓦：（指阿兹达克）就是绞刑架底下那个，官长大人。

伍长：（咆哮）这里搞的什么名堂？

铁甲兵：请允许据实报告，法官老爷早就是法官老爷，根据这些富农的揭发才把他划成了大公的敌人。

伍长：（指富农们）把他们带走！（他们被带走，一边走一边不停地鞠躬）注意，不许再让人捅法官老爷一个指头。（他同骑马使者走出去）

厨娘：（对肖瓦）她还拍过手呢。但愿他看见了。

第一个律师：这一下可遭殃了。

（阿兹达克已经昏迷过去。他被拉下来，苏醒过来了，又被披上法官服。他摇摇晃晃地从铁甲兵当中走出来。）

铁甲兵：别见怪，老爷！——老爷要怎样？

阿兹达克：不要怎样，我的狗弟兄们。随时找一只靴子舔舔。（对肖瓦）我恕你无罪。（他被解缚）去给我拿红酒，要甜的。（肖瓦出去）走吧，我还要审一桩案子。（铁甲兵出去。肖瓦拿一壶酒进来。阿兹达克大口喝酒）给我拿点东西垫屁股！（肖瓦拿过法典，放在法官椅上。阿兹达克坐上去）递上来！

（正在担心地计议着的原告，脸上显出了轻松的笑容。他们开始窃窃私语。）

厨娘：哎呀！

西蒙：常言道："露水灌不满一口井。"

两个律师：（满怀期待地走近阿兹达克）一桩非常荒唐的案子，老爷。被告拐走了一个孩子，还拒绝交出来。

阿兹达克：（把手向他们伸过去，斜眼看格鲁雪）挺逗人爱的姑娘。（他们又给了他一点儿钱）我宣布开庭审讯，严格要求说实话。（对格鲁雪）特别是你。

第一个律师：尊贵的法官！俗话说："血比水咸。"这句老话……

阿兹达克：法庭要知道律师的报酬怎样。

第一个律师：（吃惊）尊意是？（阿兹达克神色和善，捏捏拇指和食指）噢！五百块钱，老爷，这就回答了法庭一个不寻常的问题。

阿兹达克：你们听见吗？这个问题是不寻常的。我所以要问，是因为如果我知道你们是好人，我听你们的话，就会另眼看待。

第一个律师：（鞠躬）谢谢，老爷。尊贵的法庭！血缘关系是一切关系中最实在的关系。母——子，还有什么比这更亲近的关系吗？一个孩子能从他的母亲手里夺走吗？尊贵的法庭！母亲在神圣的欢爱中孕育了他，在身体内怀着他，用血液哺育了他，忍受着痛苦生下了他。尊贵的法庭！有人见过，甚至一只野性的老虎，被夺去了崽子，也会怎样在山里日夜奔跑，一刻不停，瘦成一个幽灵。天性本身……

阿兹达克：（打断他，对格鲁雪）你对这一番话和律师先生还会讲的另外种种话，有什么回答？

格鲁雪：孩子是我的。

阿兹达克：完了？我希望你能够证明。无论如何我劝你告诉我，为什么你相信我应该把孩子断给你。

格鲁雪：我凭良心尽我所能养大他，我曾经找东西给他吃。他平常多半有房子住。我为他受尽了折磨，也花了许多钱，受了许多累。我教孩子对大家都和善。从小就教他尽量干活，他还太小呢。

第一个律师：老爷，此人都不提她和孩子之间任何血缘关系，这一点事关重大。

阿兹达克：法庭注意到了。

第一个律师：谢谢，老爷。请允许一个深受苦难的妇人陈述几句话，她呀已经失去了丈夫，现在又担心失去孩子。尊贵的娜泰拉·阿巴什维利是……

总督夫人：（轻声地）十分残酷的命运迫使我要求先生帮忙把我亲爱的孩子还给我。我没法向先生描述一个被剥夺了亲生儿子的母亲怎样受到灵魂深处的痛苦、焦虑、不眠的长夜和……

第二个律师：（脱口而出）这位夫人受到的待遇，简直是闻所未闻。他们不许她跨进丈夫的府第。他们不让她从自家的产业上得到分毫进款。他们冷酷无情地告诉她，那是归继承人的。没有孩子她什么都办不了。她连律师的报酬都付不出！（对第一个律师，因为他一听到这番脱口而出的话急得什么似的，拼命做手势，叫他不要打断）亲爱的伊罗·舒伯拉采，为什么不该明白说出来，既然事关阿巴什维利产业的继承权问题？

第一个律师：千万、千万，敬爱的山得罗·欧伯拉采！我们本来讲好……（对阿兹达克）当然这是对的，案件结局也要决定我们当事人能否获得一笔非常巨大的阿巴什维利遗产的处理权。但是我说"也要决定"是有意义的，就是说，占第一位的还是一个母亲所遭逢的人性悲剧，娜泰拉·阿巴什维利在她激动人心的讲话开头说得很对呀。即使米歇尔·阿巴什维利不是遗产的继承人，他还是我当事人所热爱的孩子！

阿兹达克：带住！法庭认为，提到遗产正是人情的明证。

第二个律师：谢谢，老爷。亲爱的伊罗·舒伯拉采，无论如何，我们都可以证明，抱走孩子的这个人不是孩子的母亲！请你允许我向法庭陈述这些赤裸裸的事实。由于一连串的事故，孩子，米歇尔·阿巴什维利，在母亲逃难的时候，不幸被丢下了。总督府的帮厨女佣格鲁雪，复活节那天曾经在场，大家看到她忙着照应孩子……

厨娘：女主人当时光顾着带什么样的衣服。

第二个律师：（不理会）大约一年以后，格鲁雪带着孩子出现在山村里，结了婚，同……

阿兹达克：你是怎样到山村去的？

格鲁雪：走去的，老爷，孩子是我的。

西蒙： 我是父亲，老爷。

厨娘： 本来寄养在我家里，老爷，出五块钱。

第二个律师： 那个男人是格鲁雪未婚夫，尊贵的法庭，他的见证不可靠。

阿兹达克： 你是那个在山村里娶她的男人吗？

西蒙： 不是，大人。她嫁给一个农民。

阿兹达克：（示意格鲁雪靠近一点）为什么？（指着西蒙）他不中用吗？说实话。

格鲁雪： 我们还没到这一步。我只是为了孩子才嫁人。为了给他找个住处。（指西蒙）他当时打仗去了，老爷。

阿兹达克： 现在他又要你了，是吗？

格鲁雪：（生气地）我已经结婚了，老爷。

西蒙： 我要做证说……

阿兹达克： 那么，你声明孩子是胡闹得来的？（因为格鲁雪不回答）我问你一个问题：这是个什么样的孩子？是个野杂种，还是个体面货——富贵人家的公子哥儿？

格鲁雪：（顶撞地）是个平常的孩子。

阿兹达克： 我是说，他是否一开头就长得眉清目秀。

格鲁雪： 他脸上长的有鼻子。

阿兹达克： 他脸上长的有鼻子。我认为你这个回答非常重要。有人说我有一次在断案以前，先到外边去闻闻玫瑰花。这都是耍花样，目前用得着这一套。我现在要精简程序，不再听你们的谎言，（对格鲁雪）特别是你的。（对被告一边）我知道你们葫芦里卖的什么药，你们骗我，我看透了你们。你们是骗子。

格鲁雪：（突然）我明白你为什么要精简程序，我早看到你接受了什么！

阿兹达克： 闭嘴！难道我接受过你什么吗？

格鲁雪：（尽管厨娘想制止她）因为我一无所有。

阿兹达克： 完全正确。从你们这些饿死鬼手里我什么也得不到，指望你们，我得饿死。你们要公道，可是你们想出钱吗？你们上肉铺，知道出钱，上法庭却只当去吊丧白吃素斋。

西蒙：（大声）常言道："马蹄子打掌，马蝇子伸腿。"

阿兹达克：（热切地接受挑战）"宁要粪坑里的珠宝，不要山泉里的石头。"

西蒙： "'好天气，我们去钓鱼吧？'钓鱼人对蚯蚓说。"

阿兹达克： "'我自己当家做主，'佣人说，就割掉自己的脚。"

西蒙： "'我爱你们像父亲爱儿子，'沙皇对农民说，他砍了太子的头。"

阿兹达克： "愚夫最凶恶的敌人是他自己。"

西蒙： 但是"臭屁不长鼻子"！

阿兹达克： 在法庭上说脏话，罚十块钱！叫你认识认识什么是法律。

格鲁雪：好干净的法律！你随便拿我们开刀，就因为我们说话不像带律师的那些人说的漂亮。

阿兹达克：正是这样。你们这种人太愚蠢。你们脑袋上挨棍子，理所当然。

格鲁雪：你想把孩子送给她，她可太文雅了，连给孩子换围嘴都不会！讲公道，你还不如我知道得多，记住这一点。

阿兹达克：这倒是实情。我是个无知的人。我这袍子里边连一条像样的裤子都没有，你自己来看。我的一切都花在吃喝上，我是在修道院受教育的。顺便想起，我也要判你十块钱罚金，因为冒犯法庭。除此之外，你是个十足的傻大姐，偏要招我和你作对，就不对我飞飞眼或者扭扭屁股，逗我脾气好一点。罚二十块钱。

格鲁雪：哪怕是三十块，我还是要告诉你，我看透你的公道了，你这个醉蒜头！你怎么好意思俨然装出一副痴头痴脑的大先知的神气，对我胡说八道？把你从娘肚子里掏出来的时候，并没打算让你回头把你娘打一顿，只因为她从哪儿随手掏来一把小米！你看到我在你面前直打斗也不害羞？你甘心给他们当家奴，保护他们那些偷来的房子。从什么时候起，房子是属于臭虫的？你要小心，要不然他们就没法拉我们的男人去打仗，你这个卖身投靠的家伙！

（阿兹达克站起身来。他开始显得满面春风，用他的小锤子漫不经心地敲着桌子，似乎在要求安静，但是当格鲁雪继续骂下去的时候，却只是为她打拍子。）

格鲁雪：我不怕你。你至多也不过像个小偷或者带刀子的凶手，为所欲为也是枉然。你满可以抢走我那百里挑一的孩子。可是我要告诉你一句话：实在应该挑一个强奸幼女的禽兽或者吸血鬼来干你这门行业，作为惩罚，偏叫他们高高在上，坐在那里，审判他们的同类，准保他们比吊在绞刑架上还难受。

阿兹达克：（坐下）现在要罚三十块了！我不愿再同你争吵，我们不是在酒馆里，这样吵下去我还有法官尊严吗？我对你的案子已经完全失去了兴趣。那两个要求离婚的夫妻呢？（对肖瓦）把他们带进来。这个案子停审十五分钟。

第一个律师：（当肖瓦出去的时候）夫人，即使我们不再提什么证据，胜诉也在我们的口袋里了。

厨娘：（对格鲁雪）你得罪他了。现在他不会把孩子判给你。

总督夫人：沙尔瓦，我的香盐瓶。

（走进来一对年纪很老的夫妇。）

阿兹达克：递上来。（老夫妇不懂）就我所知，你们要离婚。你们在一起多久了？

老妇：四十年，老爷。

阿兹达克：那么，你们为什么要离婚？

老人：我们彼此不喜欢，老爷。

阿兹达克：从什么时候开始的？

老妇：一直如此，老爷。

阿兹达克：我可以考虑你们的要求，等我把另一桩案件处理完，就宣布我的判决。（肖瓦把他们引到后边去）把孩子领来。（他把格鲁雪招到面前，显得并非不友好地向她低下身去）我看你倒有点是非心。我不相信孩子是你的，可是，如果他是你的，女人，你不愿意他富有吗？只要你说一句他不是你的，他马上就会有一所府第，一大群马在他的马槽头，一大群叫花子在他的门阶上，一大群兵丁在他的左右，一大群请愿人在他的院子里。你说怎么样？你不愿意他富有吗？

（格鲁雪沉默。）

歌手：现在请听这个愤怒的女子心中想的是什么，没有说出来的是什么。

（他唱）

> 穿上金缕鞋，
> 长出鬼心眼，
> 踩人找软处，
> 还笑我哭丧脸。
> 心肠变石头，
> 负担可太重；
> 当老爷忒辛苦，
> 日夜刮歪风。
> 但愿他怕饥饿，
> 不怕挨饿人！
> 但愿他怕黑夜，
> 不怕太阳升！

阿兹达克：女人，我相信我了解你。

格鲁雪：我不能放他走。我把他养大了，他认识我。

（肖瓦把孩子领进来。）

总督夫人：好一身破烂！

格鲁雪：胡说！我来不及给他穿好衣服。

总督夫人：猪圈里出来的！

格鲁雪：（狠狠地）我不是猪，有人可真是猪。你当初把孩子扔到哪了？

总督夫人：我让你尝尝，你这个臭婆娘。（她想朝格鲁雪扑过去，两个律师把她拉住）她是个罪犯！非打死她不可。

阿兹达克：原告和被告！法庭倾听了你们的案子，还不能断定谁是这个孩子的真正母亲。我作为法官有责任给孩子找个母亲。我要做一个测验。肖瓦，拿一块粉笔来，在地上画一个圈圈。（肖瓦用粉笔在地上画了一个圆圈）把孩子放进去，（肖瓦把孩子放进圆圈，孩子对格鲁雪微笑)原告和被告,你们俩站在圆圈边上!(总督夫人和格鲁雪走到圈旁)拉住孩子的手。真正的母亲就会有力量把孩子从圆圈里拉到自己一边来。

第二个律师:(赶快)尊贵的法庭,我提出抗议!归孩子继承的巨大的阿巴什维利遗产的命运,不应该取决于这样一次不可靠的角力。此外,我的当事人气力也不如那个女人,人家是习惯于体力劳动的。

阿兹达克:我看她倒是吃得很好嘛。拉!

(总督夫人把孩子从圆圈里朝自己一边拉过去。格鲁雪先放开手,站在原地目瞪口呆。)

第一个律师:(祝贺总督夫人)我说什么来着?血缘关系!

阿兹达克:(对格鲁雪)你怎么了?你没有拉!

格鲁雪:我还没有拉住呢。(她向阿兹达克跑去)老爷,我收回刚才说你的每一句话,求你原谅。只要我能留住他,把他养到会好好说话就好了。现在他才会几句。

阿兹达克:别来感化法庭!我打赌,你自己也只会二十句。好,我再测验一次,好做确实定案。(两个女人又站过来)拉!

(格鲁雪又放开了孩子。)

格鲁雪:(绝望地)他是我养大的!我能把他撕毁吗?我不干!

阿兹达克:(站起来)就此法庭断定谁是真正的母亲。(对格鲁雪)领你的孩子,把他带走。我劝你不要跟他再留在城里。(对总督夫人)你呢,赶快走开,别等我判处你欺骗罪。财产归城市,用来给孩子们修建一座公园。他们需要一个公园,我决定以我的名字命名为"阿兹达克公园"。

(总督夫人已经昏过去。格鲁雪站在原地,一动不动。肖瓦把孩子领给她。)

阿兹达克:现在我要脱去这法官服,——它热得我穿不住了。我不在任何人面前装英雄。但是我先邀请你们参加一个小小的告别舞会。在外面草地上。噢,对了,瞧我醉醺醺的差点儿忘了判那件离婚案。(他用法官椅子当桌子,在一张纸上写了几笔,然后准备离开。舞蹈音乐已经吹奏起来。)

肖瓦:(读了纸上写的什么)错了,你没有判决那对老夫妻离婚,你判了格鲁雪跟他的丈夫离婚。

阿兹达克:我判错啦?我很抱歉,只好将错就错,我不能收回成命,那样就没有法制了。(对老夫妇)我邀请你们参加我的晚会,跳一场舞你们就和好了。(对格鲁雪和西蒙)你们俩总共欠我四十块钱。

西蒙:(掏他的钱包)便宜,老爷。非常感激。

阿兹达克:(把钱收起)我会用得着它的。

格鲁雪:最好我们今天夜里就出城,好吗,米歇尔?

(正要把孩子背到背上,对西蒙)你喜欢他吗?

西蒙：（把孩子放到自己背上）奉告夫人，我喜欢他。

格鲁雪：现在我可以告诉你：我当初要他，就是因为在复活节那天我跟你订了婚。所以，这是个爱情的孩子。米歇尔，我们跳舞去。

（她同米歇尔跳舞。西蒙拉过厨娘，同她跳起来。老夫妇也跳起来。阿兹达克沉思着站在那里，跳舞人很快把他遮起来。有时还看得见他，但是参加跳舞的愈来愈多，也就愈来愈看不见他了。）

歌手：（唱）

  这一晚以后阿兹达克消失了，此后再也不见。
  但是格鲁吉亚人民并未忘记他，
  他们长久回忆着他当法官的时代，那个短暂的
  黄金时代，几乎是公道的时代。
（一对对舞伴跳着舞退场。阿兹达克已经消失。）
  但是《灰阑记》故事的听众，
  请记住古人的教训：
  一切归善于对待的，比如说
  孩子归
  慈爱的母亲，为了成材成器，
  车辆归好车夫，开起来顺利，
  山谷归灌溉人，好让它开花结果。
（音乐。）

剧终

（选自贝托尔特·布莱希特著、张黎译《高加索灰阑记》，上海译文出版社2012年版）

【阅读指要】

  《高加索灰阑记》取材于中国元代李潜夫所作杂剧《包待制智勘灰阑记》。作品由三个部分构成：序幕、第一个故事和第二个故事，采用了"戏中戏"的手法。此处节选其中第二个故事中《灰阑断案》，讲述的是暴乱平息后，总督夫人为继承遗产索要自己曾经丢弃的、由佣人格鲁雪养大的孩子，法官阿兹达克用粉笔画圈断案，总督夫人使劲往圈外拉扯孩子，女佣格鲁雪则不忍拉扯，法庭断定格鲁雪才是孩子真正的母亲，是超越血缘的"再生母亲"。《高加索灰阑记》叙事长诗和抒情短歌两种体裁互相搭配，叙事、抒情、写景、说理等多种方法互相穿插、互相渗透，是布莱希特剧作中最有诗情画意的作品。

【课后练习】

  1.《高加索灰阑记》在创作上受元代李潜夫《包待制智勘灰阑记》的影响，在孩子的归属问题上，有哪些异同？你如何理解？

  2.分析法官阿兹达克的人物形象。

等待戈多(节选)

塞缪尔·贝克特

【作者简介】

塞缪尔·贝克特(1906—1989)(见图 4-5),原籍爱尔兰,是一位用法语和英语两种文字写作的剧作家、诗人、小说家,尤以戏剧成就最高。他是荒诞派戏剧的重要代表人物。在 1969 年获得诺贝尔文学奖,获奖理由是:"以一种新的小说与戏剧的形式,以崇高的艺术表现人类的苦恼"。主要剧作有《等待戈多》(1952)、《最后的一局》(1957)、《哑剧Ⅰ》(1957)、《克拉普最后的录音》(1959)、《哑剧Ⅱ》(1959)、《灰烬》(1959)、《哦,美好的日子》(1961)等。

图 4-5　塞缪尔·贝克特

【原文】

第一幕

〔乡间一条路。一棵树。

〔黄昏。

〔爱斯特拉冈坐在一个低低的土墩上,想脱掉靴子。他用两手使劲拉着,直喘气。他停止拉靴子,显出精疲力竭的样子,歇了会儿,又开始拉靴子。

〔如前。

〔弗拉季米尔上。

爱斯特拉冈:(又一次泄了气)毫无办法。

弗拉季米尔:(叉开两脚,迈着僵硬的、小小的步子前进)我开始拿定主意。我这一辈子老是拿不定主意,老是说,弗拉季米尔,要理智些,你还不曾什么都试过哩。于是我又继续奋斗。(他沉思起来,咀嚼着"奋斗"两字。向爱斯特拉冈)哦,你又来啦。

爱斯特拉冈:是吗?

弗拉季米尔:看见你回来我很高兴,我还以为你一去再也不回来啦。

爱斯特拉冈:我也一样。

弗拉季米尔:终于又在一块儿啦!我们应该好好庆祝一番。可是怎样庆祝呢?(他思索着)起来,让我拥抱你一下。

爱斯特拉冈:(没好气地)不,这会儿不成。

弗拉季米尔：(伤了自尊心，冷冷地)允不允许我问一下，大人阁下昨天晚上是在哪儿过夜的？

爱斯特拉冈：在一条沟里。

弗拉季米尔：(羡慕地)一条沟里？哪儿？

爱斯特拉冈：(未做手势)那边。

弗拉季米尔：他们没揍你？

爱斯特拉冈：揍我？他们当然揍了我。

弗拉季米尔：还是同一帮人？

爱斯特拉冈：同一帮人？我不知道。

弗拉季米尔：我只要一想起……这些年来……要不是有我照顾……你会在什么地方……？(果断地)这会儿，你早就成一堆枯骨啦，毫无疑问。

爱斯特拉冈：那又怎么样呢？

弗拉季米尔：光一个人，是怎么也受不了的。(略停。兴高采烈地)另一方面，这会儿泄气也不管用了，这是我要说的。我们早想到这一点就好了，在世界还年轻的时候，在九十年代。

爱斯特拉冈：啊，别啰唆啦，帮我把这混账玩意儿脱了吧。

弗拉季米尔：手拉着从巴黎塔顶上跳下来，这是首先该做的。那时候我们还很体面。现在已经太晚啦。他们甚至不会放我们上去哩。(爱斯特拉冈使劲拉着靴子)你在干吗？

爱斯特拉冈：脱靴子。你难道从来没脱过靴子？

弗拉季米尔：靴子每天都要脱，难道还要我来告诉你？你干吗不好好听我说话？

爱斯特拉冈：(无力地)帮帮我！

弗拉季米尔：你脚疼？

爱斯特拉冈：脚疼！他还要知道我是不是脚疼！

弗拉季米尔：(愤怒地)好像只有你一个人受痛苦。我不是人。我倒想听听你要是受了我那样的痛苦，将会说些什么。

爱斯特拉冈：你也脚疼？

弗拉季米尔：脚疼！他还要知道我是不是脚疼！(弯腰)从来不忽略生活中的小事。

爱斯特拉冈：你期望什么？你总是等到最后一分钟的。

弗拉季米尔：(若有所思地)最后一分钟……(他沉吟片刻)希望迟迟不来，苦死了等的人。这句话是谁说的？

爱斯特拉冈：你干吗不帮帮我？

弗拉季米尔：有时候，我照样会心血来潮。跟着我浑身就会有异样的感觉。(他脱下帽子，向帽内窥视，在帽内摸索，抖了抖帽子，重新把帽子戴上)我怎么说好呢？又是宽心，又是……(他搜索枯肠找词儿)寒心。(加重语气)寒——心。(他又脱下帽子，向帽内窥视)奇怪。(他敲了敲帽顶,像是要敲掉沾在帽上的什么东西似的,再一次向帽内窥视)毫无办法。

〔爱斯特拉冈使尽平生之力,终于把一只靴子脱下。他往靴内瞧了瞧,伸进手去摸了摸,把靴子口朝下倒了倒,往地上望了望,看看有没有什么东西从靴里掉出来,但什么也没看见,又往靴内摸了摸,两眼出神地朝前面瞪着。

弗拉季米尔:呃?

爱斯特拉冈:什么也没有。

弗拉季米尔:给我看。

爱斯特拉冈:没什么可给你看的。

弗拉季米尔:再穿上去试试。

爱斯特拉冈:(把他的脚察看一番)我要让它通通风。

弗拉季米尔:你就是这样一个人,脚出了毛病,反倒责怪靴子。(他又脱下帽子,往帽内瞧了瞧,伸手进去摸了摸,在帽顶上敲了敲,往帽里吹了吹,重新把帽子戴上)这件事越来越叫人寒心。(沉默。弗拉季米尔在沉思,爱斯特拉冈在揉脚趾)两个贼有一个得了救。(略停)是个合理的比率。(略停)戈戈。

爱斯特拉冈:什么事?

弗拉季米尔:我们要是忏悔一下呢?

爱斯特拉冈:忏悔什么?

弗拉季米尔:哦……(他想了想)咱们用不着细说。

爱斯特拉冈:忏悔我们的出世?

〔弗拉季米尔纵声大笑,突然止住笑,用一只手按住肚子,脸都变了样儿。

弗拉季米尔:连笑都不敢笑了。

爱斯特拉冈:真是极大的痛苦。

弗拉季米尔:只能微笑。(他突然咧开嘴嬉笑起来,不断地嬉笑,又突然停止)不是一码子事。毫无办法。(略停)戈戈。

爱斯特拉冈:(没好气地)怎么啦?

弗拉季米尔:你读过《圣经》没有?

爱斯特拉冈:《圣经》……(他想了想)我想必看过一两眼。

弗拉季米尔:你还记得《福音书》吗?

爱斯特拉冈:我只记得圣地的地图。都是彩色图。非常好看。死海是青灰色的。我一看到那图,心里就直痒痒。这是咱们俩该去的地方,我老这么说,这是咱们该去度蜜月的地方。咱们可以游泳。咱们可以得到幸福。

弗拉季米尔:你真该当诗人的。

爱斯特拉冈:我当过诗人。(指了指身上的破衣服)这还不明显?(沉默)

弗拉季米尔：刚才我说到哪儿……你的脚怎样了？

爱斯特拉冈：看得出有点儿肿。

弗拉季米尔：对了，那两个贼。你还记得那故事吗？

爱斯特拉冈：不记得了。

弗拉季米尔：要我讲给你听吗？

爱斯特拉冈：不要。

弗拉季米尔：可以消磨时间。（略停）故事讲的是两个贼，跟我们的救世主同时被钉死在十字架上。有一个贼——

爱斯特拉冈：我们的什么？

弗拉季米尔：我们的救世主。两个贼。有一个贼据说得救了，另外一个……（他搜索枯肠，寻找与"得救"相反的词汇）……万劫不复。

爱斯特拉冈：得救，从什么地方救出来？

弗拉季米尔：地狱。

爱斯特拉冈：我走啦。（他没有动）

弗拉季米尔：然而……（略停）怎么——我希望我的话并不叫你腻烦——怎么在四个写福音的使徒里面只有一个谈到有个贼得救呢？四个使徒都在场——或者说在附近，可是只有一个使徒谈到有个贼得了救。（略停）喂，戈戈，你能不能回答我一声，哪怕是偶尔一次？

爱斯特拉冈：（过分地热情）我觉得你讲的故事真是有趣极了。

弗拉季米尔：四个里面只有一个。其他三个里面，有两个压根儿没提起什么贼，第三个却说那两个贼都骂了他。

爱斯特拉冈：谁？

弗拉季米尔：什么？

爱斯特拉冈：你讲的都是些什么？（略停）骂了谁？

弗拉季米尔：救世主。

爱斯特拉冈：为什么？

弗拉季米尔：因为他不肯救他们。

爱斯特拉冈：救他们出地狱？

弗拉季米尔：傻瓜！救他们的命。

爱斯特拉冈：我还以为你刚才说的是救他们出地狱哩。

弗拉季米尔：救他们的命，救他们的命。

爱斯特拉冈：嗯，后来呢？

弗拉季米尔：后来，这两个贼准是永堕地狱、万劫不复啦。

爱斯特拉冈：那还用说？

弗拉季米尔：可是另外的一个使徒说有一个得了救。

爱斯特拉冈：嗯？他们的意见并不一致，这就是问题的症结所在。

弗拉季米尔：可是四个使徒全在场。可是只有一个谈到有个贼得了救。为什么要相信他的话，而不相信其他三个？

爱斯特拉冈：谁相信他的话？

弗拉季米尔：每一个人。他们就知道这一本《圣经》。

爱斯特拉冈：人们都是没知识的混蛋，像猴儿一样见什么学什么。

〔他痛苦地站起身来，一瘸一拐地走向台的极左边，停住脚步，把一只手遮在眼睛上朝远处眺望，随后转身走向台的极右边，朝远处眺望。弗拉季米尔瞅着他的一举一动，随后过去捡起靴子，朝靴内窥视，急急地把靴子扔在地上。

弗拉季米尔：呸！（他吐了口唾沫）

〔爱斯特拉冈走到台中，停住脚步，背朝观众。

爱斯特拉冈：美丽的地方。（他转身走到台前方，停住脚步，脸朝观众）妙极了的景色。（他转向弗拉季米尔）咱们走吧。

弗拉季米尔：咱们不能。

爱斯特拉冈：咱们在等待戈多。

爱斯特拉冈：啊！（略停）你肯定是这儿吗？

弗拉季米尔：什么？

爱斯特拉冈：我们等的地方。

弗拉季米尔：他说在树旁边。（他们望着树）你还看见别的树吗？

爱斯特拉冈：这是什么树？

弗拉季米尔：我不知道。一棵柳树。

爱斯特拉冈：树叶呢？

弗拉季米尔：准是棵枯树。

爱斯特拉冈：看不见垂枝。

弗拉季米尔：或许还不到季节。

爱斯特拉冈：看上去简直像灌木。

弗拉季米尔：像丛林。

爱斯特拉冈：像灌木。

弗拉季米尔：像——。你这话是什么意思？暗示咱们走错地方了？

爱斯特拉冈：他应该到这儿啦。

弗拉季米尔：他并没说定他准来。

爱斯特拉冈：万一他不来呢？

弗拉季米尔：咱们明天再来。

爱斯特拉冈：然后，后天再来。

弗拉季米尔：可能。

爱斯特拉冈：老这样下去。

弗拉季米尔：问题是——

爱斯特拉冈：直等到他来为止。

弗拉季米尔：你说话真是不留情。

爱斯特拉冈：咱们昨天也来过了。

弗拉季米尔：不，你弄错了。

爱斯特拉冈：咱们昨天干什么啦？

弗拉季米尔：咱们昨天干什么啦？

爱斯特拉冈：对了。

弗拉季米尔：怎么……(愤怒地)只要有你在场，就什么也肯定不了。

爱斯特拉冈：照我看来，咱们昨天来过这儿。

弗拉季米尔：(举目四望)你认得出这地方？

爱斯特拉冈：我并没这么说。

弗拉季米尔：嗯？

爱斯特拉冈：认不认得出没什么关系。

弗拉季米尔：完全一样……那树……(转向观众)那沼地。

爱斯特拉冈：你肯定是在今天晚上？

弗拉季米尔：什么？

爱斯特拉冈：是在今天晚上等他？

弗拉季米尔：他说是星期六。(略停)我想。

爱斯特拉冈：你想。

弗拉季米尔：我准记下了笔记。

〔他在自己的衣袋里摸索着，拿出各色各样的废物。

爱斯特拉冈：(十分凶狠地)可是哪一个星期六？还有，今天是不是星期六？今天难道不可能是星期天！(略停)或者星期一？(略停)或者星期五？

弗拉季米尔：(拼命往四周围张望，仿佛景色上写有日期似的)那绝不可能。

爱斯特拉冈：或者星期四？

弗拉季米尔：咱们怎么办呢？

爱斯特拉冈：要是他昨天来了，没在这儿找到咱们，那么你可以肯定他今天决不会再来了。

弗拉季米尔：可是你说我们昨天来过这儿。

爱斯特拉冈：我也许弄错了。(略停)咱们暂别说话，成不成？

弗拉季米尔：（无力地）好吧。（爱斯特拉冈坐到土墩上。弗拉季米尔激动地来去踱着，不时煞住脚步往远处眺望。爱斯特拉冈睡着了。弗拉季米尔在爱斯特拉冈面前停住脚步）戈戈！……戈戈！……戈戈！

〔爱斯特拉冈一下子惊醒过来。

爱斯特拉冈：（惊恐地意识到自己的处境）我睡着啦！（责备地）你为什么老是不肯让我睡一会儿？

弗拉季米尔：我觉得孤独。

爱斯特拉冈：我做了个梦。

弗拉季米尔：别告诉我！

爱斯特拉冈：我梦见——

弗拉季米尔：别告诉我！

爱斯特拉冈：（向宇宙做了个手势）有了这一个，你就感到满足了？（沉默）你太不够朋友了，狄狄。我个人的噩梦如果不能告诉你，叫我告诉谁去？

弗拉季米尔：让它们作为你个人的东西保留着吧。你知道我听了受不了。

爱斯特拉冈：（冷冷地）有时候我心里想，咱们是不是还是分手比较好。

弗拉季米尔：你走不远的。

爱斯特拉冈：那太糟糕啦，实在太糟糕啦！（略停）你说呢，狄狄，是不是实在太糟糕啦？（略停）当你想到路上的景色是多么美丽。（略停）还有路上的行人是多么善良。（略停。甜言蜜语地哄）你说是不说，狄狄？

弗拉季米尔：你要冷静些。

爱斯特拉冈：（淫荡地）冷静……冷静……所有的上等人都说要镇静。（略停）你知道英国人在妓院里的故事吗？

弗拉季米尔：知道。

爱斯特拉冈：讲给我听。

弗拉季米尔：啊，别说啦！

爱斯特拉冈：有个英国人多喝了点儿酒，走进一家妓院。鸨母问他要漂亮的、黑皮肤的还是红头发的。你说下去吧。

弗拉季米尔：别说啦！

〔弗拉季米尔急下。爱斯特拉冈站起来跟着他走到舞台尽头。爱斯特拉冈做着手势，仿佛作为观众在给一个拳击家打气似的。弗拉季米尔上，他从爱斯特拉冈旁边擦身而过，低着头穿过舞台。爱斯特拉冈朝他迈了一步，刹住脚步。

爱斯特拉冈：（温柔地）你是要跟我说话吗？（沉默。爱斯特拉冈往前迈了一步）你有话要跟我说吗？（沉默。他又往前迈了一步）狄狄……

弗拉季米尔：（并不转身）我没有什么话要跟你说。

爱斯特拉冈：（迈了一步）你生气了？（沉默。迈了一步）原谅我。（沉默。迈了一步。爱斯特拉冈把他的一只手搭在弗拉季米尔的肩上）来吧，狄狄。（沉默）把你的手给我。（弗拉季米尔转过身来）拥抱我！（弗拉季米尔软下心来。他们俩拥抱。爱斯特拉冈缩回身去）你一股大蒜臭！

弗拉季米尔：它对腰子有好处。（沉默。爱斯特拉冈注视着那棵树）咱们这会儿干什么呢？

爱斯特拉冈：咱们等着。

弗拉季米尔：不错，可是咱们等着的时候干什么呢？

爱斯特拉冈：咱们上吊试试怎么样？

〔弗拉季米尔向爱斯特拉冈耳语。爱斯特拉冈大为兴奋。

弗拉季米尔：跟着就有那么多好处。掉下来以后，底下还会长曼陀罗花。这就是你拔花的时候听到吱吱声音的原因。你难道不知道？

爱斯特拉冈：咱们马上就上吊吧。

弗拉季米尔：在树枝上？（他们向那棵树走去）我信不过它。

爱斯特拉冈：咱们试试总是可以的。

弗拉季米尔：你就试吧。

爱斯特拉冈：你先来。

弗拉季米尔：不，不，你先来。

爱斯特拉冈：干吗要我先来？

弗拉季米尔：你比我轻。

爱斯特拉冈：正因为如此！

弗拉季米尔：我不明白。

爱斯特拉冈：用你的脑子，成不成？

〔弗拉季米尔用脑子。

弗拉季米尔：（最后）我想不出来。

爱斯特拉冈：是这么回事。（他想了想）树枝……树枝……（愤怒地）用你的头脑，成不成？

弗拉季米尔：你是我的唯一希望了。

爱斯特拉冈：（吃力地）戈戈轻——树枝不断——戈戈死了。狄狄重——树枝断了——狄狄孤单单的一个人。可是——

弗拉季米尔：我没想到这一点。

爱斯特拉冈：要是它吊得死你，也就吊得死我。

弗拉季米尔：可是我真的比你重吗？

爱斯特拉冈：是你亲口告诉我的。我不知道。反正机会均等，或者差不多均等。

弗拉季米尔：嗯！咱们干什么呢？

爱斯特拉冈：咱们什么也别干。这样比较安全。

弗拉季米尔：咱们先等一下，看看他说些什么。

爱斯特拉冈：谁？

弗拉季米尔：戈多。

爱斯特拉冈：好主意。

弗拉季米尔：咱们先等一下，让咱们完全清楚咱们的处境后再说。

爱斯特拉冈：要不然，最好还是趁热打铁。

弗拉季米尔：我真想听听他会提供些什么。我们听了以后，可以答应或者拒绝。

爱斯特拉冈：咱们到底要求他给咱们做些什么？

弗拉季米尔：你当时难道没在场？

爱斯特拉冈：我大概没好好听。

弗拉季米尔：哦……没提出什么明确的要求。

爱斯特拉冈：可以说是一种祈祷。

弗拉季米尔：一点不错。

爱斯特拉冈：一种泛泛的乞求。

弗拉季米尔：完全正确。

爱斯特拉冈：他怎么回答的呢？

弗拉季米尔：说他瞧着办。

爱斯特拉冈：说他不能事先答应。

弗拉季米尔：说他得考虑一下。

爱斯特拉冈：在他家中安静的环境里。

弗拉季米尔：跟他家里的人商量一下。

爱斯特拉冈：他的朋友们。

弗拉季米尔：他的代理人们。

爱斯特拉冈：他的通讯员们。

弗拉季米尔：他的书。

爱斯特拉冈：他的银行存折。

弗拉季米尔：然后才能打定主意。

爱斯特拉冈：这是很自然的事。

弗拉季米尔：是吗？

爱斯特拉冈：我想是的。

弗拉季米尔：我也这么想。（沉默）

爱斯特拉冈：（焦急地）可是咱们呢？

弗拉季米尔：你说的什么？

爱斯特拉冈：我说，可是咱们呢？

弗拉季米尔：我不懂。

爱斯特拉冈：咱们的立场呢？

弗拉季米尔：立场？

爱斯特拉冈：别忙。

弗拉季米尔：立场？咱们趴在地上。

爱斯特拉冈：到了这么糟糕的地步？

弗拉季米尔：大人阁下想要知道有什么特权？

爱斯特拉冈：难道咱们什么权利也没有了？

〔弗拉季米尔大笑，像先前一样突然抑制住，改为咧着嘴嬉笑。

弗拉季米尔：你真叫我忍不住笑，要是笑不算违法的话。

爱斯特拉冈：咱们已经失去了咱们的权利？

弗拉季米尔：咱们已经放弃啦。

〔沉默。他们一动不动地站在那里，胳膊耷拉着，脑袋低垂着，两只膝盖在往下沉。

爱斯特拉冈：（无力地）难道咱们没给系住？（略停）难道咱们没——

弗拉季米尔：（举起一只手）听！

〔他们倾听，显出可笑的紧张样子。

爱斯特拉冈：我什么也没听见。

弗拉季米尔：嘘！（他们倾听着。爱斯特拉冈身体失去平衡，险些儿摔倒在地上。他攥住弗拉季米尔的一只胳膊，弗拉季米尔摇晃了两下，他们挤在一起静听着）我也没听见。

〔如释重负的叹气声。他们松弛下来，彼此分开。

爱斯特拉冈：你吓了我一跳。

弗拉季米尔：我还以为是他哩。

爱斯特拉冈：谁？

弗拉季米尔：戈多。

爱斯特拉冈：呸！是风吹芦苇响。

弗拉季米尔：我简直可以发誓说我听到了吆喝声。

爱斯特拉冈：他干吗要吆喝呢？

弗拉季米尔：吆喝他的马。（沉默）

爱斯特拉冈：我饿啦。

弗拉季米尔：你要吃一个胡萝卜吗？

爱斯特拉冈：就只有胡萝卜吗？

弗拉季米尔：我也许还有几个萝卜。

爱斯特拉冈：给我一个胡萝卜。（弗拉季米尔在他的衣袋里摸了半天，掏出一个萝卜递给爱斯特拉冈，爱斯特拉冈咬了一口，愤愤地）这是萝卜！

弗拉季米尔：哦，请原谅！我简直可以发誓说我给你的是胡萝卜。（他又在衣袋里摸索，只找到萝卜）全都是萝卜。（他摸衣袋）你准是已把最后一个胡萝卜吃掉了。（他摸索衣袋）等一等，我找着了。（他掏出一个胡萝卜递给爱斯特拉冈）拿去，亲爱的朋友。（爱斯特拉冈用衣袖擦了擦胡萝卜，吃起来）把最后一个吃了吧，这样就把它们全部消灭掉啦。

爱斯特拉冈：（咀嚼着）我刚才问了你一个问题。

弗拉季米尔：啊！

爱斯特拉冈：你回答了没有？

弗拉季米尔：胡萝卜的滋味怎样？

爱斯特拉冈：就是胡萝卜的滋味。

弗拉季米尔：好得很，好得很。（略停）你刚才问的是什么问题？

爱斯特拉冈：我已经忘了。（咀嚼着）就是这事伤我脑筋。（他欣赏地瞅着胡萝卜，用拇指和食指拎着它摆动）我决不会忘掉这一个胡萝卜。（他若有所思地吮吸着胡萝卜的根）啊，对了，我这会儿想起来啦。

弗拉季米尔：嗯？

爱斯特拉冈：（嘴里塞得满满的，出神地）难道我们没给系住？

弗拉季米尔：你说的话我一个字也没听出来。

爱斯特拉冈：（咀嚼着，咽了一下）我问你难道我们没给系住？

弗拉季米尔：系住？

爱斯特拉冈：系——住。

弗拉季米尔：你说"系住"是什么意思？

爱斯特拉冈：拴住。

弗拉季米尔：拴在谁身上？被谁拴住？

爱斯特拉冈：拴在你等的那个人身上。

弗拉季米尔：戈多？拴在戈多身上？多妙的主意！一点儿不错。（略停）在这会儿。

爱斯特拉冈：他的名字是叫戈多吗？

弗拉季米尔：我想是的。

爱斯特拉冈：瞧这个。（他拎着叶子根部把吃剩的胡萝卜举起，在眼前旋转）奇怪，越吃越没滋味。

弗拉季米尔：对我来说正好相反。

爱斯特拉冈：换句话说？

弗拉季米尔：我会慢慢地习惯。

爱斯特拉冈：（沉思了半晌）这是相反？

弗拉季米尔：是修养问题。

爱斯特拉冈：是性格问题。

弗拉季米尔：是没有办法的事。

爱斯特拉冈：奋斗没有用。

弗拉季米尔：天生的脾性。

爱斯特拉冈：挣扎没有用。

弗拉季米尔：本性难移。

爱斯特拉冈：毫无办法。（他把吃剩的胡萝卜递给弗拉季米尔）还有这点儿吃不吃？

（选自塞缪尔·贝克特著、施咸荣译《等待戈多》，人民文学出版社 2002 年版）

【阅读指要】

《等待戈多》用法文写成，于 1953 年 1 月 5 日在巴黎巴比伦剧院首演，由罗歇·布兰导演，引起轰动，成为荒诞派戏剧颇具知名度和代表性的作品，同时也成为 20 世纪戏剧创作的巅峰和典范。《等待戈多》的主题是等待希望。两个流浪汉戈戈和狄狄在乡间的小路上日复一日地等待戈多，但他们并不知道也没有人知道，戈多是谁，干什么的，为什么要等待他。而等待的过程则充满了荒诞无聊，但他们还是生怕错过戈多而舍不得离开。象征性地指出了现实人生的荒诞无聊，而又哲理性地指出了希望是美好的，这也是指引人们活下去的重要理由。节选部分是戏剧的第一幕，有删节。戈戈和狄狄在等待戈多的过程里，他们彼此厌恶却又无法分开，他们脱靴子、脱帽子、吃萝卜等系列行为都显得荒诞无聊，甚至聊天的内容也显示出了极度的荒诞无聊。然而，他们会一直等下去。阅读戏剧的过程，就是一个体验荒诞与无聊的过程。而这恰恰是作者的用意所在。

【课后练习】

1. 《等待戈多》剧中反复出现下面这段对白：

"爱斯特拉冈：咱们走吧。

弗拉季米尔：咱们不能。

爱斯特拉冈：为什么不能？

弗拉季米尔：咱们在等待戈多。"

有人问过作者：两个流浪汉苦苦等待的戈多究竟指什么？作者回答："我要是知道，早在戏里说出来了。"阅读了该剧的剧情后，你认为戈多指什么？

2. 《等待戈多》是一部用滑稽荒诞的形式来表现人生荒谬，但却又包含着悲剧内涵的作品，结合选取片段，试分析之。

◆ 创意写作四　戏剧 ◆

戏剧创作可从以下几个方面入手：

第一，创造特定的场面和冲突。戏剧文学写作者先须熟知戏剧人物的性格，然后把有鲜明性格的戏剧人物放置进作者有意创造的特定的戏剧情境和戏剧场面中，在这种戏剧情境和戏剧场面里，戏剧人物之间必定要产生矛盾纠葛，从而表现出有戏剧性的性格冲突和心理冲突。

第二，设置扣人心弦的情节。戏剧情节是指在特定的场面中戏剧人物展开矛盾冲突的过程。戏剧文学的情节比小说情节更加讲究扣人心弦的冲突内容，更加讲究情节冲突的激烈曲折的形式。因此在写作过程中，特别注意情节的发现与突转、情节的设悬与释悬、高潮的设计与细节的提炼等。

第三，提炼动作化与个性化的语言。在戏剧文学里，人物形象的塑造、戏剧情节的发展，都是通过剧中人物的语言和动作来完成的。戏剧文学的语言分为人物语言和提示语两种。戏剧人物语言包括台词（对话、旁白、独白）和唱词。人物语言要充分地个性化，要符合人物的身份、性格、年龄，要符合人物所处的特定的环境。人物语言还要富有动作性，要有明确的行动目的，能够引起更多的外部的直观动作，演员的说话配合着动作的进行，并借以推动剧情的发展，所谓"话里有戏"。人物语言还要做到简洁、生动和含蓄。优秀的台词必然是简洁而具有丰富潜在内涵的话语。提示语是舞台说明，一般都用括号圈定，是为了给导演、演员必要的提示和启发。

◆ 单元知识升华 ◆

戏剧创作：

根据自己的人生阅历和知识积淀，构思一部戏剧，写出故事梗概，并创作其中的片段。题材不限，字数不限。

第五部分

人文知识拓展

汉语发展历程

语言随人类的产生而产生，而作为辅助性交际工具的文字的产生却要晚得多。文字的产生，突破了有声语言在时空上的限制，提高了交际功能，扩大了传播范围，人类社会也就有了文字记载的历史、知识、技术和经验，并得以系统地保存下来。有了文字也就产生了书面语，有了书面语，就可以对语言进行更加严密细致有条理的加工。而文学以语言文字为工具，形象化地反映客观现实，表现作家心灵世界，于是逐渐产生了诗歌、散文、小说、剧本等文学样式。

汉语是世界上使用人口最多的语言之一，也是世界上一直使用到今天的最古老的语言之一。以汉语为载体记录下来的中华民族传统典籍文化，更是历史悠久，博大精深。目前学术界认为，我国有文字记录的历史自商代开始。学术界对于汉语发展历史的研究，是以周秦以来的"通语"发展历史为研究对象，考察汉语的发展过程，找出它的发展规律和发展方向，进而探寻现代汉语语音体系、语法体系和词汇体系的历史来源。此外也对记录语言的工具——文字进行研究，进而探寻汉字的发展演变脉络。对于汉语发展历史的分期，王力先生建议分为四期，即公元3世纪以前（五胡乱华前）为上古期，三四世纪为过渡阶段；公元4世纪到12世纪（南宋前半叶）为中古期，十二三世纪为过渡阶段；公元13世纪到19世纪（鸦片战争）为近代，自1840年鸦片战争到1919年五四运动为过渡阶段；五四运动以后为现代。①

音韵学上把汉语语音的发展大致划分为四个阶段，即上古音、中古音、近代音和现代音；词汇经历了以单音词为主向以双音词为主的发展历程，变化最快；语法具有很强的稳定性，但也在逐渐发生着变化；文字经历了甲骨文、金文、小篆、隶书、楷书等形体上的变化。新中国成立后从语音、词汇、语法、文字等各个方面进行了规范，确定了现代汉语是以北京语音为标准音、以北方方言为基础方言、以典范的现代白话文著作为语法规范的现代汉民族共同语，同时推行简化字。

对语言本身进行研究是因为随着历史的发展和时间的推移，后人阅读前代的作品逐渐觉得不那么顺畅了。通常是，时代相隔越久，就越难读懂。这就需要有人专门来给古书作解释。因此，以扫清阅读障碍为目的的古书注解就应运而生了。在汉语的发展历程中，传统语言学把对文字、音韵、训诂的研究称为"小学"。文字学以研究汉字形体为主，音韵学以研究字音为主，训诂学以研究字义为主。

---

① 王力.汉语史稿[M].北京：中华书局，1980：35.

在汉语发展历程中，几部传统语言学①的重要著作，分别从不同角度对汉语进行了全面系统的研究。

一、《尔雅》

《尔雅》大约成书于秦汉之际，作者不详。《汉书·艺文志》著录《尔雅》20 篇，今存 19 篇，即《释诂》《释言》《释训》《释亲》《释宫》《释器》《释乐》《释天》《释地》《释丘》《释山》《释水》《释草》《释木》《释虫》《释鱼》《释鸟》《释兽》《释畜》。其体例大致是：《释诂》《释言》《释训》三篇是解释一般语词的，《释亲》以下 16 篇则是解释事物名称的。

《尔雅》是我国训诂史上第一部词典，有十分清楚的分类篇目和完整的编纂体系，采用了直训、义界、辨析同义词等多种释词方法。这种首创按意义分类编排的体例和多种释词方法，标志着我国辞书编纂史的开始，对后代辞书影响很大。它汇集了先秦典籍中大量的古词古义，对同义词加以辨析，汇集解释了不少有关宫室器物、天文地理、动物植物等方面的百科词汇，是阅读、研究先秦以来古籍的重要参考书。

例：

金谓之镂，木谓之刻，骨谓之切，象谓之磋，玉谓之琢，石谓之磨。（《释器》）

室有东西厢曰庙，无东西厢有室曰寝。无室曰榭，四方而高曰台。陕而修曲曰楼。（《释宫》）

二、《说文解字》

《说文解字》简称《说文》，东汉许慎撰。许慎（约 58—约 147），字叔重，汝南召陵（今河南郾城）人。东汉著名经学家、文字学家。全书 15 卷，其中正文 14 卷，序目 1 卷。

《说文解字》是我国现存最早的字典，首次根据六书理论，把 9 353 个汉字用 540 个部首统系起来，创造了按部首统领汉字的方法，为后代所沿用。所谓六书，许慎作了这样的阐释，"一曰指事。指事者，视而可识，察而可见，上下是也。二曰象形。象形者，画成其物，随体诘诎，日月是也。三曰形声。形声者，以事为名，取譬相成，江河是也。四曰会意。会意者，比类合谊，以见指撝，武信是也。五曰转注。转注者，建类一首，同意相受，考老是也。六曰假借。假借者，本无其字，依声托事，令长是也"。许慎就是运用"六书"理论，逐一分析这些汉字的结构，说明造字本义。可以说许慎是汉语文字学的开创者。

《说文》问世以后，以其博大精深、体例谨严而得到了学者的推崇，历代研究者层出不穷，其中清代以段玉裁《说文解字注》、桂馥《说文解字义证》、王筠《说文句读》、朱骏声《说文通训定声》四家为最著名，号称《说文》四大家。

---

①《马氏文通》是我国关于汉语语法的第一部系统性著作，在学界一般不被看作传统语言学成果，但它开启了中国现代语言学的序幕，具有划时代的意义，因而一并略作介绍。

例：

男，丈夫也，从田从力。（田部）
寸，十分也。人手却一寸动脉谓之寸口，从又从一。（寸部）

三、《方言》

《方言》全称《輶轩使者绝代语释别国方言》，西汉扬雄撰。扬雄（前53—18），字子云，蜀郡成都（今属四川）人，西汉著名文学家、哲学家、语言学家。

《方言》是扬雄在语言学方面的代表作，是中国第一部汉语方言比较词汇集。全书共13卷，体例模仿《尔雅》，其内容为：前三卷和卷六、卷七、卷十、卷十二、卷十三等释语词，卷四释服饰，卷五释器物，卷八释兽，卷九释兵器，卷十一释虫。书中所解释内容既有与今语相对的绝代语，也有与通语相对的别国方言。也就是说书中解释的是因时间和空间的不同而造成的古今异语。相比之下，《尔雅》是书面同义词的罗列，而《方言》则是一本通过调查活的口语方言而得来的方言辞典。

例：

娥、㜲，好也。秦曰娥，宋魏之间谓之㜲，秦晋之间，凡好而轻者谓之娥。自关而东河济之间谓之媌，或谓之姣。赵魏燕代之间曰姝，或曰侻。自关而西秦晋之故都曰妍。好，其通语也。（《方言·卷一》）

猪，北燕朝鲜之间谓之豭(jiā)，关东西或谓之彘，或谓之豕。南楚谓之豨(xī)。其子或谓之豚，或谓之貕(xī)，吴扬之间谓之猪子。其槛及蓐(rù)曰橳(céng)。（《方言·卷八》）

四、《释名》

《释名》，东汉刘熙撰。刘熙，字成国，北海（治所在今山东省昌乐县）人。生平事迹不详。

《释名》体例仿《尔雅》，共8卷27篇。卷一为《释天》《释地》《释山》《释水》《释丘》《释道》；卷二为《释州国》《释形体》；卷三为《释姿容》《释长幼》《释亲属》；卷四为《释言语》《释饮食》《释采帛》《释首饰》；卷五为《释衣服》《释宫室》；卷六为《释床帐》《释书契》《释典艺》；卷七为《释用器》《释乐器》《释兵》《释车》《释船》；卷八为《释疾病》《释丧制》。

刘熙在《释名序》里谈到了撰写本书的目的："夫名之於实，各有其义类，百姓日称而不知其所以之意，故撰天地、阴阳、四时、邦国、都鄙、车服、丧纪，下及民庶应用之器，论叙指归，谓之《释名》。"可见作者想探讨的是"名"与"实"之间的关系。刘熙在这部书中，采用声训的方法，用音同或音近的词来训释词义，探求事物得名由来，在词源学研究方面做了可贵的尝试。

例：

月，阙也。满则缺也。(《释天》)

布，布也。布列众缕为经，以纬横成之也。又太古衣皮，女工之始，始于是，施布其法，使民尽用之也。(《释采帛》)

五、《广韵》

《广韵》全称《大宋重修广韵》，是宋真宗大中祥符元年(公元1008年)陈彭年、丘雍等人奉诏根据前代《切韵》《唐韵》等韵书修订而成，是中国现存最早最完整的一部重要韵书。《广韵》将同韵字编排在一起，共分5卷，平声分上下2卷，上、去、入声各1卷，分206韵，包括平声57韵(上平声28韵，下平声29韵)，上声55韵，去声60韵，入声34韵。《广韵》对汉字的读音做了系统的分析归纳，为我们研究中古汉语的语音系统提供了重要的依据。

六、《马氏文通》

《马氏文通》，马建忠编著。马建忠(1845—1900)，别名乾，学名马斯才，字眉叔，江苏丹徒(今属镇江)人。该书写于1898年，是我国第一部用现代语言学理论研究中国语法的著作。该书以古汉语为研究对象，把西方的语法学成功地引进中国，创立了第一个完整的汉语语法体系，是奠定汉语语法学基础的开山之作，对后世汉语语法研究产生了巨大影响。

我国古代语言学为我们留下许多优秀著作，这里仅简单提及几部，目的是让大家对汉语发展历程有一个初步印象，为日后广泛学习打下基础。

影视发展历程

一、世界电影发展史概览

1832年,比利时物理学家约瑟夫·普拉托和奥地利大学教授斯丹弗尔根据"视像暂留"原理同时发明了利用"法拉地轮"和"幻盘"的图画制成的"诡盘";1872—1878年,英国的穆布里奇用24架照相机进行连拍飞马奔驰的试验,经过6年的努力,终于从一张张静止的照片中看到了骏马的奔驰影像;1891年,爱迪生发明了"电影视镜",但只能供一个人观看;1895年12月28日,法国奥古斯都·卢米埃尔和路易·卢米埃尔兄弟在巴黎卡普辛路14号大咖啡馆地下室,第一次放映了自己拍摄的《火车到站》《水浇园丁》《工厂大门》等十余部短片。于是这一天成为电影的诞生日。

1895—1927年,为无声电影时期。这一时期经过法国的乔治·梅里爱、美国的格里菲斯、苏联的爱森斯坦等人的共同努力,成功地运用了蒙太奇手法,并由爱森斯坦、维尔托夫等苏联电影工作者创建了蒙太奇理论。蒙太奇(Montage)是法语音译,"剪接"的意思,一般包括画面剪辑和画面合成两方面。代表作有美国格里菲斯《一个国家的诞生》《党同伐异》,美国爱森斯坦《战舰波将金号》和苏联普多夫金《圣彼得堡的末日》等。

1927—1945年,为电影的成熟期。这一时期电影有了声音,有了色彩,有了当代电影所需要的一切必要元素。奥逊·威尔斯《公民凯恩》的出现,标志着电影进入了一个新阶段。这个时期,好莱坞建立了现代电影工业。好莱坞位于美国洛杉矶西郊,原本是僻静的荒野。1910年左右,一些从纽约搬迁过来的制片公司在这里安营扎寨,开始了他们的电影梦想。好莱坞是由一批独立制片人创建起来的,其本义是为了逃避电影专利公司(MPPC)的专利审查与追索。在不到十年的时间里,这些电影梦想家们建立了完整的大制片厂制度。如果说大制片厂制度主要侧重于影片生产体系的话,那么到了1925年前后,好莱坞的生产商们将它进一步演化成以影片销售为重点的"好莱坞制度"。主要的代表人物有卡尔·莱梅尔和威廉·福克斯。几年以后,阿道夫·朱克尔建立了派拉蒙公司,马尔科斯·洛夫创建了米高梅公司,而威廉·福克斯则建立了自己的电影王国福克斯公司。在这一过程中,好莱坞通过明星和故事不仅生产了娱乐产品和文化偶像,而且生产了美国的生活方式与政治理想;不仅控制了全美国电影业,而且成为全世界电影业的霸主;不仅建立了全球的电影商业市场,而且建立了美国在全球的文化霸权。从更重要的意义上说,好莱坞成为美国文化的代表与符号。代表性作品有约翰·福特《关山飞度》、卓别林《大独裁者》等。

1945年以后,世界电影飞速发展。但这个时期是电影发展面临新问题、新挑战、新转折的关键时期。一方面全世界面临着战后重建的问题,另一方面电影面临着电视的挑战。80年代后期,世界进入了数字化时代,电影与电视一起成为当代最主要的文化表现形式，电影的大众化之路严重地削减了传统电影的精英思维，视听语言的权威模式从各个方面受到化解，后现代电影出现。

二、中国电影发展史概览

1895年12月28日，卢米埃尔兄弟在巴黎公开放映世界上最早的几部短片，宣告了电影的诞生。翌年8月，一位法国商人便将这种新奇玩意带到当时还是清王朝统治的中国上海来放映，人们在白色幕布上第一次看到活动照相及异国风光，甚为稀奇，称之为"西洋电光影戏"。自此电影传入了中国。1905年，北京丰泰照相馆老板任景丰购得一架法国造木壳手摇摄影机和一些胶卷，在其助手协助下，在露天院子拍摄了著名京剧老生谭鑫培表演的《定军山》三段武场戏，这是中国第一部影片，标志着中国电影的开端。

1921年，任彭年导演的《阎瑞生》、但杜宇导演的《海誓》、管海峰导演的《红粉骷髅》三部故事片诞生，标志着中国电影的成熟。此时，上海涌现出100多家电影公司，呈现出电影业自由竞争的繁荣局面。出现了两种类型片发展的热潮：一类是古装片，如《梁祝痛史》；一类是武侠神怪类，如《火烧红莲寺》。同时，第一部有声片《旧时京华》诞生。

1932年日本进攻上海，中国民众的民族意识和爱国精神空前高涨，民族危机意识呼唤电影走向时代。夏衍、田汉、阳翰笙等左翼文艺工作者使中国电影面貌焕然一新。同时涌现出了一大批富于才华的进步电影艺术家，如程步高、卜万苍、洪深、费穆、阮玲玉、胡蝶和周璇等。出现了《马路天使》这样经典性的电影。随着时局的变化，电影工作者由上海撤退到武汉，再撤至重庆或香港，以中国电影制片厂和中央电影摄影场为基地，开展了大后方抗战电影的拍摄。例如，阳翰笙、田汉等编导了《八百壮士》《塞上风云》等一系列抗战电影作品，蔡楚生与司徒慧敏在香港编导了《血溅宝山城》《游击进行曲》《孤岛天堂》等影片。上海租界区成为"孤岛"后，电影制作以赤裸裸的赢利为目的，以迎合"孤岛"民众心情苦闷、寻求感官刺激的需要，先后泛起了神怪、武侠、恐怖、古装片的浪潮。国共内战时期，电影空前深刻地反映了战时与战后的社会现实，具有强烈的时代色彩和真切的生活气息。代表作有《一江春水向东流》《八千里路云和月》《三毛流浪记》等。

新中国诞生之初的1950年，随着欣欣向荣新时代的到来，出现了《白毛女》等优秀之作。接着由于对电影《武训传》的批判，电影一下子跌入了低谷。直到1956年电影体制调整，才出现了《龙须沟》《南征北战》《鸡毛信》《上甘岭》等优秀影片。1957年的反右斗争扩大化、1958年的"拔白旗"运动阻碍了电影的正常发展，直到1959年才出现了我国电影艺术的一次高峰，代表作有《林则徐》《青春之歌》等。接着三年自然灾害及反修斗争，直到1963—1964年间，电影再度获得发展，出现了又一批优秀影片，如《甲午风云》《李双双》《红旗谱》《红楼梦》(越剧)等佳作。17年间电影经历了"四起四落"，其中的教训深刻。十年"文革"，电影事业遭到严重摧残。

1976年，十年动乱结束。1979年是电影的第一个丰收年，有《小花》《归心似箭》《苦恼人的笑》等影片出现。1980—1983年,"解放思想、实事求是"的思想方针使我国电影呈现出多姿多彩的局面,代表作有《天云山传奇》《人到中年》《骆驼祥子》《城南旧事》等。1984年以后,我国电影艺术的探索向纵深发展,视角的多面性、审美追求的独特性,呈现出多元走向的态势,如谢晋的《高山下的花环》《芙蓉镇》,凌子风的《边城》和吴天明的《老井》等。1984—1986年期间,第五代导演异军突起,给中国银幕带来了青春的活力,令人耳目一新,如陈凯歌的《黄土地》,黄建新的《黑炮事件》,吴子牛的《喋血黑谷》和张艺谋的《一个和八个》等作品,都表现了这一代人大胆的艺术探索勇气和成就。1987年娱乐片大潮席卷而来,如《金镖黄天霸》《东陵大盗》《少爷的磨难》《京都球侠》等影片。进入90年代,全国影片年产量均在150部以上,娱乐片占多数。这一时期有突出成就的是革命历史题材影片,如《周恩来》《重庆谈判》等,都以史诗般的恢宏规模取得巨大成就。

进入21世纪,中国电影出现了中国式大片、青春片、喜剧片等代表性类型,表现出奇观大于叙事、商业和艺术错位、国内传播和海外传播悖反等典型特征。中国式大片的出现是对21世纪之初近乎衰竭的中国电影的一次强力推动。2004年《英雄》的出现,带来了中国电影的转机。随后的《十面埋伏》《满城尽带黄金甲》《夜宴》《无极》等电影大片塑形着中国电影的市场竞争力和国际影响力,中国电影由此进入了一个新阶段。紧接着《集结号》《投名状》《建国大业》《风声》《唐山大地震》《金陵十三钗》等,都步入中国大片之列。大片意识的强化,对于中国电影工业的发展至关重要,它带来了人们对电影工业属性的认可与尊重。

开始与大片分庭抗礼的是以《疯狂的石头》开局的小成本影片,尤其是喜剧电影。代表作有《黄金大劫案》《十全九美》《全城热恋》《夏洛特烦恼》《心花路放》《港囧》等,娱乐化、世俗化和通俗化是其典型特征。随着受众的年轻化,青春片的兴起势不可当。如《小时代》《栀子花开》《左耳》《失恋33天》等。另外,也有一些奇幻、魔幻类电影如《九层妖塔》《寻龙诀》等。也有诸如《烈日灼心》《解救吾先生》等警匪片。

三、中国电视剧发展史概览

1958年6月15日中国的第一部电视剧《一口菜饼子》(50分钟)在北京电视台播出,之后18年间全国共生产电视剧180多部。主题集中表现国家主流意识形态,题材相对狭窄,没有统一的长度标准,室内搭景直播,场景变化少。代表作有《党救活了他》《小英雄雨来》等。

1988年中央电视台首次对在该台播出的电视剧长度做出标准化的规定:连续剧(3集以及3集以上),单本剧(1集或2集),每集50分钟;短剧30分钟;小品15分钟。此规定规范了电视剧的长度。此间,中国电视剧的创作水平明显提高,数量也有了更大的增长。1984年5月6日,中央电视台开始播放香港亚洲电视台的武打连续剧《霍元甲》,在中国大陆轰动一时。1984年,以家庭伦理和血缘关系为题材的日本电视连续剧《血疑》、巴西电视连续剧《女奴》、墨西哥电视连续剧《诽谤》等在中国相继播放,也对后来中国的家庭情节电视剧带来了明显影响。这一阶段电视剧创作的题材更加广泛,出现了历史剧、现实剧、帝王剧、领袖剧、传记剧、改革剧、知青剧、农村剧、都市剧和军旅剧等。其中许多电视剧在社会上引起了轰动,大大提高了电视剧在观众心目中的地位,如《便衣警察》《末代皇帝》《四世同堂》等。同时,电视剧创作还开始了对古典名著和现当代优秀文学名著的改编,出现了如《西游记》《红楼梦》《上海的早晨》《围城》《南行记》等根据名著改编的电视剧。

1990年中国第一部长篇室内电视连续剧《渴望》的出现,标志着通俗电视剧开始成为中国电视剧创作的主流。之后《编辑部的故事》《北京人在纽约》等都产生了强烈的反响。

此后十年间,电视剧作品的主题、题材更为丰富,风格样式也在与世界文化的相互借鉴中得到促进和发展。还自觉地追求思想性与艺术性的和谐统一,注重描写人物的内心世界。代表作有《康熙王朝》《大宅门》等。

进入21世纪以来,电视剧生产进入产业化经营与竞争轨道,市场生存压力、制度改革风险与文化焦虑并存,使得这一时期电视剧的类型化在商业资本、审查管制和实验合力作用地带剧烈摇摆的幅度胜过此前任何一个时期。21世纪初的电视荧屏开始涌现出一批充满民间审美价值的优秀之作,如《贫嘴张大民的幸福生活》《中国式离婚》。随后《婚姻保卫战》《蜗居》《双面胶》等出现,这些将当前社会热门话题和集体情绪作为创作原动力的新民间话语,开始形成一拨又一拨"话题剧""民生剧"风潮。这样一种新型的民间取样和民生叙事与经济社会驳杂意识的流变密不可分。之后,融合悬疑、智斗、阴谋、解密、爱恨情仇、穿越等奇观元素的剧目,成为许多制播方的首选,红色经典改编、年代剧、民国剧、家族剧、传奇剧,甚至历史剧、军事战争剧,几乎都有这些技巧和成分的大举进入与交织,由此导致了"类型杂糅",如《潜伏》《甄嬛传》等。

新媒体发展历程

新媒体(New media)概念是1967年由美国哥伦比亚广播电视网(CBS)技术研究所所长戈尔德马克(P. Goldmark)率先提出的。

媒体是指人类在传播扩展信息的过程中用以承载并传递信息的物质载体。在互联网技术出现之前的媒体通常被称为传统媒体，按出现的先后顺序来划分，第一媒体为报纸刊物，第二媒体为广播，第三媒体为电视。随着信息技术的发展，逐渐衍生出了一些新的媒体形态，它们是在传统媒体的基础上发展起来的，但与传统媒体又有着本质的区别。这些依托于网络技术、移动技术、数字技术、虚拟现实技术，通过互联网、无线通信网、有线网络等渠道传输，以电脑、手机、数字电视等为终端，向用户提供信息和娱乐的新的传播形态被统称为"新媒体"。其中互联网等有线通信网络被称为第四媒体，可移动式无线通信网络被称为第五媒体。具体而言，新媒体包括门户网站、搜索引擎、虚拟社区、RSS[①]、电子邮件/即时通信/对话链、博客/播客、维客、网络文学、网络动画、网络游戏、电子书、网络杂志/电子杂志、网络广播、网络电视、手机短信/彩信、手机报纸/出版、手机电视/广播、数字电视、IPTV、移动电视、楼宇电视等所有以数字技术为基础的信息传播载体。

我国新媒体的发展与信息技术的普及发展相伴而行。1987年9月14日，中国科研人员在北京向德国卡尔斯鲁厄大学发出第一封电子邮件，揭开了中国人使用互联网的序幕。1994年4月20日，中国实现了与互联网的全功能连接。之后，中国互联网经历了三大发展阶段，新媒体的主要形态和功能在每个发展阶段中都历经了不同的嬗变。

互联网发展第一阶段是从1994年到2000年，主要特征是四大门户网站(网易、搜狐、腾讯、新浪)的开通、主要搜索引擎(百度)的创立和购物网站阿里巴巴集团的成立。这一阶段奠定了中国网络巨头BAT的基础。第二发展阶段是从2001年到2008年，主要特征是社交化网络平台(贴吧、人人网、开心网等)和个人门户网站(博客、QQ)的兴起。其中2004年中国网络游戏进入发展快车道；2005年被称为中国博客元年；2007年电子商务服务业被确定为国家重要新兴产业。截至2008年底，我国网民数量达到了2.53亿，首次大幅度超过了美国，跃居世界第一位。第三发展阶段是从2009年开始，主要特征是新媒体主渠道从固定线路互联网向无线移动互联网迁移，各种智能手机应用程序(APP)层出不穷。其中2010年团购网站兴起；2011年微博迅猛发展对社会生活的渗透日益深入，政务

[①]RSS：可以是以下三个解释的其中一个：Really Simple Syndication；RDF(Resource Description Framework)Site Summary；Rich Site Summary。翻译为简易信息聚合(也叫聚合内容)，是一种RSS基于XML标准，在互联网上被广泛采用的内容包装和投递协议。

微博、企业微博等井喷式发展；2012年中国手机网民规模首次超过台式终端网民规模，微信朋友圈上线；2012年3月今日头条上线；2014年打车软件投入使用，"互联网+交通"出行形式快速形成。2016年，互联网直播掀起热潮，短时间内造就大量"网红"；2016年自媒体平台建设集中发力，百家号、搜狐号、网易号、大鱼号、UC号、头条号等纷纷上线；2016年12月3日，专业音频分享平台喜马拉雅FM举办了中国第一个知识内容狂欢节，称为"123知识狂欢节"，消费超过5 000万，知识付费成为新兴网络消费模式。

据中国互联网络信息中心(CNNIC)2018年3月5日在京发布的第41次《中国互联网络发展状况统计报告》称，截至2017年12月，我国网民规模达7.72亿，普及率达到55.8%，超过全球平均水平(51.7%)4.1个百分点，超过亚洲平均水平(46.7%)9.1个百分点；我国手机网民规模达7.53亿，网民中使用手机上网人群的占比达到97.5%。

新媒体行业发展则具有以下几个显著特点：传统平面媒体加速衰退，移动互联领域成为新媒体发展主战场，媒体融合成为媒体业全行业发展自觉；在线视频迅猛发展，移动视频、视频直播产业展现出广阔的前景；地方性政务新媒体平台发展不断深入；网络文化产业发展进一步推进。

新媒体之新，不仅在于其承载并传播信息时所运用的技术手段之新，更在于由技术手段更新而带来的传播方式与传播理念之新。与传统媒体相比，新媒体具有即时性与交互性、共享性与海量性、多媒体与超文本、个性化与社群化等优势特征。即时性是指新媒体可以随时随地加工发布和接收信息，突破了传统媒体只能定时定点发布信息的局限。交互性是指新媒体信息传播方式是双向的，传播者与受众之间的身份界限日益模糊，解构了传统媒体信息传播的单向性，形成新型的话语权"阅众分享"的新态势。共享性与海量性是指借助于数字存储技术，新媒体克服了传统媒体的容量限制与不可重复性，在开放的时空中使海量信息得以传播，使资源得以下载共享，受众在汲取所需的同时也成为信息的传播者。多媒体与超文本是指新媒体可以使用多媒体展示方式对信息进行处理，并以超文本、超链接为依托，根据不同受众的需求，提供不同的媒体展示形式(如文字、图片、音频、视频等)。个性化是指个人不再受播出流程和内容的限制，既可以随时随地发布个性化信息，也可以随时随地接收符合自身个性需求的信息。社群化是指新媒体出现后，各种网络虚拟社区相继出现，具有相同兴趣爱好的个人可以建立主题社区，在跨时空圈子中进行充分交流，人人都是言说者，人人都是聆听者。由此形成了所谓的"微传播"现象[①]，导致诸如网络流行语的出现[②]等。

通过以上特点可以看出，新媒体的优势在于：交互性有助于建立人与人之间的平等价

[①] 微传播：指以微信、微博、移动客户端等新媒体为媒介的信息传播方式，具有内容针对性强、受众明确、传播内容碎片化等特性。

[②] 网络流行语：指在一定时期内，在网络上被网友们广泛熟知和传用的热门词语或言说方式(××体)。网络流行语具有新奇性、短暂性、调侃性等特点，由于其具有易模仿性和戏仿性而受到网民群体的广泛关注和传播。

值观念，淡化人们的地位和身份意识；海量性与共享性使人们获取信息与知识的成本极大下降，有助于教育的普及与技术的扩散，从而促进社会进步；多媒体特性使数字娱乐产品的传播途径不再受规模空间、物流运输等因素的限制，娱乐产品的生成、传播、获取与消费变得极为便利，从而催生出新型的数字娱乐产业；个性化则提示信息传播者注重信息的个性化特质与创新，有助于形成文化多元的社会共识；社群化则营造出人们通过自由交往解决问题的氛围，使人类文化交流真正突破了时空边界，获得了极大的自由。因而新媒体迅速融入了人们的生活，改变了人们的思维习惯与生活方式。

与此同时，新媒体在带给人们全新传播体验的同时，也暴露出诸多问题如信息传播的便利性诱发低俗虚假信息的泛滥、利益驱使下不良商家的肆意炒作、匿名条件下的网络暴力侵犯公民隐私、网络侵权抄袭现象屡禁不止、通俗娱乐泛滥导致正常审美能力与严肃思考能力的退化、负面舆论堆积造成的"比坏"心理对社会道德的腐蚀以及由于使用数字技术的机会差异而导致的"数字鸿沟"等。如何克服这些新媒体所带来的"弊端"，还有待于政府、社会及每一个新媒体使用者的共同努力。

未来新媒体将更加广泛地渗入人类生活。随着各类VR(Virtual Reality，虚拟现实)技术、AI(Artificial Intelligence，人工智能)技术的发展，世界正从"万物互联"走向"万物智能"。新媒体的样式与功能还将继续拓展，传统媒体与新媒体的融合发展已成趋势，社交媒体与自媒体在信息传播中承担的角色日益凸显，新媒体在舆论引导、协调社会、娱乐大众、传承文化等媒体的社会整合功能方面的突破值得期待。

◆ 创意写作五　影视剧本 ◆

影视剧本是用文字表述和描写未来影片的一种文学样式，它为影视导演提供作为工作蓝图的文字材料，导演根据它用画面和音响的摄录和剪辑构成完整的影片。其创作一般从以下几个方面入手：

第一，**戏剧冲突**。与戏剧文学一样，影视剧本也将戏剧性冲突放在了至高无上的地位。但大量的成功案例表明，有时影视剧可以不表现冲突或冲突的激化过程，而是表现它的化解。感情的强烈宣泄可以引起观众的共鸣，然而生活中的人们处理感情的方式却又是多种多样的，有时感情达到高峰时，表现出来的反而是超常的平静，以风平浪静衬托波涛汹涌。

第二，**人物形象**。与戏剧文学一样，影视剧本同样将剧中人物作为传递情感、推动情节的载体之一。但与戏剧文学不同的是，影视剧中人物的情感表达还要时刻考虑观众的反应和接收效果，过火的煽情会让观众产生反感。

第三，**影视语言**。影视语言以镜头为单词，以蒙太奇为语法构成语句，再由那些语句构成叙事段落，从而结构成影片。节奏是影视语言的本质，反映在剧本创作上，就是要和创造者的心灵节奏合拍，还要和观众的心灵节奏合拍（好莱坞电影的叙事模式在把握观众心理方面就非常成功，达到教科书级的水准，成为世界各国电影模仿和学习的对象）。创作者要调动多种手段诸如环境、语言、场景等来体现这种节奏。对于一个好编剧来说，讲好一个故事固然很难，但用一种富有节奏感和旋律感的语气来讲故事就更难。影视剧本的写作从一开始就必须改变文学思维，学会用画面和动作讲故事，必须把一些抽象的语言符号在自己的脑海中转化成形象的画面和动态的过程。

影视剧本创作除了多观察生活、勤写勤练以外，多增加艺术修养，多进行影视剧作分析也是很重要的。

◆ 单元知识升华 ◆

微电影剧本创编：

根据自己的实际情况，构思一部微电影剧本，写出故事梗概，并创作其中的一个或几个场景。

参考文献

[1] 童庆炳. 文学理论教程[M]. 北京：高等教育出版社，2015.
[2] 曹顺庆. 比较文学概论[M]. 北京：中国人民大学出版社，2015.
[3] 崔际银. 大学语文[M]. 天津：南开大学出版社，2014.
[4] 尹世玮. 大学语文[M]. 天津：南开大学出版社，2012.
[5] 袁行霈. 中国文学作品选注[M]. 北京：中华书局，2007.

后 记

时间飞逝，从《新读本》编写理念的讨论，计划的出炉，任务的分配，到稿件的统编，最后的付梓，其中的艰辛不言而喻。老师们在授课之余，甚至牺牲了寒假的时间，做了大量的工作，其目的只有一个，就是为广大青年学子提供一部富有阅读兴味的经典作品读本，为教师编写一部得心应手的教学范本，两美结合，美美与共。

根据参编教师专业方向及兴趣特长，《新读本》编写任务分工如下（按姓氏笔画排列）：

兰佳丽：
屈原 《九歌·湘夫人》
《左传·晋公子重耳之亡》
李贽 《童心说》
《世说新语》《搜神记》（选篇）
裴铏 《聂隐娘》
王实甫 《西厢记·崔莺莺夜听琴杂剧》第四折（节选）
汤显祖 《牡丹亭·惊梦》（节选）
贝托尔特·布莱希特 《高加索灰阑记》（节选）
人文知识拓展：汉语发展历程

李玉坤：
张枣 《镜中》
鲁迅 《论睁了眼看》
沈从文 《时间》
王小波 《我为什么要写作》
白先勇 《永远的尹雪艳》
余华 《活着》（节选）

张胜珍：
阮籍 《咏怀》其一
陶渊明 《杂诗》其二
李白 《梁甫吟》
杜甫 《秋兴八首》其一
李贺 《金铜仙人辞汉歌》
韩愈 《答李翊书》

金云：
苏轼 《和子由渑池怀旧》
秦观 《踏莎行·郴州旅舍》
蒋捷 《虞美人·听雨》
纳兰性德 《金缕曲·赠梁汾》
骆一禾 《青草》
朱光潜 《勤靡余劳，心有常闲》

赵树理 《小二黑结婚》(节选)
路遥 《平凡的世界》(节选)
人文知识拓展：新媒体发展历程

徐寅：
威廉·萨默塞特·毛姆 《月亮与六便士》(节选)
加夫列尔·加西亚·马尔克斯 《百年孤独》(节选)
村上春树 《挪威的森林》(节选)
卡勒德·胡赛尼 《追风筝的人》(节选)
塞缪尔·贝克特 《等待戈多》(节选)

薛颖：
《诗经》两首
欧阳修 《秋声赋》
辛弃疾 《贺新郎·别茂嘉十二弟》
鲍勃·迪伦 《在风中飘荡》
诸子语录(节选)
林语堂 《读书的艺术》
杨绛 《坐在人生边上》(节选)
莫言 《讲故事的人》(节选)
爱因斯坦 《我的世界观》
J·K·罗琳 《失败的额外收益与想象力的重要性》
曹雪芹 《红楼梦》(节选)
张爱玲 《倾城之恋》(节选)
人文知识拓展：影视发展历程
中外诗歌文体扫描
创意写作一 诗歌
中外散文文体扫描
创意写作二 散文
中外小说文体扫描
创意写作三 小说
中外戏剧文体扫描
创意写作四 戏剧
创意写作五 影视剧本

高红教授、叶修成副教授、何玉国博士担任《新读本》编写的学术顾问，提出富有建设性的意见和建议。教学秘书屈琳老师负责统筹协调，为《新读本》的编写做了许多的幕后工作。《新读本》在酝酿、编写过程中也受到院、系各级领导的关注和支持，特此一并感谢。

另外，《新读本》在编写过程中参考了学术界前辈们的大量学术成果，使用了艺术家的诸多书法、绘画作品，限于编写体例和整体字数的限制，不能——列出，在这里也深表崇敬与谢意！

编 者
2018 年 5 月 1 日